GUIDE PRATIQUE DES OBLIGATIONS

SÉFI ÉDITIONS

ISBN 2 – 895 090 – 02 – 5

Bibliothèque nationale du Canada

SOCIETE ÉDUCATIVE FINANCIERE INTERNATIONALE (SEFI) INC.

18, rue Etienne Dolet
92150 Suresnes
Tél. : 01 41 44 82 15
Fax : 01 41 44 19 34

369, bd de L'Île
Pincourt
J7V 9B4 - QUEBEC
CANADA

Eric PICHET

GUIDE PRATIQUE DES OBLIGATIONS

Du même auteur .

L'analyse financière sectorielle, 1991, Peyrat-Courtens.

Spéculer ! 1992, Les éditions de l'Archipel.

Le guide pratique du MATIF, 2ème édition, 1995,SEFI.

Le guide pratique de la Bourse,1996, SEFI.

Mémoires d'un spéculateur, traduction de *Reminiscences of a stock operator*, d'Edwin Lefebvre,1997, PFI.

Le guide pratique des options et du MONEP,4ème édition, 1998, SEFI.

Le guide pratique de l'ISF, 2ème édition, 1999, Les éditions du Siècle.

Le guide pratique de l'impôt sur le revenu, 2 000, Les éditions du Siècle.

Où va l'argent ? 2 000, Mallard Editions.

Une marche au hasard à travers la Bourse, traduction de *A random walk down Wall Street*, de Burton Malkiel, PFI, 2 000.

A la mémoire de Joseph Daniel

Avertissement

L'utilisation de ce guide.

Ce livre a été conçu pour permettre à tout intervenant sur les marchés obligataires d'en comprendre les règles. Une de ses caractéristiques essentielles est sa grande convivialité : il n'est par conséquent nullement nécessaire de suivre ce guide linéairement. Chacun piochera ce qu'il y cherche car l'accès aux différents chapitres peut se faire directement. A ce titre, le lecteur trouvera à la fin du guide un important lexique auquel il pourra se référer lorsqu'il voudra rechercher précisément la signification d'un terme un tant soit peu technique.

Remerciements.

Je souhaite remercier les lecteurs des guides précédents qui, par leurs nombreuses remarques m'ont incité à lancer le chantier de ce nouveau guide ainsi que les intervenants qui, au hasard des rencontres, m'ont fait part de leurs expériences (heureuses ou malheureuses) sur les marchés obligataires et qui, tout au long de ce guide, viennent éclairer le propos et alimenter la réflexion de chacun. Je remercie également les étudiants de l'IMPI (Institut du management du patrimoine et de l'immobilier), le mastère spécialisé en gestion de patrimoine de l'ESC Bordeaux qui, par leurs remarques et leur attention, m'ont permis de réaliser ce guide, dont la trame était, initialement, un cours de finance destiné à expliquer le fonctionnement des marchés et des produits obligataires. Enfin, je dois remercier tout particulièrement le personnel de la bibliothèque HEC qui a fait preuve d'une infinie patience et d'une grande compétence tout au long de l'importante recherche documentaire qu'a nécessité d'élaboration de ce guide.

J'encourage vivement les lecteurs qui souhaiteraient me faire part de leurs remarques, critiques ou suggestions, ainsi que de leurs expériences en la matière. Ces apports pourront utilement servir pour la prochaine édition.

Pour me contacter par e-mail : eric.pichet@wanadoo.fr

Sigles

Une liste exhaustive des sigles se trouve dans le Glossaire en Annexe

BdF : Banque de France
BTAN : Bon du Trésor à taux fixe et à intérêts précomptés
BTF : Bon du trésor à taux fixe et à intérêts précomptés
CC : coupon couru
CMF : conseil des marchés financiers
CNO : Comité de normalisation obligataire
COB : Commission des opérations de bourse
EONIA : European overnight interest average
EURIBOR : European interbank offered rate
LIBOR : London inter bank offered rate
MATIF SA : Marché à terme international de France
OC : Obligations convertibles
OPA : Offre publique d'achat
OPE : Offre publique d'échange
OPO : Offre à prix ouvert
OPV : Offre publique de vente
OPCVM : Organisme de placement collectif en valeurs mobilières
SATURNE : Système automatisé de traitement unifié des règlements de créances négociables
SICAV : Sociétés d'investissement à capital variable
SICOVAM : Société interprofessionnelle pour la compensation des valeurs mobilières
SIT : Système interbancaire de télétransmissions
SVT : Spécialistes en valeurs du trésor
TCN : Titre de créances négociables
TME : Taux moyen mensuel des emprunts d'Etat
TMM ou T4M : Taux moyen mensuel du marché monétaire au jour le jour entre banques
TMO : Taux moyen mensuel des obligations
TSR : Titre subordonné remboursable

Sommaire

2e PARTIE
MARCHES ET PRODUITS OBLIGATAIRES

Introduction

« Avoir ou ne pas avoir de rentes, telle était la question, a dit Shakespeare »
Balzac

A l'avénement de l'euro, début 1999, la France comptait 2,2 millions de détenteurs d'obligations en direct, soit beaucoup moins que d'actionnaires en direct (5,4 millions). Ce chiffre était également plus faible que celui du début 1997 (3 millions) et du début 1992 (4 millions). Il faut reconnaître que le remboursement du dernier grand emprunt d'Etat en juillet 1997, l'emprunt Balladur, a éloigné nombre de particuliers de ces produits. Pourtant le nombre, la variété et la complexité des obligations n'a jamais été aussi riche.

Evolution du nombre de détenteurs d'obligations (en millions)

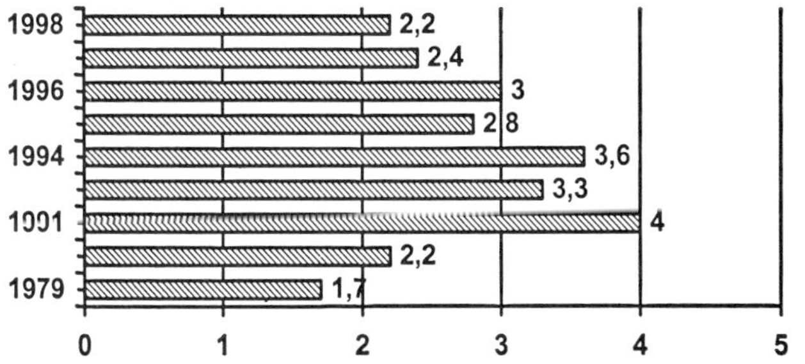

Source

1979 : La Vie Française

1987 : CREP

1991 : SOFRES pour la Banque de France et la COB

1992 à 1997 : SOFRES pour la Banque de France, la COB et la SBF-Bourse de Paris

L'OBLIGATION : LA MATERIALISATION D'UN CONTRAT

Une obligation, c'est avant tout un contrat. Un contrat qui lie deux parties, un prêteur et un emprunteur. Ce dernier contracte certaines obligations (d'où le terme) vis-à-vis du prêteur. L'obligation principale est, bien sûr, de payer en temps et en heure les intérêts et, à l'échéance, le capital emprunté initialement. Obligation dérive du latin *obligatio* qui désigne le lien juridique engageant une partie vis à vis d'une autre. En français, il prend vers la fin du XIVe le sens de « dette contractée par un lien juridique », pour qualifier, à la Révolution « un acte authentique portant obligation » puis un « titre négociable » et enfin un « titre produisant un intérêt fixe par opposition à action ». Le sens moderne est plus large : il faut entendre le mot « obligation » comme une valeur mobilière émise par une collectivité publique ou une société qui confère à son détenteur des droits identiques aux autres titres d'une même émission et qui est représentative d'une créance sur l'émetteur.

Les enfants chéris de M. Vidal-Majar : comment faire fortune sur le marché obligataire

« Les financiers ne font bien leurs affaires que lorsque l'Etat les fait mal »
Talleyrand

Si l'Etat a perdu gros sur l'emprunt Giscard (voir le chapitre 1 *Une histoire des obligations*), certains investisseurs ont amassé des fortunes. Ainsi, en 1986, le plus gros salaire français fut celui de M. Vidal Madjar, 80 ans, professeur de mathématiques honoraire et commis d'agent de change de son état. Sa feuille d'impôt, publiée dans la presse de l'époque avec son accord, indiquait un montant net dans la rubrique Traitement et salaires de 9 179 636 F. Son secret : gérer l'argent de quelques 300 clients soit environ 2 milliards de francs. Sur des produits spéculatifs? Pas du tout : exclusivement sur les obligations. Et des plus classiques : la caisse Nationale de l'Energie, la rente PINAY devenue le 4,5%, et surtout le fameux emprunt Giscard 73. Ces obligations Vidal-Madjar les appellent « mes enfants chéries, mes maîtresses. Elles travaillent pour moi ». Sur sa carte de visite, il a fait graver :

Vidal-Madjar, mathématiques financières. En fait, l'ancien professeur de mathématiques salarié à 1 000 F par mois a profité à plein des obligations dites indexées qui proposent en plus d'un coupon fixe, une rémunération assise sur un indice en forte progression comme l'or ou comme le chiffre d'affaires d'EDF. Vidal-Madjar appartient à cette espèce rare d'intervenants que l'on nomme « les contrariens » et qui ont pour règle d'or de ne jamais se satisfaire des évidences acceptées par l'opinion dominante. En 1973 lorsque le ministre des finances de l'époque lance un emprunt éponyme, les investisseurs pensent que la clause du contrat prévoyant une seconde indexation sur le lingot ne jouera jamais, il fait l'analyse inverse ...et fait fortune.

L'obligation : un faux placement père de famille

L'obligation à taux fixe, la plus courante des obligations, a une caractéristique essentielle : son cours baisse en période de hausse des taux longs. Ainsi, un « père de famille » qui aurait investi 200 000 F au début de l'année 1994 dans une SICAV obligataire classique (à taux fixe) sur les conseils de son banquier, et qui aurait été dans l'obligation de revendre ses parts en fin d'année 1994, aurait non seulement fait une mauvaise affaire mais aurait même récupéré une somme inférieure (après encaissement des intérêts) à ce qu'il avait versé en début d'année. Pourquoi ? Tout simplement parce que la forte hausse des taux longs qui s'est produite en 1994 a déprimé le cours des obligations à taux fixe. Le total des intérêts perçus auraient été de 16 000 F, mais la valorisation de son portefeuille serait passé de 200 000 F en début d'année à 178 000 F, soit une perte sèche de 6 000 F sur un an... Si certains investisseurs croient encore que l'obligation à taux fixe ne peut pas se traduire par une perte en capital, cela n'est vrai que si l'acheteur conserve l'obligation jusqu'à l'échéance. S'il doit la vendre avant, il subit alors ce que les actuaires appellent « le risque de taux d'intérêt », c'est à dire le risque qu'une forte hausse des taux d'intérêt n'entraîne une chute du cours de son obligation. Voir pour plus de détails le chapitre 3.2 *Les risques des obligations*.

Un produit moderne et sophistiqué au service du déficit public...

Avec l'accroissement considérable de la dette publique (passée de 500 milliards de francs en 1981 à 4 000 milliards de francs fin 1998), l'Etat, qui est le principal pourvoyeur d'obligations, s'est retrouvé contraint de moderniser à marche forcé le marché obligataire (dont les mécanismes étaient, il est, vrai particulièrement archaïques en 1981). cette déréglementation à porté non seulement sur les modes de cotation mais également sur les produits obligataires eux-mêmes, et on a vu apparaître, sous l'effet d'une innovation financière très largement inspirée des idées américaines, des obligations d'un type nouveau comme les OBSA, les OSCAR, ...dont on trouvera la signification dans le lexique disponible à la fin de ce guide et qui font l'objet d'une présentation détaillée au chapitre 5.5 *Les obligations du 3ème type.*

...et des émetteurs astucieux

Depuis la modernisation des marchés obligataires, les émetteurs rivalisent d'ingéniosité pour tenter de lever des fonds au plus faible coût. De plus, la palette des émetteurs s'est considérablement élargie. En France les émetteurs peuvent être les Etats, les entreprises publiques, les sociétés privées, les organismes supra nationaux, des collectivités locales (ville de Paris, région PACA,...). Aux Etat-Unis, on a même vu des personnes physiques comme le chanteur David Bowie émettre, en 1997, des obligations pour un montant de 50 millions de $, gagées sur ses droits d'auteur futurs. Cet exemple a d'ailleurs fait des émules puisque Rod Stewart a émis un emprunt de 15 millions de $ en avril 1998 et que Mickael Jackson envisage lui aussi de lever 100 millions de $ pour maintenir un train de vie menacé par une baisse inexorable de ses ventes et une hausse non moins inexorable de ses frais d'avocats.

Dans le même temps et depuis une quinzaine d'années on assiste à un véritable déchaînement d'innovations en matière obligataire faisant mentir Saccard, le héros de l'Argent de ZOLA, qui s'écriait : « Des obligations, des obligations! Mais jamais...Que voulez vous fiche avec des obligations? C'est de la matière morte. Comprenez donc que la spéculation, le jeu, est le rouage central, le coeur même, dans une véritable affaire comme la nôtre... »

...Devenu support des marchés à terme d'instruments financiers

En France, l'innovation financière la plus importante des années 80 est sans conteste le MATIF qui a ouvert ses portes le 20 février 1986. Désormais traité exclusivement par informatique, le contrat Notionnel (devenu le contrat Euronotionnel en janvier 1999) n'est rien d'autre qu'un marché à terme de la bonne vieille obligation d'Etat d'une durée de 10 ans. La création de ce marché a vu également l'apparition de spéculateurs professionnels, les fameux négociateurs individuels de parquet ou NIPS (devenus depuis la disparition du parquet les négociateurs pour compte propre) qui, à l'époque ou le contrat se traitait encore à la criée (jusqu'en 1998), assuraient la liquidité du marché et bénéficiaient de conditions d'intervention particulièrement attractives. Quel meilleur exemple de l'utilité de la spéculation pour le développement d'un marché boursier!

L'euro : une aubaine pour le marché obligataire européen.

Avec l'Euro, on assiste à l'avènement d'un grand marché obligataire européen équivalent au marché américain. La monnaie unique européenne s'est imposée en un trimestre comme une devise d'émission à part entière et comme une monnaie de référence, les gérants de portefeuille obligataires n'ayant plus à se préoccuper du risque de change au sein de la zone euro. Au cours du premier trimestre 1999, le volume des émissions obligataires en euro a dépassé celui des émissions en dollars et 167 milliards d'euros ont été émis pour 385 émissions. L'exemple le plus significatif fut celui de Carrefour qui a levé 1 milliard d'euros en mars 99, un montant qu'il eût été impossible de lever sur le seul marché national. Un responsable du département émission d'une grande banque s'est même demandé, sous forme de boutade, si les émetteurs ne confondaient pas les francs et les euros devant les montants levés pour une seule émission.

1ère PARTIE

QU'EST-CE QU'UNE OBLIGATION ?

CHAPITRE 1

Une histoire des obligations

« La dette publique est un des rares phénomènes qui ne pousse pas ses racines jusqu'à l'antiquité gréco-romaine »
E.J. Hamilton

L'histoire des obligations, c'est d'abord l'histoire d'un rapport de force entre le débiteur (généralement la puissance publique) et ses créanciers (généralement des personnes privées). Compte tenu de la puissance respective des cocontractants, le rapport de force n'a jamais été équilibré. Et de fait l'histoire fourmille d'exemples de débiteurs qui refusent d'honorer leurs signatures.

1.1 L'ORIGINE ITALIENNE DES OBLIGATIONS : GENES ET VENISE

Deux cités-Etats se disputent la paternité de l'invention des obligations : Gênes et Venise.

La ville de Gênes a émis ses premiers emprunts au XIème, en gageant les obligations sur les ressources de l'impôt sur le sel (la plus sure des rentrées fiscales à l'époque). Les obligations sont tout simplement nées d'une réflexion de bon sens : pour financer de lourdes infrastructures comme des installations portuaires nécessitant des travaux pluri-annuels et qui ne pouvaient produire des recettes qu'à long terme, l'impôt annuel ne suffisait pas. Les magistrats de la ville, tous issus de l'aristocratie et de la bourgeoisie, ont donc cherché des ressources à long terme, et ce d'autant plus facilement que les détenteurs de capitaux étaient les mêmes familles qui dirigeaient la cité.

Venise pour sa part avait, dès le XIIIe, opté pour l'emprunt forcé, en contraignant les riches bourgeois à lui prêter. Pour dégager un groupe de revenus sur quoi asseoir les intérêts et le rembour-sements des prêts ainsi consentis, la ville créa une institution spécialisée chargée à la fois du contrôle et de la gestion des fonds. Cette institution payait des intérêts bisannuels qui représentait deux fois 5% par an.

Loin de la polémique sur la paternité des obligations, la ville de Gênes a longtemps détenu le record du taux d'intérêt le plus bas jamais mentionné dans les annales des obligations. En 1619, elle avait apparemment retrouvé la confiance de ses créanciers et pouvait alors emprunter à un taux annuel de seulement 1,2%. Il faudra attendre l'effondrement des taux à long terme au Japon en 1998 pour que ce singulier record soit enfin battu.

1.2 LES PREMIERES OBLIGATIONS FRANÇAISES : LES RENTES SUR L'HOTEL DE VILLE

Sous l'Ancien Régime, la rente (étymologiquement le revenu d'un capital) est un contrat de droit privé qui assure à son détenteur un droit perpétuel. Le développement des « rentes à prix d'argent » (entre personnes physiques) s'est accéléré après leur reconnaissance par le pape Martin V en 1425 à la triple condition qu'elles soient spécialement assignées sur un immeuble, qu'elles soient rachetables par le débiteur et que le taux d'intérêt ne soit pas usuraire (inférieur au denier 10, soit moins de 10% par an). Le détenteur d'une rente reçoit donc un revenu perpétuel en contre-partie de la remise d'une somme d'argent au débirentier.

C'est dans ce contexte que sont apparues « les rentes sur l'hôtel de ville » signalées par un texte du Parlement en date du 9 Juin 1417 qui indique l'existence d'un emprunt municipal sous forme de rentes autorisé par le Parlement et gagé sur les recettes municipales de Paris. Cette rente sur l'hôtel de ville pouvait être rachetée par la municipalité pour la valeur de 12 annuités. La ville de Paris, qui est encore la première collectivité locale française à proposer des obligations au public, a donc une tradition d'émissions obligataires avant le XVIe et mérite incontestablement le titre de plus ancien émetteur obligataire de France.

Les premières obligations d'Etat en France sont postérieures aux obligations municipales. On peut même dire qu'elles vont se greffer sur les « rentes sur l'hôtel de ville ». Il faut en effet rappeler que, sous l'Ancien régime, le crédit du Roi (personne physique) était particulièrement faible car les dettes contractées par le souverain avaient la désagréable caractéristique (surtout aux yeux des créanciers) de disparaître avec la personne du souverain. François Ier, conscient de cette faiblesse et de la confiance toute relative que lui accordait les détenteurs de capitaux, décida donc de lever des obligations en usant de la garantie de l'hôtel de ville de Paris qui leva, en son nom propre, les fameuses rentes pour lui prêter ensuite les fonds levés.

1.3 LE GRAND LIVRE DE LA DETTE PUBLIQUE ET LA FAILLITE DES DEUX TIERS

« Le trop grand empressement qu'on a de s'acquitter d'une obligation est une espèce d'ingratitude »
La Rochefoucauld

La loi du 24 août 1793 crée le Grand Livre de la dette Publique. Les engagements de l'Etat sont constitués de l'ensemble des sommes qu'il devra rembourser, en prenant en compte la dette étrangère et la dette intérieure.

La dette intérieure est constituée alors de trois types d'obligations : la dette perpétuelle (qui ne prévoit pas de date de remboursement mais que l'Etat peut racheter en Bourse, en 1913 elle représentera 66% de la dette publique), la dette remboursable (qui prévoit une date de remboursement) et la dette viagère (qui assure une rente à son détenteur jusqu'à sa mort). Des trois, seule cette dernière n'est pas négociable.

La banqueroute des deux-tiers est également connue sous le nom de liquidation Ramel du nom du ministre des finances de l'époque. Le directoire est proclamé le 4 septembre 1797 et la banqueroute le 30 septembre 1797. On parle de la « banqueroute des deux-tiers » car seul le tiers des créances sur l'Etat est reconnu valable par la loi. On dit alors pudiquement que seul le tiers sera consolidé au grand livre. Les arrérages sont payés non pas en numéraire mais par le biais de bons au porteur (appelé bons du tiers consolidé) qui pouvaient être utilisés par le contribuable pour le paiement de ses contributions ou pour la portion exigible en numéraire des biens nationaux. L'épilogue de la dernière défaillance de l'Etat en France se nouera en mars 1801 : les bons des deux-tiers sont échangés contre des rentes 5% à hauteur de 0,25%.

1.4 LE XIXe : LE SIECLE DE LA RENTE ET DES RENTIERS

« Dans ce milieu, on ne commence à être âme qu'à partir de 100 000 francs de rente »

Octave Mirbeau

Le franc germinal est créé en 1803, il est librement convertible en or (sauf entre 1848-1850 et entre 1870 et 1878). Il reste le symbole de la plus grande période de stabilité monétaire française qui durera jusqu'en 1914.

Le XIXe est le siècle de l'opulence pour une catégorie sociale nouvelle : les rentiers. La France est à l'époque « le coffre fort du monde » et les Français investissent dans des actifs aussi divers que le chemin de fer du Tonkin, la banque industrielle de Chine ou les laminoirs de Toula (Russie). En 1825, l'Etat émet la rente perpétuelle 3% pour indemniser les émigrés de la confiscation de leurs biens qui furent vendus comme biens nationaux (le fameux milliard des émigrés). Cette rente restera cotée en Bourse jusqu'en 1987, date de son rachat définitif par l'Etat.

En 1913, la France compte 10 millions d'électeurs et 8 millions de boursiers. Jaurés fustige les inégalités : « 105 milliards possédés par 200 000 personnes et 15 millions qui ne possèdent rien ». On s'affiche ostensiblement « rentier » et un portefeuille d'obligations de 200 000 F (4 millions de nos francs) rapporte 6 000 F or c'est à dire l'équivalent de 120 000 F actuels ou encore 20 fois le revenu d'un employé parisien de l'époque.

1.5 LE RISQUE DE SIGNATURE : LES FAILLITES ETATIQUES

L'engouement de l'épargne publique française pour les obligations étrangères qui, rappelons le, avaient le mérite d'être rémunérées à un taux d'intérêt supérieur à celui des rentes de la République, est un des faits marquants de l'histoire financière du XIXe . A partir de la seconde partie du XIXe, les défaillances de certains Etats se succèdent. En 1862, le Mexique (déjà) refuse de rembourser ses dettes. En 1876, la Turquie fait défaut, la France dépêche deux croiseurs pour impressionner les Turcs et calmer le mécontentement des porteurs-électeurs. En 1914, Le Brésil ne reconnaît plus la clause-or sur ses emprunts émis en 1909 et 1911. En 1917 vient le tour de la Russie.

1.6 LA BELLE EPOQUE DES OBLIGATIONS INDEXEES

« Rien n'est éternel, pas même l'inflation »
GALBRAITH

Après la seconde guerre, les nationalisations ont été financées par l'émission d'obligations dont le coupon a une partie fixe et une partie variable. On les qualifie alors d'obligations « participantes » : ce sont les ancêtres des obligations indexées traitées au chapitre 5.2 *Les obligations à taux variable* et au chapitre 5.5 *Les obligations du 3e type*.

1.6.1 Le CNE 1946

Emis en 1946 par la Caisse nationale de l'Energie, cet emprunt était destiné à l'indemnisation des anciens actionnaires des quelques 900 entreprises électriques et gazières nationalisées. Les obligations indemnitaires au nombre de 10 360 000 avaient un nominal de 100 francs, rapportaient un coupon fixe de 3% payable le 1er juin de chaque année et étaient amortissables sur 50 ans. Originalité du contrat : en sus du coupon fixe, les coupons et les primes de remboursement étaient indexés sur le chiffre d'affaires d'EDF-GDF via un prélèvement de 1% sur les ventes de la compagnie nationale. Toutefois, au grand dam des détenteurs de titres, cet emprunt était amortissable par annuités constantes jusqu'au 1er juin 1996. Même si la valeur de remboursement était, au même titre que les intérêts, indexée sur le chiffre d'affaires d'EDF, elle restait très en deçà du cours de Bourse qui prenait en compte les perspectives de hausse du chiffre d'affaires futur. Ce qui a entraîné l'apparition de contrats d'assurance contre le risque de voir les obligations sortir au tirage annuel. A l'échéance, l'indexation sur le chiffre d'affaires aboutit à une multiplication par 51 du coupon et une multiplication par 61 de son cours de Bourse. On comprend bien l'attachement « sentimental » des porteurs à leurs titres...

1.6.2 Le 3,5 % 1952-58 ou rente Pinay : un emprunt indexé sur l'or

Le Pinay occupe une place à part dans l'imaginaire des épargnants français. Il est passé à la postérité boursière comme l'archétype de la bonne affaire pour les investisseurs. L'indexation sur l'or de la rente Pinay était destinée à restaurer la confiance car les obligations d'avant guerre avait vu leur valeur fondre sous l'effet de la grande vague inflationniste. Les obligations avaient un nominal de 100, 500, 1 000 ou 10 000 F et détachaient initialement un coupon de 3,5% par an le 1er juin de chaque année. Un mécanisme d'indexation était attaché à chaque obligation et s'appliquait deux fois par an. Un premier calcul intervenait pour évaluer la valeur de remboursement des titres amortis au 1er juin et un deuxième calcul déterminait le prix de reprise des titres pour le paiement des droits de succession. En effet, une des caractéristiques de la rente Pinay résidait dans la possibilité pour les détenteurs de s'acquitter de leurs droits de mutation à titre onéreux (les fameux frais de notaires) et de leurs droits de mutations à titre gratuit (les droits de succession), en rentes. D'ou l'existence d'un flux important d'achats de notaires pour le compte de leurs clients lorsque le cours de la rente Pinay descendait un peu trop en dessous de la valeur de reprise fixée par la clause d'indexation.

La valeur de remboursement de l'emprunt **4,5%-1973** était indexée sur le cours moyen de la pièce française de 20F (le Napoléon), pendant une période de référence à savoir les 100 bourses précédant la détermination semestrielle de la valeur de remboursement. Ces menus avantages, ainsi que l'encours exceptionnel de cet emprunt en firent la valeur vedette du marché obligataire français dans les années et 70.

Enfin, last but not least, le Pinay bénéficiait d'une fiscalité exceptionnelle à savoir une exonération complète d'impôt sur le revenu et surtout une exonération de droits de succession. C'est à cette époque qu'est apparu l'adage boursier bien connu des héritiers à propos d'un parent proche de sa fin : « on le met en Pinay avant de le mettre en bière ».

Les nombreux avantages attachés à la rente entraînèrent une modification des conditions en 1973. En contropartie d'une hausse de son rendement de 3,5% à 4,5%, le PINAY perdait son exonération de droits de successions. Le PINAY a disparu avant son créateur et a été amorti par anticipation en 1988 en application d'une clause de remboursement anticipé prévue à dater du 1er juillet 1983, l'emprunt 4,5% 1973 cotait 1 650 F pour une valeur d'émission de 100 F, les titres dans le public représentait encore un encours de 186 MF et le montant total du remboursement fut de 2,7 milliards.

1.1.6.3 L'emprunt 7% 1973 ou emprunt Giscard

Les caractéristiques de cet emprunt étaient les suivantes : une émission de 6,5 milliards de francs, un nominal de 1 000 F, un taux facial de 7%, remboursable en une fois le 16 janvier 1988 au moins au pair. Les intérêts étaient versés le 16 janvier de chaque année. La grande originalité de l'emprunt Giscard 7% 1973-1988 (et la cause essentielle de la catastrophe financière qu'il a représentée pour les finances publiques) se situait dans une obscure clause subsidiaire d'indexation des intérêts et du capital sur l'or (le franc étant défini contre 0 ,88 grammes d'or fin). Cette clause ne devait fonctionner qu'à partir du moment ou le franc perdait pendant plus d'un an sa parité-or (si « le franc flotte tous les jours d'une même année ») ce qui s'est produit en 1976 avec la démonétisation de l'or suite aux accords de la Jamaïque. A compter du 16 janvier 1978, l'indexation sur l'or a fonctionné et les coupons comme la valeur de remboursement ont augmenté considérablement. Intérêts et capital étaient multipliés par un coefficient établi comme étant la moyenne des 30 derniers cours du lingot précédant le 1er janvier divisée par 10 483, ce dernier chiffre étant la moyenne des 30 derniers cours du lingot précédant le 1er janvier 1973.

En janvier 1988, au moment de l'amortissement final, le coupon s'élevait à 581 F (contre 70F initialement) et la valeur de remboursement à 8 305 F (pour 1 000 F investi initialement). En 1973, l'Etat avait levé 6,5 milliards francs, le coût total du remboursement fut de 92 milliards (55 milliards au titre du remboursement et 37 milliards au titre des intérêts pendant 15 ans), soit en francs constants 4,5 fois le montant initial.

Cette somme considérable pour les finances publiques ne fut pas perdue pour tout le monde, on a vu en introduction comment d'ingénieux investisseurs comme M. Vidal-Madjar ont su tirer un grand profit de l'erreur d'un ministre des finances.

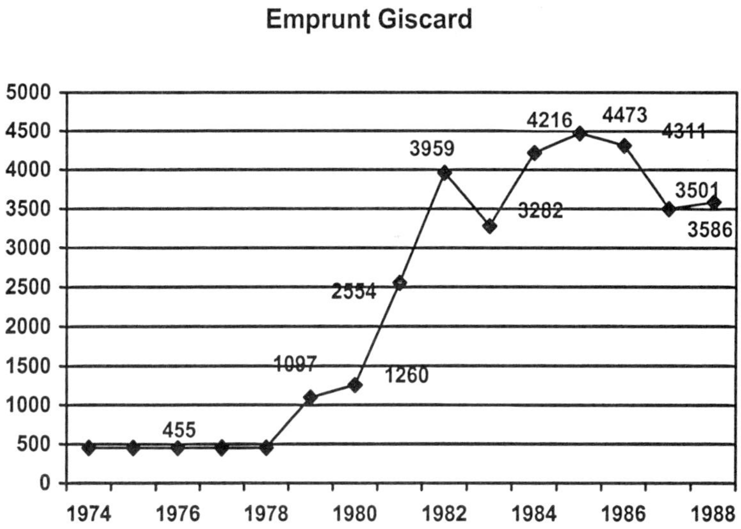

1.6.4 L'emprunt Barre ou 8,8% 1977 : premier emprunt européen

L'emprunt Barre du nom du ministre de l'Economie de l'époque (en sus de sa fonction de Premier ministre) a permis de lever 6 milliards de francs. Le nominal de chaque titre était de 1 000 F, il détachait un intérêt fixe de 88 F payable le 23 mai de chaque année, et sa valeur de remboursement était indexée sur le cours de l'Ecu par séries égales jusqu'en 1992.

Cet emprunt était doublement novateur : de par son aspect européen et de par la protection qu'il accordait face à une éventuelle dévaluation du franc. Les porteurs en ont d'ailleurs largement bénéficié au début des années 80. Il a été remboursé à son échéance normale en 1992.

Ce panorama des obligations indexées ne serait pas complet sans un mot sur les bons à lots kilométriques de la SNCF. Aujourd'hui disparues, ces obligations très populaires chez certains retraités seraient assez anecdotique si elles ne figuraient parmi les toutes premières obligations indexées. Apparues en 1951, elles assuraient un intérêt fixe plus faible que les autres obligations (6,5% de taux facial en 1983 pour 14% à l'époque). Mais chaque année un tirage au sort avait lieu et les porteurs désignés recevaient un lot sous forme de billets de kms SNCF net d'impôts qu'il devaient utiliser personnellement (ils étaient non cessibles) dans l'année sur leurs trajets en France. Il faudra attendre la loi du 2 juillet 1996 pour abroger ces ordonnances et permettre l'émission de la première obligation indexée sur l'inflation en septembre 1998, mais cela est une histoire ...traitée un peu plus loin, en l'occurrence au chapitre 5.2 *Les obligations à taux variable*.

1.7 LES GRANDES DATES DE LA MODERNISATION DU MARCHE OBLIGATAIRE FRANÇAIS

« Vouloir être de son temps, c'est déjà être dépassé ».
IONESCO

1.7.1 Les trois « D » et le tourbillon de l'innovation

Déréglementation, décloisonnement et désintermédiation aboutissent à la modernisation du marché obligataire.

Avant cette vague de réforme, le marché obligataire était à la fois fortement réglementé par les pouvoirs publics (calendrier d'émission, tutelle très forte du Trésor, comité des émissions), strictement cloisonné (L'origine de ce cloisonnement provenait de la crise de 1929 et assignait à chaque intervenant un métier : les agents de change ne faisaient que de l'intermédiation et pas de contrepartie) et peu développé dans la mesure où l'économie française était fortement intermédiée (ce qui signifie que le système bancaire assurait la quasi-totalité du financement du secteur privée). Les 3 D vont balayer cette organisation et renforcer le rôle du marché obligataire dans le financement de l'économie.

La loi du 3 janvier 1983 sur la protection de l'épargne a créé les titres participatifs et les certificats d'investissements. La dématérialisation des titres qui date du 3 novembre 1984 concerne toutes les émissions obligataires à l'exception des obligations étrangères et marque la fin, entre autres, des émissions à lots kilométriques de la SNCF, emprunts à lots du CFF ou Crédit National. En janvier 1985 on voit la création des titres de créances négociables, les banques peuvent émettre des Certificats de dépôts, et les entreprises des Billets de trésorerie.

Porté sur les fonts baptismaux en février 1986 par un gouvernement socialiste qui en a suivi avec attention la longue gestation, le MATIF est le premier marché à terme français d'obligations. Toutefois, en 1999, sa survie n'était nullement acquise face à la prééminence d'Eurex, le marché à terme allemand.

C'est la loi Ferry du 28 mars 1885 qui a lancé les marchés à terme de marchandises en France en inscrivant l'inopposabilité de l'exception de jeu. Dans son article 1er (et dans sa version moderne pour prendre en compte les innovations financières) elle précise « Tous marché à terme sur effets publics et autres, tous marchés à livrer portant sur valeurs mobilières, denrées ou marchandises, ainsi que tous marchés sur taux d'intérêt, sur indices ou sur devises sont reconnus légaux. Nul ne peut, pour se soustraire aux obligations qui en résultent, se prévaloir de l'article 1965 du Code civil, lors même qu'il se résoudrait par le paiement d'une différence ». Rappelons que ce fameux article 1965, bête noire des agents de change du XIXe prévoit toujours que « La loi n'accorde aucune action pour une dette de jeu ou pour le paiement d'un pari ».

1.7.2 Le nouveau paysage obligataire français

A la fin des années 80, on compte environ 2 500 lignes d'obligations à Paris et le grand mouvement de modernisation ne se calme pas. En mars 1988 les obligations passent sur le système de cotation électronique CAC, en mars 1989 le décret sur la titrisation (qui permet la création des FCC) est publié au JO. En août 1989 c'est la suppression de l'obligation qu'avaient les OPCVM de distribuer chaque année le produit de leur placements à revenu fixe : les SICAV de capitalisation apparaissent. En septembre 1989 l'interdiction faite aux OPCVM de détenir plus de 5% de la dette d'un même émetteur reste la règle, mais des dérogations sont possibles jusqu'à 10%, à condition toutefois que le total des lignes d'un même émetteur ne dépasse pas 40% de l'actif total. Cette mesure ne concerne toutefois pas les emprunts d'Etat, ou garantis par l'Etat. En octobre 1989 on assiste à la suppression de « l'obligation de l'obligation » : les SICAV et FCP devaient avant cette date détenir au minimum 30% d'obligations. C'est également en 1989 que voient le jour deux innovations importantes pour la gestion de la dette publique : la création d'une ligne d'OAT à 30 ans ainsi que l'émission d'une OAT en écus. En 1990, le Comité de normalisation obligataire crée des indices de performance sur le marché obligataire. En novembre 1990 la réforme de la contrepartie obligataire est mise en place par le Conseil des Bourses de valeurs. En pratique, le marché se scinde en deux : un marché traditionnel de confrontation centralisée des petits ordres, et un marché de gros qui traite des blocs importants, animé par des teneurs de marché. En 1993, la durée minimale des émissions obligataires est fixée à 7 ans et le marché des bons à moyen terme négociables est créé.

1.7.3 L'EURO bouleverse le marché obligataire

Depuis le 4 janvier 1999, toutes les cotations des obligations se font en euros à la bourse de Paris et les réglements-livraisons se font en euros

Dans ce paysage obligataire en évolution permanente, les toutes dernières innovations concernent l'alignement des règles du marché obligataire domestique et de l'euromarché pour les émissions libellées en francs français. A compter du 1er janvier 99 « il n'y a plus de distinctions entre le compartiment domestique et le compartiment euro du marché obligataire » avait annoncé dès juillet 98 le ministre de l'Economie, Dominique Strauss-Kahn. Cette augmentation de la taille du marché obligataire domestique va avoir des conséquences pour les intermédiaires : il leur faut grossir pour atteindre une taille critique en Europe. En revanche, sur ce grand marché européen, les contraintes sont plus lâches, ce qui va accroître les possibilités d'émission.

CHAPITRE 2

Pourquoi des obligations ?

2.1 QU'EST-CE QU'UNE OBLIGATION ?

« Une obligation est un instrument à taux fixe dont le cours est destiné à baisser »

Le numéro humoristique du wall Street Journal de l'année 1981

Depuis leur création, les obligations se sont considérablement sophistiquées : la bonne vieille rente 3% du XIXème qui a fait vivre des générations de rentiers a laissé la place à une ménagerie aux noms exotiques : les TIGERS y côtoient les emprunts Bull&Bears (se référer au lexique pour plus de détails). Dans cette jungle, il faut bien reconnaître qu'il devient de plus en plus difficile de distinguer un produit obligataire d'un produit action.

2.1.1 Une définition de l'obligation

L'obligation fait partie des valeurs mobilières qui se définissent comme « un ensemble de titres de même nature, cotés ou susceptibles de l'être, émis par un même émetteur, conférant par eux-mêmes des droits identiques à leur détenteur."

La loi du 24 Juillet 1966, dans son article 284 définit les obligations comme des « titres négociables qui, dans une même émission, confèrent les mêmes droits de créance pour une même valeur nominale »

Autre définition couramment admise : il s'agit d'un titre représentatif d'un emprunt contracté par une personne morale (Etat, société) pour un montant et une durée déterminée auprès d'une personne qui l'a souscrit. Notons enfin, qu'en France, un décret-loi de 1935 interdit l'émission obligataire de la part des particuliers et que la valeur nominale de l'émission est d'au moins 100 F (décret de 1954). Les Etats-Unis ont en la matière une législation beaucoup plus lâche, à tel point que le célèbre chanteur David Bowie a émis au début de l'année 1997 une obligation de 50 millions de dollars gagée sur les recettes futures de ces disques (David Bowie est l'un des rares chanteurs propriétaire de ses droits).

La loi du 24 juillet 1966 délimite les types d'émetteurs possibles. Si les sociétés par actions peuvent émettre des obligations depuis 1966, le législateur a permis l 'émission aux groupements d'intérêt économique composés exclusivement de sociétés par actions ou d'associations autorisées à émettre des obligations (1967), aux associations exerçant une activité économique effective (1985), aux sociétés coopératives agricoles (1991), aux sociétés d'assurance à forme mutuelle (en 1996).

D'autre part, si l'Etat et les collectivités publiques peuvent émettre sans restriction, les sociétés émettrices doivent avoir deux ans d'existence, avoir un capital totalement libéré et être autorisée par l'assemblée générale des actionnaires.

Les obligations doivent avoir une durée de vie minimale de 3 ans.

2.2.1.1 Les droits des porteurs sont définis par contrat

L'obligation est donc un titre de créance, créance émise collectivement pour un même montant et qui confère les mêmes droits de créance pour une même valeur nominale. Un des grands principes d'une émission obligataire est précisément le fait qu'elle assure une égalité des droits des obligataires ayant souscrit une même émission. D'autre part, la vente en Bourse ou de gré à gré d'une obligation entraîne *ipso facto* par la cession de tous les droits incorporés dans le titre au nouvel acquéreur.

Les premiers droits des obligataires sont le droit au remboursement et le droit à encaisser des intérêts promis. Les obligataires ont en, outre, un droit préférentiel au remboursement en cas de liquidation par rapport aux actionnaires. En cas de défaut de l'émetteur (retard de paiements des intérêts ou cessation de paiement), les porteurs d'obligations d'une même émission sont groupés de plein droit pour la défense de leurs intérêts communs en une masse qui jouit de la personnalité civile, conformément à l'article 10 du décret du 30 octobre 1935.

***Exemple** : Après le jugement de février 1997 par lequel le Tribunal de commerce de Paris a prononcé la liquidation de la banque Pallas-Stern et de sa maison mère Comipar, des milliers de créanciers, détenteurs d'obligations de la banque attendaient de toucher une indemnisation. Les cessions d'actifs se réalisant, le montant de l'actif à partager s'élevait à environ 5,3 milliards de francs (le passif étant estimé à 8,4 milliards). Les obligataires devaient toucher à peu près 60% de la valeur de leur créance. Fin novembre 1998, le liquidateur leur avait versé un acompte de 15,2% des créances déclarées.*

Les obligataires disposent également d'un droit d'information sur l'émetteur : ils peuvent se procurer les documents présentés aux assemblées d'obligataires ou ils sont convoqués ainsi que les procès-verbaux et feuilles de présence de toutes les assemblées de la masse des obligataires.

LEON DE BRUXELLES

Société anonyme au capital de 21 250 000 F.
Siège social : 5, rue de Chartres, 92200 Neuilly
353 559 131 RCS Paris

Avis de convocation des propriétaires d'obligations convertibles en actions de 435 F nominal émis en octobre 1998.
(Code valeur 18 056).

MM. les obligataires sont avisées qu'ils sont convoqués en assemblée générale pour le vendredi 29 janvier 1999, à 15 heures, au centre de formation professionnelle notariale de Paris, situé 7, rue de Chartres, 92200 Neuilly- sur-Seine, en vue de délibérer sur l'ordre du jour suivant :

— Approbation de la décision prise par l'assemblée générale mixte des actionnaires d'autoriser l'émission d'options de souscription d'actions réservés aux salariés de la société et des société de son groupe telles que définies à l'article 208-4 de la loi du 24 juillet 1996.

— Fixation du lieu où seront déposés, avec la feuille de présence, les pouvoirs des obligataires représentés, ainsi que le procès-verbal des délibérations, par application des dispositions de l'article 228 alinéa premier du décret du 23 mars 1967.

Conditions de participation aux assemblées. – Tous les obligataires ont le droit d'assister ou de se faire représenter à l'assemblée générale, quelque soit le nombre d'obligations qu'ils détiennent.
Les obligataires qui souhaitent assister ou se faire représenter à l'assemblée générale doivent :

— pour les détenteurs d'obligations nominatives, être inscrits sur les registres de la société, cinq jours au moins avant la date de réunion de l'assemblée,

— pour les détenteurs d'obligations au porteur, faire établir par l'intermédiaire habilité (banque, établissement financier, société de bourse) chez lequel leurs obligations sont inscrites en compte, attestation d'inscription et de blocage des titres et déposer cette attestation au siège social de la société ou aux guichets de l'établissement ci-dessous cité, cinq jours au moins avant la date de la réunion de l'assemblée ;

— Caisse centrales des banques populaires, Production financière, Service des assemblées, 10/12, avenue Winston Churchill, 94677 Charenton-le-Pont.

Des formules de pouvoirs seront tenues à leur disposition.

Le texte des résolutions proposées sera remis aux obligataires, sur leur demande, soit au siège social de la société, soit à la Caisse centrale des banques populaires, établissement centralisateur de cette opération.

Le conseil d'administration

2.2.1.2. Distinctions essentielles entre actions et obligations

Il s'agit dans les deux cas de valeurs mobilières destinées à assurer le financement à long terme de l'émetteur. L'action est un titre de propriété, une part d'une entreprise. L'actionnaire partagera les bénéfices de la société (sous forme de dividendes et de hausse de ses actions), mais il prend également sa part des risques de faillite de l'entreprise. Ainsi, l'investisseur qui a acheté des actions du concessionnaire franco-britannique Eurotunnel a vu le cours de celles-ci passer de 120 F (au plus haut) à 5F (au plus bas). L'obligation est un titre de créance sur une personne morale. Le risque du détenteur est donc moindre que celui de l'actionnaire. Lors de la baisse du cours de l'action Eurodisney au début des années 90, le détenteur d'obligations convertibles a nettement moins perdu que le détenteur d'actions, car, même sans versement de dividendes, l'obligation continuait à verser un coupon, la baisse du cours étant uniquement liée aux anticipations sur une éventuelle faillite de la société.

Il existe aussi une distinction importante entre le marché obligataire et le marché monétaire : le marché obligataire est un marché de l'argent à long terme (plus de 2 ans, et essentiellement entre 5 ans et 30 ans) alors que le marché monétaire est un marché de l'argent à court terme (moins de 2 ans). Toutefois, cette frontière est de plus en plus caduque car la déréglementation des marchés a entraîné une confusion du marché de l'argent entre 1 an et 5 ans.

En conclusion , on retiendra qu'une obligation est une créance qui confère à son détenteur le droit de recevoir un **intérêt** (le coupon) pendant **la durée de vie** de l'obligation et le droit d'être **remboursé** à l'échéance.

2.2.2 Au coeur du contrat obligataire : le taux d'intérêt

Une obligation c'est d'abord et avant tout un taux d'intérêt qui permet de comparer entre elles les obligations par le rendement qu'elles procurent à leur détenteur.

2.2.2.1 Définition et justification du taux d'intérêt

Le taux d'intérêt se définit comme le rapport entre le montant de l'intérêt dû pour une année et le montant de la somme prêtée.

On sait que la justification du taux d'intérêt a fait l'objet de polémiques enflammées tout au long de l'histoire. La question qui préoccupe désormais les hommes politiques et les économistes est plutôt celle du juste taux, celui qui ne spolie pas les épargnants tout en permettant à l'économie de disposer de l'argent nécessaire à ses investissements. Les taux d'intérêt sont soit à court terme (du jour le jour au 2 ans), soit à long terme (à partir de 2 ans jusqu'à 30 ans qui est la durée de vie la plus longue d'un emprunt d'Etat).

Pour plus détails sur les diverses théories des taux d'intérêt se reporter au chapitre 6.4 *Comment déterminer l'évolution des taux d'intérêt.*

2.2.2.2 Qui fixe les taux courts et les taux longs ?

La Banque centrale (depuis le 1er janvier 1999, la Banque centrale européenne) est la seule entité qui fixe un taux à court terme, en fonction des objectifs qui lui sont assignés par la loi ou le traité (stabilité des prix) et des contraintes de l'économie (attaques sur la devise, économie en récession qui nécessite une baisse des taux ou au contraire surchauffe de l'économie qui nécessite de remonter les taux pour juguler "les tensions inflationnistes", pour reprendre l'inénarrable jargon des économistes).

En revanche, pour les taux d'intérêt à long terme, c'est le marché qui fixe le taux, l'Etat n'étant qu'un intervenant (le plus gros puisque qu'il est le plus gros émetteur d'obligations). Le taux à long terme est tout simplement le résultat d'un rapport de force entre émetteurs et investisseurs.

Enfin, il faut signaler que l'Etat influence les taux des produits dits « administrés » ou « réglementés », comme le livret A. Toute décision de faire baisser le taux du livret A est bien sûr une décision éminemment politique puisqu'elle est censée provoquer un vif mécontentement chez les petits épargnants qui détiennent 47 millions de livrets A. L'Etat joue également un rôle essentiel dans la fixation du taux de l'usure (fixé à 8,21% pour les crédits immobiliers à taux fixe au début 2 000), taux au dessus duquel il est interdit de prêter, le but de la loi étant de protéger les particuliers contre les usuriers.

2.2.2.3 Les définitions normalisées des taux

Le Comité de Normalisation obligataire a constaté l'existence de plusieurs méthodes de calcul des taux actuariels des obligations qui se différencient essentiellement par la comptabilisation de la durée entre la date de calcul de chaque flux et/ou entre chaque flux.

Par souci de cohérence et de normalisation, il est apparu indispensable d'effectuer un choix. A la suite d'une « étude approfondie et de concertations » (on n'en attendait pas moins), il a été décidé d'adopter la méthode dite « classique universelle ». Cette méthode consiste à actualiser chaque flux de l'obligation en déterminant le nombre d'années qui sépare la date du flux de la date de calcul et, pour ce qui concerne la période brisée, à rapporter le nombre exacts sur 365 ou 366 jours, selon le nombre de jours qui sépare les deux dates d'anniversaires encadrant la date de calcul. **En répétant cette méthode pour chaque flux, la valeur actuelle calculée de l'obligation concernée devient la somme des valeurs actuelles de chaque flux.**

Ainsi, depuis le 1er janvier 1999 et l'entrée en vigueur de l'euro, les calculs des intérêts se font sur les bases de :

1. pour les taux du marché monétaire :

$$\frac{\text{nombre de jours exact}}{360}$$

2. pour les taux du marché obligataire :

$$\frac{\text{nombre de jours exacts}}{\text{nombre de jours exacts dans l'année}}$$

Le nombre de jours exacts dans l'année étant habituellement de 365 jours ou de 366 jours (pour une année bissextile).

2.2.2.4 Calculs de base des taux d'intérêt

On rappellera ici les concepts de base de calculs des taux d'intérêt.

Calcul des intérêts simples :

$$I = \frac{(Nxtxn)}{365x100}$$

Avec I : montant en francs
N : nominal
t : taux d'intérêt
n : nombre de jours

Exemple *: pour une OAT de nominal 1 euro et de taux facial 5%, un investisseur qui a conservé une obligation pendant 155 jours au cours de l'année 1999 (non bissextile, ce qui signifie que les calculs d'intérêts se font sur une base annuelle de 365 jours) aura droit à un coupon couru de :*

$$I = \frac{1x0{,}05x155}{365x100} = 0{,}000212$$

Ce qui, pour un achat initial de 100 000 obligations représente 21,232877 euros.

Il arrive souvent que les investisseurs retirent tous les ans les intérêts perçus, dans ce cas la somme totale rapportée par un investissement sur une période n se calculera par la formule de calcul des intérêts simples.

Formule de calcul des intérêts simples

En termes mathématiques, avec i symbolisant le taux d'intérêt simple sur une seule période, C la valeur initiale, et n le nombre d'années de placement, on obtient, au terme des n années une somme finale $F = C \times (1 + i \times n)$ pour des intérêts simples.

Ainsi, un capital de 1 000 euros placés à 5% en intérêts simples sur 5 ans rapportera une somme de :

$$1\,000 \times (1 + 0{,}05 \times 5) = 1\,250 \text{ euros}$$

La capitalisation des intérêts

Si un investisseur place 100 000 euros à 3% pendant 10 ans, il touchera au bout d'1 an une somme de 100 000 + 3 000 soit 103 000 euros. Si les intérêts n'étaient pas capitalisés, il devrait recevoir au bout de 2 ans une somme de 106 000 euros, et au bout de 10 ans une somme égale à 130 000 euros. Lorsque les intérêts sont capitalisés, les intérêts sont ajoutés, chaque année au capital de départ est deviennent, à leur tour, productifs d'intérêts. Dans ce cas, au bout de 2 ans, le capital dont dispose l'inves-tisseur sera de 103 000 euros + 3% : 103 000 soit 106 090 euros. Au terme des 10 ans, la somme globale dont on disposera sera alors de 134 392 euros au lieu de 130 000 euros sans capitalisation. C'est le principe des intérêts composés qu'Einstein qualifiait de « plus grande invention de l'humanité » : on sait que les 30 deniers perçus par Judas en 33 de notre ère, placés à 3% permettraient d'acheter l'ensemble des actifs de la Planète en l'an 2 000. Ce genre de problématique a d'ailleurs inspiré de nombreuses utopies, la plus remarquable d'entre elles étant sans doute à mettre au crédit d'un actuaire du XVIIIe, certain Mathon de la Cour qui, dans un opuscule *intitulé Testament de M. Fortuné RICARD* expliquait en 1784 comment régler les problèmes de la dette publique du XXe (rien de moins) en ne plaçant que 500 livres. Même Keynes (shocking!) s'est laissé aller à l'ivresse de l'intérêt composé en proposant des plans de financement qui permettraient, un jour, « au dernier des Hottentots de rouler en Rolls »... ce qui doit intéresser très modérément ces habitants d'Afrique australe qui préfèrent les familles composées aux intérêts composés...et qui doivent sans doute penser que le grand Economiste est tombé sur la tête.

La formule de la capitalisation des intérêts est la suivante :
Avec i symbolisant le taux d'intérêt et C la somme initiale, on obtient :

- Au bout d'un an une somme C1 égale à $C + C \times i$
  soit $C(1 + i)$,
- Au bout de deux ans, la somme C1 devient $C2 = C1 + C1 \times i$
  soit $C1(1 + i)$ soit $C(1 + i) \times (1 + i)$
- Au bout de n périodes, on obtient la somme finale :

$$Cn = C \times (1 + i)^n$$

***Exemple** : Ainsi, une somme de 1 000 euros placée à intérêts composés sur 5 ans rapportera la somme de 1 000 × $(1+0,05)^5$ soit 1 276,28 euros au lieu de 1 250 euros avec des intérêts simples.*

Voici un tableau indiquant les sommes que l'on obtient, à intérêts composés, en fonction de la durée du placement (en colonnes) et du taux d'intérêt annuel (en lignes).

Taux d'intérêt	Après 1an	Après 5 ans	Après 10 an	Après 15 ans	Après 20 ans
0 %	100	100	100	100	100
1 %	101	105	110	115	122
2 %	102	110	122	135	149
3 %	103	111	134	156	181
4 %	104	122	148	180	219
5 %	105	128	163	208	265
6 %	106	134	179	240	321
7 %	107	140	197	276	387
8 %	108	147	216	317	466
9 %	109	154	237	364	560
10 %	110	161	259	418	673
11 %	111	169	284	478	806
12 %	112	176	311	547	965
13 %	113	184	339	625	1 152

L'actualisation

L'actualisation, opération inverse de la capitalisation, consiste à calculer la valeur présente, actuelle, d'une somme disponible dans n années. Bien entendu, on préférera toujours détenir 1 000 euros maintenant que dans 5 ans. Ainsi, la valeur actuelle de 1 000 euros à recevoir dans 5 ans, en prenant un taux de 6% est de

747,26 euros au lieu de 1 000 euros.

Exemple : *Pour calculer la valeur actuelle VA d'une somme finale F de 1 000 euros dans cinq ans, si le taux d'intérêt que l'on exige est de 6%, on aura :*

$$VA\ (1+0.06)^5 = 1\ 000.$$

$$\text{donc } VA^5 = \frac{1\ 000}{(1+0,06)^5}$$

$$VA = 747,26 \text{ euros}$$

En termes mathématiques, on obtient la formule d'actualisation avec VA : valeur actuelle et F valeur future, n nombres d'années et i l'intérêt annuel :

$$VA = \frac{F}{(1+i)^n}$$

Le taux actuariel

Le taux actuariel est le taux qui permet d'obtenir le véritable rapport annuel d'un placement obligataire selon la méthode des intérêts composés. Il est calculé sur la durée totale de l'emprunt, et prend en compte les intérêts payés, les primes d'émissions et de remboursement éventuelles (tous les flux) ainsi que les modalités de paiement et les dates d'échéance.

On distingue habituellement le taux actuariel brut (avant imposition) du taux actuariel net (après imposition).

Selon la définition du Comité de normalisation obligataire, *le taux d'intérêt actuariel* est le taux annuel qui, à une date donnée, égalise **à ce taux et à intérêts composés**, les valeurs actuelles des montants à verser et des montants à recevoir. Il n'est significatif que pour un souscripteur qui conserverait ses titres jusqu'au remboursement final.

Exemple : *Considérons une obligation de valeur nominale de 2 000 euros, d'une durée de vie de 5 ans, qui verse un intérêt nominal de 5%. A l'émission le taux actuariel brut de cette obligation est le taux i qui permet d'égaliser les flux suivants :*

$$2\ 000 = \frac{100}{(1+i)} + \frac{100}{(1+i)^2} + \frac{2\ 000+100}{(1+i)^5}$$

Dans ce cas, on constate que le taux actuariel est très exactement de 5%

***Exemple** : Considérons maintenant la même obligation, mais émise à 1981 euros.*
Son nouveau taux actuariel sera alors le taux qui égalisera les flux, à savoir :

$$1981 = \frac{100}{(1+i)} + \frac{100}{(1+i)^2} + \frac{2\,000+100}{(1+i)^5}$$

Pour trouver le taux actuariel brut, les actuaires disposent de logiciels qui utilisent les méthodes d'interpolation linéaire.

Dans cet exemple, le taux actuariel brut ressort à 5,22%.
Il est bien sûr normal que ce taux de rendement soit supérieur au précédent puisque l'investissement est moindre et les flux d'argent futurs identiques.

L'opération inverse est également possible.

***Exemple** : Supposons qu'un épargnant soit en face d'une obligation d'un euro (le nominal des OAT depuis le 1er janvier 1999) d'une durée de 5 ans qui rapporte 4%, in fine, remboursable au pair. S'il veut l'acheter en étant certain qu'elle lui rapportera au moins 5% (le niveau des taux à 10 ans en juillet 1999), il doit l'acheter en dessous du prix P (et la garder jusqu'à l'échéance), tel que :*

$$P = \frac{4\%}{(1+5\%)} + \frac{4\%}{(1+5\%)^2} + \frac{4\%}{(1+5\%)^3} + \frac{4\%}{(1+5\%)} + \frac{104\%}{(1+5\%)^5}$$

soit P = 0,957 euros.

Le principal intérêt du taux actuariel est de permettre un classement ordinal (comme le disent les actuaires dans leur sympathique jargon) des emprunts sur le marché. Grâce au taux actuariel, on peut classer instantanément les différents emprunts de mêmes caractéristiques (même durée, même émetteur) pour se porter sur celui dont le taux est le plus élevé si l'on veut investir.

Exemple : *le 10 septembre 1999, l'OAT 6,5% 2006 (code 57053) cote 110,15% du nominal de 1 euro et l'OAT 7,25% 2006 (code 57049) cote 114,30% du nominal de 1 euro. Pour comparer le rendement des deux obligations on va comparer le taux actuariel de la première qui ressort, ce jour là et à ce cours là, à 4,71% avec celui de la seconde (4,63%). La première a un rendement supérieur à la seconde de 8 points de base (0,08%).*

Taux d'intérêt précompté et taux d'intérêt postcompté.

Le taux d'intérêt est habituellement postcompté. C'est la formule la plus courante de calcul d'un taux d'intérêt dans laquelle l'intérêt est payable à terme échu, c'est à dire à la fin de la période de prêt.

Exemple : *Pour un montant prêté de 1 000 euros à un taux d'intérêt de 3% pendant une durée de 30 jours, la somme versée par le prêteur à l'emprunteur, calculée en intérêts postcomptés est de :*

$$\frac{1\,000 \times 5 \times 30}{100 \times 360} = 4{,}17$$

et la somme à verser au prêteur est donc au final de :

1 004,17 euros

On rappellera que pour les taux monétaires, on divise l'année en 360 jours (voir plus haut).

Un taux d'intérêt est dit précompté lorsque les intérêts versés sont égaux au nominal du prêt moins le prix à payer. Dans ce cas, à l'échéance, l'emprunteur verse le capital défini par le contrat de prêt.

Ainsi pour reprendre un exemple similaire au premier, l'emprunteur versera à l'échéance 1 000 euros, donc le capital qu'il aura reçu initialement, à titre de prêt sera C, tel que :

$$C = \frac{C \times 5 \times 30}{100 \times 360} = 1000 \, ou \, \frac{C \times (1 + 5 \times 30)}{100 \times 360} = 1000$$

donc C = 995,85
et le taux t est donc de 1 000- 995,85 = 4,15 %

On constate sur cet exemple très simple que le taux d'intérêt précompté est toujours plus faible que le taux d'intérêt postcompé.

Récapitulatif des taux actuariel, précompté et postcompté

Il existe un tableau d'équivalence entre les différents taux d'intérêt (page suivante) :

Avec ia : intérêt actuariel
ip : intérêt précompté
Ipt : intérêt postcompté
n est le nombre de jours de placement.

Exemple : *Un investisseur se pose la question de savoir s'il est préférable d'investir dans un BTF à intérêts précomptés d'une durée de 91 jours au taux postcompé de 2,70% au taux actuariel de 3,05% ou l'acheter à l'adjudication au prix de 99,30%.*

La calcul des taux équivalents actuariels donne :
Le taux postcompé de 2,70% correspond à un taux actuariel i tel que :

$$i = (1 + 2{,}70\% \times 91/360)^{\frac{365}{91}} - 1 = 2{,}78\%$$

Pour le taux précompté on a de la même manière un prix d'adjudication de 99,30% correspond à un taux actuariel i tel que :

$$i = 2{,}90\%$$

Dans ce cas, il est préférable d'acheter le BTF à l'adjudication car le taux est supérieur.

Taux discret et taux continu.

Mais ce n'est pas tout. Les actuaires, toujours prêts à compliquer les choses, distinguent deux types de taux d'intérêt : le taux discret et le taux continu.
On passe du taux annuel continu Tc au taux discret Td par la formule :

$$Tc = \log(1 + Td)$$

Tableau d'équivalence d'intérêts

	Intérêts précomptés	Intérêts postcomptés	Intérêts actuariels
Intérêts précomptés		$i_{\rho}=\dfrac{i_{\rho t}}{1+ i_{\rho t} \times \dfrac{n}{360}}$	$i_{\rho}=\dfrac{360}{n}\left(1-\dfrac{1}{(1+i_a)\frac{n}{365}}\right)$
Intérêts postcompté	$i_{\rho t}=\dfrac{i_{\rho}}{1-i_{\rho} \times \dfrac{n}{360}}$		$i_{\rho t}\dfrac{360}{n}\left((1+i_a)\dfrac{n}{365}-1\right)$
Intérêts actuariels	$i_a=\left(\dfrac{1}{1-1_{\rho} \times \dfrac{n}{360}}\right)^{\frac{365}{n}}-1$	$i_a=\left(1+i_{\rho t} \times \dfrac{n}{360}\right)^{\frac{365}{n}}-1$	

Le taux facial

Lors de son lancement une obligation est proposée avec un prix d'émission, un montant de remboursement, en général égal au prix d'émission, ou éventuellement supérieur, et un taux de rémunération. Ce dernier, déterminé lors de l'émission de l'obligation s'appelle le taux facial.

Pendant toute la durée de vie de l'obligation, le cours de celle ci peut être amené à évoluer, essentiellement en fonction de deux paramètres clés : le niveau des taux ou de la solvabilité présumée des organismes émetteurs.

En conclusion, on retiendra le grand intérêt de connaître le taux actuariel brut qui permet de comparer entre elles deux obligations, de durée de vie similaire, mais de taux facial différents.

La courbe des taux

La courbe des taux est le nom donné à la représentation graphique, à un instant donné, des taux de rendements sur un marché en fonction de la durée des placements. Pour construire la courbe on doit s'assurer de l'homogénéité des taux, ce qui signifie que l'on doit prendre en compte les titres d'un même émetteur sur des durées différentes. Pour des raisons de simplification et de cohérence, on ne retiendra que des titres d'Etat, dont la signature est réputée la plus sure. Toutes les autres courbes des taux seront donc au dessus de la courbe des taux d'un Etat car elle intégreront une prime de risque exprimée en points de base.

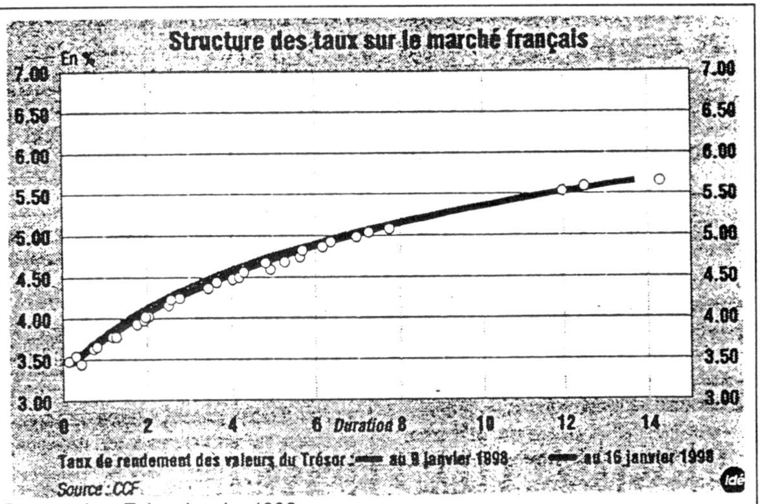

Source : Les Echos janvier 1998

A la lecture de cette courbe, on constate, qu'à un moment donné, les obligations à taux fixe d'échéances différentes ont un cours de marché différent. La théorie, rejoignant le bon sens, veut que plus la durée d'un prêt est grande, plus le taux d'intérêt exigé des investisseurs sera élevé. Dans ce cas, on est en face d'une courbe des taux dite ascendante représentée par la figure ci-dessus. On admet habituellement qu'une courbe des taux est normale lorsque les taux à long terme (sur 10 ans) sont 200 points (2%) au dessus des taux à court terme. Pour des taux courts à 3%, on a alors au même moment des taux à 10 ans à 5%.

La réalité est malheureusement (pour les professeurs de finance) ou heureusement (pour les spéculateurs) souvent différente. Il arrive, qu'à un moment donné, la photographie de la courbe des taux montre que les taux à court terme soient plus élevés que les taux à long terme. On qualifie alors ce phénomène « d'inversion de la courbe des taux ».

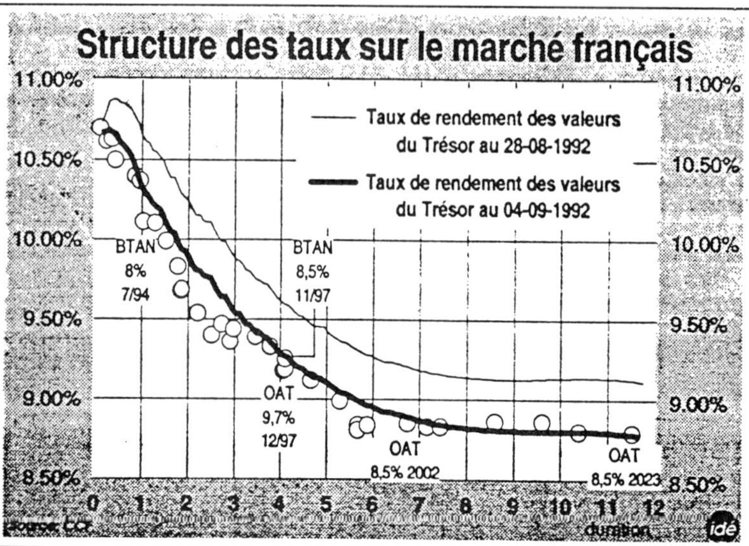

On peut également rencontrer, sur le marché, des niveaux de taux d'intérêt stables selon les échéances : on parle alors de courbe des taux plate. Enfin, on peut découvrir des bizarreries, comme des courbes des taux en dos d'âne ou « en cloche ».

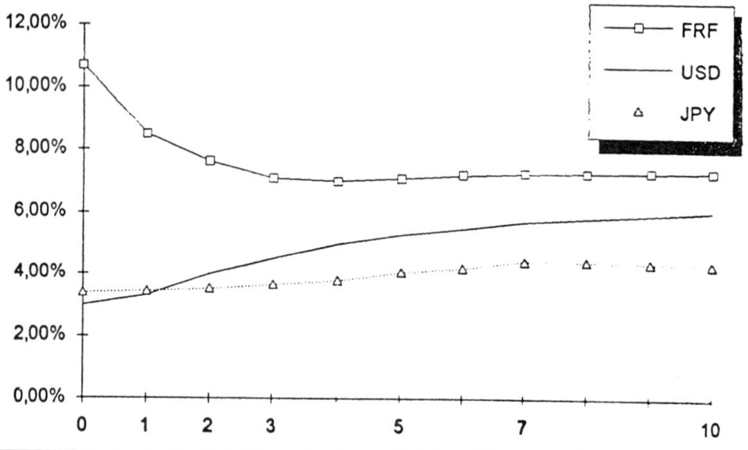

Ainsi, sur le graphe (page pécédente) qui représente, au même moment (le 29 mars 1993), trois courbes des taux différentes, on note que la courbe des taux français est inversée, que la courbe des taux américains est classique et que la courbe des taux japonaise est « plate ».

Ci-dessous, voici une courbe des taux atypique :

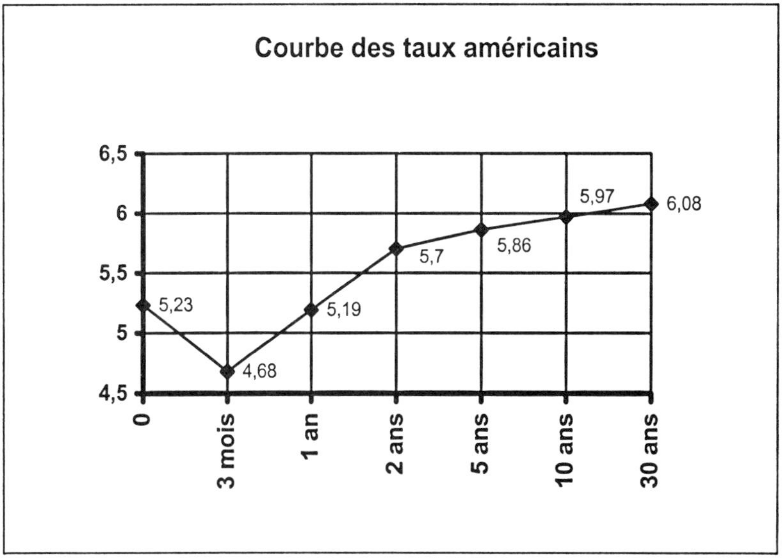

Deux termes sont à noter concernant la courbe des taux, on parle de translation de la courbe des taux (en cas de baisse ou de hausse générale des taux) et de pivotement (en cas de modification de la pente).

Depuis l'arrivée de l'euro, il n'existe qu'une courbe des taux en euros au lieu des 11 courbes des taux nationales précédentes. La question est donc de savoir qui est la référence, car pour une durée déterminée, le taux de référence est toujours le plus bas possible, il désigne donc l'émetteur le plus fiable de la zone. La bataille se résume actuellement à un duel entre les taux allemands et les taux français. Il s'agit d'un enjeu où le prestige de chaque Etat le dispute aux implications purement économiques. Ces dernières se traduisent essentiellement par le niveau de volumes des produits dérivés : on sait qu'à ce jeu le bund allemand a gagné par KO contre le contrat notionnel (voir pour plus de détails le chapitre 5.6 *Les produits dérivés des obligations*).. La France espérait pouvoir être une référence, si ce n'est sur la totalité de la courbe, à tout le moins sur une partie de celle-ci (de 7 à 10 ans). Or, plus de six mois après l'entrée en vigueur de l'euro, on constate que les taux allemands sont en dessous des taux français, avec un écart (spread) compris entre 12 pb et 15 pb : ainsi, le 26 août 1999, les taux des OAT 10 ans se situaient à 4,91% contre 4,77% pour les obligations de l'Etat fédéral allemand (soit un écart de 14 pb). Pour certains experts, la différence entre les taux des obligations d'Etat françaises et allemandes aurait une explication mécanique, et ne serait donc pas liée à une différence de risque. Selon cette approche, les investisseurs étrangers achetaient traditionnellement plus volontiers des obligations allemandes que des obligations françaises avant l'arrivée de l'euro et ont continué à le faire depuis, ce qui explique la hausse plus forte des obligations allemandes (toutes choses égales par ailleurs) et par voie de conséquence, le taux légèrement plus faible. Je crains qu'il ne s'agisse plutôt de propos destinés à mettre un peu de baume à l'orgueil national.

Quoiqu'il en soit, l'arrivée de l'euro a entraîné un puissant mouvement de convergence des taux longs, parfaitement illustré par le graphe suivant :

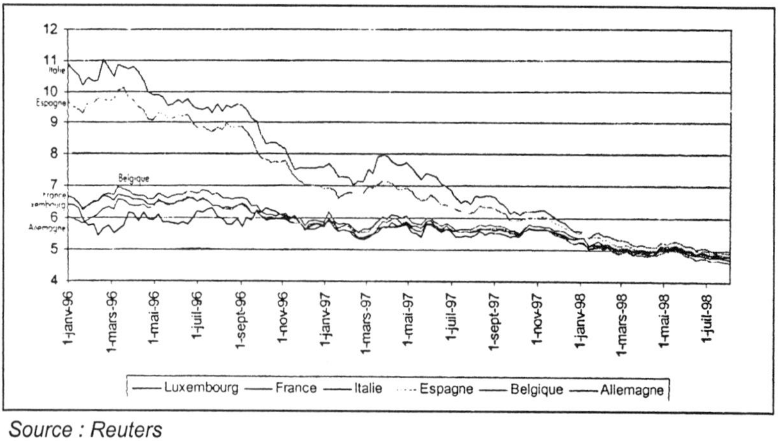

Source : Reuters

A titre indicatif, voilà les rendements servis par les différentes obligations d'Etat de quelques pays de la zone euro, le même jour, le 17 mai 1999 :

Pays	Rendement	Différentiel de taux par rapport à l'Allemagne
Obligations allemandes	4,14%	-
Obligations françaises	4,26%	+ 12 pb
Obligations néerlandaises	4,27%	+ 13 pb
Obligations belges	4,37%	+ 23 pb
Obligations italiennes	4,40%	+ 26 pb
Obligations espagnoles	4,40%	+ 26 pb
Obligations portugaises	4,43%	+ 29 pb

En revanche, on peut s'amuser à comparer les courbes des taux allemandes et anglaises pour constater qu'elles ne présentent que fort peu de corrélations.

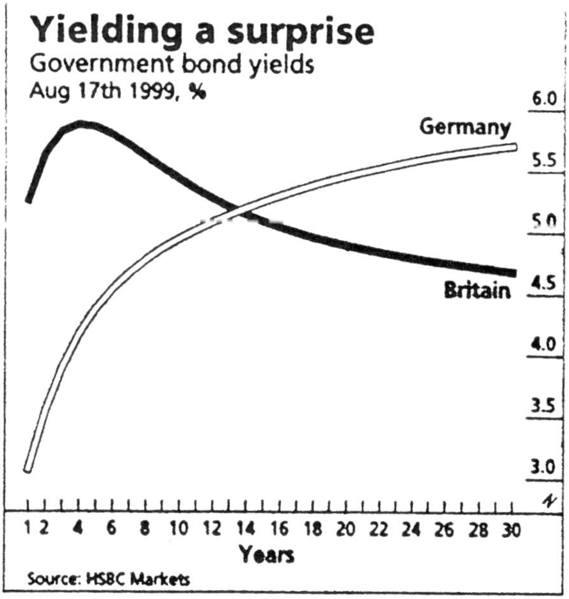

2.2.3 Les autres caractéristiques des obligations

2.2.3.1 Une notion clé : la signature de l'émetteur

La signature (ou le risque de signature) est un élément déterminant d'un émetteur d'obligations, le risque de signature c'est le risque que prend l'investisseur de ne pas être payé en temps et en heure. Pour plus de détails, on se reportera au chapitre 3.2.

2.2.3.2 La valeur nominale de l'obligation

La valeur nominale encore appelée « valeur faciale » ou simplement « nominal » est la valeur inscrite sur le titre (avant la dématérialisation) et la valeur qui sert de base au calcul des intérêts. Les OAT ont toutes, depuis le 1er janvier 1999 une valeur nominale de 1 euro. Pour les obligations du secteur privé, si elles sont toutes cotées en euros depuis le 1er janvier 1999, elles peuvent encore avoir un nominal en francs et être remboursées en francs jusqu'en 2002 ou elles basculeront toutes en euros.

Il arrive parfois que l'émetteur propose un bonus à l'émission en faisant un cadeau à l'investisseur qui achète ses obligations. Dans ce cas, l'émission se fait à un prix inférieur à la valeur nominale, la différence entre le prix offert et la valeur nominale étant la prime d'émission.

***Exemple** : si un émetteur propose une obligation de nominal de 1 000 euros à l'émission à 990 euros, la prime d'émission est de 10 euros par obligation.*

Taux d'intérêt nominal ou taux facial

Le taux d'intérêt nominal ou taux facial est celui qui est donné par l'émetteur. Il peut différer du taux d'intérêt actuariel si l'obligation est émise en dessous du pair (à 990 euros au lieu du nominal de 1 000 euros par exemple). Dans ce cas, le taux actuariel, qui est le « vrai » taux d'intérêt servi par l'obligation, sera supérieur au taux facial. Se reporter plus haut au paragraphe relatif aux différentes définitions du taux d'intérêt.

Procédure de redénomination en euros.

L'arrivée de l'euro a modifié le nominal des OAT et de tous les titres d'Etat pour le ramener à 1 euro par titre. On a parlé de redénomination des obligations.

Le mécanisme a été le suivant : un épargnant qui détenaient 10 OAT de 2 000 F de nominal avant le 1er janvier 1999 a eu un nombre d'OAT, après conversion, de :

$$\frac{(10 \times 2000)}{6{,}55957 \times 1}$$

soit 2 048,980345.

Dans ce cas, l'épargnant a obtenu 2 048 OAT de 1 euro et une soulte de 0,980345 euro.

La soulte nette correspondait à la soulte brute valorisée au dernier cours du 31/12/98 coupon couru inclus puis arrondi à la 3e décimale. Si l'OAT cotait 121,342%, on arrive à :

0,980345 x 121,342% ce qui donne 1,17.

En cas de prime d'émission (voir plus haut), le rendement actuariel du titre est supérieur au taux nominal.

A noter qu'il existe des obligations à libération échelonnée, dont le prix d'acquisition peut être payable à plusieurs dates, ce qui complique singulièrement leur évaluation tout en donnant un peu d'occupation aux actuaires chargés de calculer le rendement actuariel de ces titres.

2.2.3.3 Le coupon

Le coupon est le montant des intérêts versé chaque année. Le coupon était, avant la dématérialisation, à détacher et à remettre au guichet de l'établissement dépositaire.

Le coupon couru est la part d'intérêt due au porteur d'une obligation pour en avoir été le propriétaire pendant un délai plus court que celui auquel donne droit le coupon plein.

Il faut savoir que, dans l'hypothèse de l'achat en Bourse d'une obligation, le cours de l'obligation est majoré d'un montant appelé coupon couru, représentant la *part prorata temporis* du montant déjà écoulé du coupon annuel depuis le dernier détachement. Sur le marché parisien, le coupon couru, payé par l'acheteur de l'obligation au vendeur pour lui régler la fraction du coupon capitalisé depuis la date du dernier détachement (puisque la vente en Bourse entraîne la vente de tous les droits attachés à l'obligation). Il ne se calcule pas à la date de transaction, mais à celle du règlement **qui a lieu trois jours ouvrés** après la date de transaction.

Exemple *: le 29 décembre 1999, l'OAT 4% avril 2009 (code 57143) qui détache son coupon le 25 avril de chaque année fait apparaître un coupon couru de 2,776% qui correspond au nombre de jours courus entre le 25 avril 1999, date du dernier détachement de coupon et la date de règlement qui est le 4 janvier 2000 ramené à 366 jours (nombre de jours exacts entre le 25 avril 1999 et le 25 avril 2000).*

- Il existe des obligations à coupons différents qui ne versent donc pas le même coupon tous les ans.
- Il existe également des obligations à coupon zéro qui ne versent rien jusqu'à leur échéance.

Les obligations spéciales à coupon à réinvestir (OSCAR)

Il s'agit de titres dont le coupon peut indistinctement selon les années être réglé soit en numéraire, soit sous forme d'obligations nouvelles assimilables aux précédentes. Les obligations spéciale à coupons à réinvestir datent de 1986. Avec ces produits, le détenteur n'exercera son droit que si les taux ont baissé pour profiter des taux plus attractifs de la première obligation.

Les obligations à coupon unique

Ces obligations ne versent l'ensemble des intérêts collectés qu'en un seul coupon, au moment du remboursement de l'obligation. On les appelle parfois les obligations « à coupon différé ».

Les obligations à coupon zéro

Ces titres ressemblent dans les faits aux précédents, mais sont traités différemment d'un point de vue comptable. Le souscripteur ne perçoit dans ce cas aucune rémunération jusqu'au remboursement du titre ou le paiement des intérêts est alors uniquement perçu sous la forme d'une plus value convenue au moment de l'émission du titre. Une obligation à coupon zéro est une obligation qui ne détache pas de coupon avant son échéance. Elle est remboursée à son nominal à l'échéance.

Comme souvent en matière financière, l'innovation vient des Etats-Unis où ils apparaissent en 1972. C'est Gaz de France, entreprise en pointe en matière d'innovation financière, qui lance la première obligation à coupon zéro en France : le 11,15% Décembre 1984 à taux fixe sur 12 ans.

Exemple *: Le démembrement de l'OAT 2019, la plus longue obligation d'Etat en Europe a permis le développement d'un vrai marché d'obligations coupon zéro. Le démembrement de l'OAT 8,5% 2019 est intervenu en Juin 1991.*

Le principe du démembrement d'une obligation est simple : il s'agit de la transformation d'une série d'obligations correspondant chacune à un coupon OAT de nominal de 2 000 F, le coupon étant de 170 F. Le titre initial est transformé en 30 titres : 29 issus de coupons d'un nominal de 170 F et devenant *ipso facto* 29 titres à zéro coupons d'échéance comprise entre 1 et 29 ans et un titre issu du dernier coupon et du nominal.

- L'avantage du zéro-coupon pour le souscripteur réside dans l'absence de risque de réinvestissement de coupons. Pour l'émetteur, il n'y a aucun service de la dette pendant toute la durée de vie.

2.2.3.4 La durée de vie de l'obligation

En droit français la durée de vie minimum d'une obligation est de trois ans, ce qui représente à peu près la seule contrainte légale en terme de durée de vie d'une obligation.

Dans les faits la tendance est à l'émission d'obligations d'une durée de vie de plus en plus courte. La durée moyenne de vie des obligations émises à l'heure actuelle se situe en effet entre 8 et

12 années alors qu'elle évoluait précédemment plutôt entre 10 et 15 ans. Ce phénomène est d'ailleurs particulièrement marqué pour les emprunts d'Etat.

Mais si la tendance globale est à la réduction des durées d'emprunts, on constate également l'apparition d'obligations à très long terme (30 ans et plus). IBM a émis il y a quelques années un emprunt obligataire d'une durée de cent ans. Le mouvement est général : la très conservatrice Confédération helvétique a emprunté pour un milliard de francs suisses sur 50 ans à 4% le 6 janvier 1999. Le Trésor français, suivant en cela son homologue américain, lance des obligations de durée de vie trentenaires. Au 31 janvier 1999, la maturité la plus longue pour une obligation d'Etat était de 30 ans : l'OAT 5,5% échéance le 25 avril 1999 avait alors un encours de plus de 6 milliards d'euros. La durée moyenne des OAT étaient alors de 8 ans et 264 jours.

Les obligations prorogeables

Ce sont des titres donnant au porteur la possibilité de prolonger leur durée de vie aux conditions prévues dans le contrat d'émission. Durant cette durée de prolongation le contrat d'émission peut prévoir soit le maintien du taux initial, soit l'utilisation d'un taux prenant en compte les conditions du marché au moment de la prorogation.

Les obligations perpétuelles

Il s'agit d'obligations sans date de remboursement et servant en permanence l'intérêt prévu. Ces titres, en principe émis par l'Etat, étaient cotés sur le marché français proportionnellement au nombres de francs de rente versés et non en pourcentage du nominal comme les autres obligations, mais il n'y en a pas en circulation à l'heure actuelle en France, le Trésor public les ayant toutes rachetées en 1987.

La durée demeure un élément-clé de la gestion du risque de taux pour une obligation à taux fixe car l'incidence de tout décalage entre le taux facial d'une obligation et les taux pratiqués sur le marché est d'autant plus importante que sa date de remboursement est éloignée. C'est ainsi que quelles que soient les conditions du marché, une obligation évolue en général très faiblement dans sa dernière année de sa vie, les évolutions du marché ne concernant que le règlement du dernier coupon. Pour plus de détails, lire le chapitre 3.1 *Evaluation des obligations.*

Nous devons toutefois noter que de nombreux gérants optent pour la gestion du risque la plus simple qui consiste à investir à intervalles réguliers en diversifiant ainsi dans le temps le niveau des taux encaissés dans le portefeuille.

Qu'en est-il des différents types d'amortissements des titres ?

2.2.3.5 La valeur de remboursement

Si la valeur de remboursement est supérieure à la valeur nominale on parle alors de prime de remboursement. C'est le cas bien sûr des obligations à coupon zéro.

La date de remboursement est la date à laquelle l'obligation est effectivement remboursée.

Le remboursement par l'émetteur, encore appelé amortissement, de l'emprunt obligataire peut se faire de différentes manières.

L'amortissement in fine

C'est la méthode la plus répandue et la plus simple, les titres sont remboursés intégralement à l'échéance de l'emprunt. Cette technique est cependant contraignante pour l'émetteur qui doit payer l'intégralité des intérêts durant toute la durée de l'emprunt, et décaisser un montant important à la date d'échéance du contrat.

Le remboursement est « in fine » lorsqu'il a lieu en une seule fois, à l'échéance de l'obligation.

***Exemple** :*

Soit un emprunt de 500 M euros *à 5% remboursable dans 5 ans*

Année	*Capital restant dû*	*capital remboursé*	*intérêts*	*annuités*
1	*500 M euros*	*0*	*25 M euros*	*25 M euros*
2	*500 M euros*	*0*	*25 M euros*	*25 M euros*
3	*500 M euros*	*0*	*25 M euros*	*25 M euros*
	500 M euros	*0*	*25 M euros*	*25 M euros*
	500 M euros	*500 M euros*	*25 M euros*	*525 M euros*

L'amortissement annuel

Chaque année des titres sont remboursés par tirage au sort par tranches ou par séries en respectant un tableau d'amortissement conduisant à des annuités croissantes, constantes ou décroissantes. Cette technique du tirage au sort est en général peu appréciée de l'investisseur qui considère qu'elle complique sa gestion. Dans ce type de produits, il existe des obligations dites fondantes pour lesquelles une fraction du capital est remboursée chaque année avec les intérêts calculés à partir du capital restant dû.

L'amortissement trimestriel

En mars 1991, le Crédit Foncier de France a innové en lançant une obligation à amortissement trimestriel. Le souscripteur versait 5 208,50 F et reçevait 200 F par trimestre jusqu'à l'an 2001 : il touche donc des revenus fixes régulièrement et la formule est neutre pour l'émetteur puisque les versements comprennent capital et intérêt. L'emprunt a connu un grand succès avec un taux actuariel de 9,27% (les souscriptions ont atteint 1,1 Milliards soit le double de ce qui était initialement prévu) et il s'est très bien placé dans les réseaux qui ont une clientèle de particuliers avides de sécurité. Le principal avantage pour le souscripteur : en cas de baisse des taux il a la possibilité de replacer le produit des coupons à des taux plus élevés que les taux en vigueur au moment du détachement.

L'amortissement avant l'échéance

1. *L'amortissement par séries égales ou constantes.*

Le capital divisé en plusieurs tranches ou séries est remboursé en plusieurs fois. En France une même série est désignée par une même lettre. Une des séries est tiré au sort et remboursée à chaque date de remboursement.

Exemple : *Soit un emprunt de 500 M euros à 5% remboursable sur 5 ans.*

Année	*Capital restant dû*	*capital remboursé*	*intérêts*	*annuités*
1	*500 M euros*	*100 M euros*	*25 M euros*	*125 M euros*
2	*400 M euros*	*100 M euros*	*20 M euros*	*120 M euros*
3	*300 M euros*	*100 M euros*	*15 M euros*	*115 M euros*
4	*200 M euros*	*100 M euros*	*10 M euros*	*110 M euros*
5	*100 M euros*	*100 M euros*	*5 M euros*	*105 M euros*

2. *L'amortissement par annuités constantes*

Chaque flux annuel comprend les intérêts sur le capital non remboursé et le remboursement d'une partie des obligations. L'émetteur choisit le début de la période d'amortissement (généralement un an avant le premier remboursement). On appelle différé d'amortissement l'intervalle de temps qui sépare la date d'émission de celle du début de la première période d'amortissement. La sélection des obligations à rembourser se fait par tirage au sort. Le remboursement se fait généralement au pair. Dans ce cas, le contrat d'émission doit définir le % minimal de titres remboursé par tirage au sort (en général 50%).

Exemple : *Soit un emprunt de 500 MF à 5% sur 5 ans à annuités constantes.*
L'annuité constante, appelé A est telle que, pour un nominal de 100 euros, on obtienne :

$$100 = \sum_{i=1}^{N}\left[\frac{A}{(1+i)^n}\right]$$

Ici, i = 0,05

Soit 100 = A x (1 – (1 + 0,05) – 5/0,05

Soit A = 23,10

Année	*Capital restant dû*	*Capital remboursé*	*Intérêts*	*Annuités*
1	*500,00 M euros*	*90,50 M euros*	*25 M euros*	*115,50 M euros*
2	*409,50 M euros*	*95,02 M euros*	*20,48 M euros*	*115,50 M euros*
2	*409,50 M euros*	*95,02 M euros*	*20,48 M euros*	*115,50 M euros*
3	*314,48 M euros*	*99,78 M euros*	*15,72 M euros*	*115,50 M euros*
4	*214,70 M euros*	*104,76 M euros*	*10,74 M euros*	*115,50 M euros*
5	*109,94 M euros*	*109,94 M euros*	*5,56 M euros*	*115,50 M euros*

3. L'amortissement par annuités décroissantes ou dégressives.

Rien n'interdit à l'émetteur de procéder à l'amortissement de l'emprunt par annuités décroissantes ou dégressives (dans ce cas, le nombre de titres amortis va diminuer chaque année) ou par annuités croissantes ou progressives (dans ce cas, le nombre de titres amortis va augmenter chaque année).

4. L'amortissement par rachat en Bourse.

Ce type d'amortissement n'est pas orchestré par un quelconque échéancier. Il s'agit simplement pour l'émetteur de racheter ses titres en Bourse pour les annuler, ce qui lui permettra d'alléger la charge future de ses annuités. Ces rachats peuvent se faire au coup par coup, notamment si le cours de l'obligation est particu-lièrement déprécié, ou par « blocs » de titres. Si un investisseur souhaite vendre une ligne importante d'obligations, il peut s'a-dresser, par l'intermédiaire d'un courtier, à l'émetteur qui peut alors racheter une grosse quantité d'un coup, conformément à sa politique de rachat. Il faut également signaler la possibilité de lancer des offres publiques de rachat qui donnent lieu à des adjudications "à l'envers" : l'émetteur fixe un cours de rachat que les détenteurs acceptent ou non. Pour mener à bien ce type d'opérations, l'émetteur dispose d'un fonds de rachat destiné à racheter des titres sur le marché.

2.2.3.7 Les garanties attachées à l'obligation

Les garanties données par l'émetteur peuvent être très variées. Les obligations d'Etat sont, selon la formule consacrée – et fausse – inscrites au grand livre de la dette publique (une invention de la

Révolution qui n'existe plus depuis longtemps).

Pour un émetteur privé, la garantie la plus courante est « l'actif de la société ». Toutefois les obligations classiques bénéficient, en cas de liquidation de la société d'une priorité de paiement avant les titres subordonnés et les actionnaires qui, eux, ne toucheront une indemnité de liquidation qu'en cas de boni de liquidation (très rare dans les liquidations judiciaires). Bien sûr, les obligataires passent après les créanciers privilégiés que sont le Trésor public, l'URSSAF et les salariés.

Parfois, certaines garanties spécifiques peuvent être apportées comme la garantie d'un établissement caution, ou des garanties réelles sur des prêts hypothécaires comme c'est le cas avec les toutes nouvelles obligations hypothécaires inspirées de l'exemple allemand des Pfandbriefe.

En cas de malheur : la masse des obligataires

En cas de défaillance de l'émetteur, les créanciers forment une masse : elle est dotée de la personnalité morale et chargée de la défense des intérêts des porteurs et de leur représentation vis à vis des organes sociaux. Les décisions sont prises à la majorité et s'imposent à tous, la loi contraint les organes sociaux à consulter les obligataires préalablement à la réalisation de certaines opérations.

Dans l'affaire Pallas-Stern évoquée plus haut (liquidation prononcé en février 1997), on a recensé huit masses d'obligataires et il a même été créé une association, l'ADEFIC (association de défense de quatre des huit masses d'obligataires).

Conclusion

Dans tous les cas, l'obligation est un contrat : il faut donc demander le texte du contrat *in extenso* à son intermédiaire. La loi oblige tout émetteur d'obligations d'en publier le texte au BALO.

2.3 LE ROLE DES MARCHES OBLIGATAIRES DANS LE FINANCEMENT DE L'ECONOMIE MODERNE

Les marchés obligataires ont une place prépondérante dans le financement de l'économie moderne.

La mesure de l'importance du marché obligataire peut se faire selon différents critères ; comme les volumes des transactions par exemple. Quand on parle du marché secondaire, on l'associe immédiatement au marché des actions. Or, en France, le volume des transactions sur les actions est, fin 1998 de 2 à 3 milliards d'euros. Le volume des seules OAT traités en novembre 1998 sur le marché secondaire s'élevaient à plus de 15 milliards d'euros par jour qui se répartissaient à 80% par le biais de la SICOVAM, 10% pour CEDEL et 10% pour Euroclear.

On peut également comparer la capitalisation boursière des obligations et celle des actions. En France, à fin 1998, elle se situait à peu près au même niveau puisque la capitalisation des titres obligataires représentait 4 865 milliards de francs dont 60% constitués de titres publics et le reste de titres semi-publics ou privés. (+6% par rapport à 1997).

Aux Etats-Unis l'encours du marché obligataire est de 10 000 milliards de $ tout compris (dont 3 500 milliards $ pour l'Etat fédéral), ce qui fait du marché américain le premier dans le monde avec 40% de l'encours obligataire mondial. L'Europe pèse 33% et le Japon 14%. Ainsi, en janvier 1999, le marché obligataire de la zone Euro est de 6 000 milliards d'euros, légèrement dominés par l'Allemagne, suivi par la France. La prédominance des Etats-Unis est encore plus flagrante en matière d'obligations privées dont l'encours est dix fois plus grand qu'en Europe. Outre-atlantique, 60% de l'encours obligataire est le fait de sociétés privés contre 40% en Europe.

Enfin, on peut comparer le volume des émissions obligataires par rapport aux émissions d'actions. En France, 488 milliards d'obligations ont été levés en 1998 contre 475 en 1997. L'émission d'obligations américaines est de 763 milliards $ en 1997 contre 545 milliards $ en 1995.

Tableau des émissions obligataires françaises en 1998 :

(en milliards) :

Emissions brutes				Emissions nettes		
1997	1998			1997	1998	
francs	*francs*	*euros*		*francs*	*francs*	*euros*
			Administrations publiques			
348,1	**352,0**	**53,7**	**(hors La Poste)**	**149,6**	**205,7**	**31,3**
			dont :Etat hors organismes repris			
336,0	*343,5*	*52,4*	*Organismes repris*	*142,7*	*200,0*	*30,5*
-	-	-		*- 2,6*	*- 1,3*	*- 0,2*
75,6	**63,2**	**9,6**	**Etablissements de crédit et assimilés**	**- 81,0**	**- 142,8**	**- 21,8**
			Etablissements de crédit et asimilés			
74,4	*61,8*	*9,4*	*recensés dans les statistiques monétaires*	*78,0*	*-136,6*	*- 21,1*
33,2	25,2	3,8	- Banques	- 24,2	- 46,3	- 7,1
8,0	10,3	1,6	- Caisses d'épargne	5,0	2,0	0,3
8,0	12,7	1,9	- Sociétés financières	- 11,2	- 31,4	- 4,8
25,2	13,7	2,1	- Institutions financières spécialisées	- 47,6	- 63,0	- 9,6
1,1	*1,4*	*0,2*	*Institutions financières diverses*	*- 3,0*	*- 4,2*	*- 0,6*
46,2	**70,3**	**10,7**	**Sociétés non financières**	**11,4**	**39,0**	**5,9**
			Grandes entreprises nationales			
14,1	*29,2*	*4,4*	*(y compris La Poste)*	*- 1,9*	*11,5*	*1,8*
32,2	*41,1*	*6,3*	*Autres sociétés*	*13,3*	*27,5*	*4,2*
4,4	**-**	**-**	**Compagnies d'assurance**	**4,4**	**- 0,1**	**-**
0,2	**2,6**	**0,4**	**Non-résidents**	**- 5,2**	**- 0,9**	**0,1**
474,5	**488,1**	**74,4**	**TOTAL**	**79,2**	**100,8**	**15,4**
440,0	*439,5*	*67*	*Francs*	*51,0*	*113,8*	*17,3*
34,5	*48,6*	*7,4*	*Ecus*	*28,2*	*- 13,0*	*- 2,0*
			Pour mémoire			
17,8	18,7	2,9	Titres subordonnés	11,4	5,9	0,9
-	-	-	Titres participatifs	- 0,9	- 0,1	-
2,0	0,3	-	Emissions souscrites et emploi de fonds Codevi	0,8	- 3,0	- 0,5

(a) Fonds spécial des grands travaux (FSGT) à compter du 1er janvier 1988
Fonds d'intervention sidérurgique (FIS) à compter du 1er janvier 1989
Caisse nationale de l'industrie (CNI) et Caisse nationale des banques (CNB) à compter du 1er juillet 1989

Source et réalisation : Banque de France DESM-SEVAM

2.3.1 Un circuit court entre l'épargne et les besoins à long terme

Le marché obligataire est, au même titre que le marché des actions, un circuit court entre l'épargne investi à long terme et les besoins des agents économiques. Mais, sur le marché obligataire, la motivation des épargnants est avant tout marquée par un phénomène « d'aversion au risque ».

2.3.1.1 Une offre de capitaux averse au risque

Les économistes définissent la notion d'aversion au risque comme la recherche systématique de la plus grande sécurité possible dans un comportement. Les acheteurs d'obligations développeraient cette tendance, surtout si on analyse leurs motivations par rapport à la motivation des actionnaires qui, eux, recherchent plus la performance de leurs actifs.

L'offre de capitaux disponibles sur les marché obligataires n'est pas extensible à l'infini, elle est liée à la capacité d'épargne des agents économiques (essentiellement des ménages). Qu'elle concerne les investissements directs des particuliers (2,4 millions de personnes sont détentrices d'obligations en direct) ou les investissements indirects (par le biais de l'enveloppe fiscale de l'assurance-vie qui représente 3 300 milliards de francs placés à plus de 90% en obligations), l'épargne obligataire est une épargne prudente, qui recherche avant tout la sécurité.

2.3.1.2. Une demande de capitaux sous forme de prêts

Si certains agents lèvent des capitaux sous forme d'obligations c'est tout simplement qu'ils ne disposent d'aucune source de financement alternatives. Le principal émetteur sur le marché obligataire, l'Etat, ne peut bien sûr pas proposer d'actions et ne peut financer durablement son déficit annuel que par l'emprunt, après utilisation des expédients habituels (concessions de services publics, privatisations,...).

D'autres agents économiques peuvent difficilement faire autrement que d'emprunter pour financer leurs déficits. les entreprises publiques dont le capital est détenu à 100% par l'Etat ne peuvent pas faire l'impasse sur les obligations, même si elles lèvent des fonds par le biais de titres participatifs ou par l'émission d'actions sans droits de vote.

2.3.1.3 Le phénomène de désintermédiation

Les marchés obligataires, pour les émetteurs qui ne peuvent faire autrement que de se financer par l'emprunt, ont comme principal concurrent le système bancaire qui joue un rôle traditionnel de financement intermédié entre des liquidités que les clients bancaires placent et les prêts octroyés. En France, on estime que l'intermédiation bancaire, parfois appelée mobiliérisation ou *securitization* (de l'anglais *securities* qui signifie titres) assure encore l'essentiel du financement de la dette des entreprises (l'Etat n'empruntant pas au système bancaire mais levant quasi-exclusivement ses fonds sur le marché obligataire). Environ 70% des besoins de financement des entreprises le sont en sollicitant le système bancaire. A titre de comparaison, aux Etats-Unis les entreprises empruntent légèrement moins aux banques que sur le marché obligataire (40% contre 60%).

Concrètement, supposons qu'une région décide d'emprunter 500 millions de francs. Elle va demander à une banque spécialisée, ou à un pool de banques de lui faire une proposition de taux sur une durée d'emprunt de 10 ans par exemple. Imaginons que la meilleure banque lui propose 4,6%. La Région va demander à un spécialiste des marchés obligataires (très souvent il s'agira d'un autre département des banques auxquelles une proposition a été demandée), d'étudier le taux qui permettra de s'assurer du succès d'une émission obligataire. Si les spécialistes estiment qu'il n'est pas possible d'émettre des obligations, compte-tenu des taux du marché du moment, à moins de 4,8%, il est évident que la Région optera pour un emprunt bancaire qui lui fera économiser 20 points de base, soit une économie sur les charges d'intérêts d'un million de francs par an pendant 10 ans.

Au cas ou le taux d'intérêt du marché se situerait en dessous du taux proposé par les banques, l'émetteur pourrait alors choisir la voie d'une émission. Il faut simplement rappeler qu'une émission obligataire génère des coûts incompressibles de l'ordre de 100 000 à 200 000 F liés aux contraintes légales (BALO, visa COB, publicités légales,...).

Cependant, et même dans le cas ou le coût d'une émission serait légèrement supérieur au coût d'un emprunt bancaire, il peut être intéressant pour une entité de choisir le marché obligataire, ne serait ce que pour des questions d'image et de prestige. C'est pour cette dernière raison que le Conseil général de la Marne a décidé d'émettre des obligations destinées à financer l'europort de Vatry, alors même que les conditions que lui proposait le système bancaire était tout à fait intéressantes. Ecoutons la justification significative qu'en donne M. Vecten, président du conseil général de la Marne : « Cet emprunt obligataire nous permet de mieux faire connaître notre projet et de faire participer les citoyens à un investissement essentiel pour la région ».

La Communauté urbaine de Lyon n'a pas agi différemment pour son émission obligataire en francs de 1998.

Inversement, la Ville de Paris avait souhaité émettre, à la fin de l'année 1998, un emprunt obligataire de 500 MF. Après avoir comparé les taux d'intérêt du marché obligataire et du système bancaire, elle s'est tournée vers un emprunt bancaire qui était moins coûteux.

C'est sans doute pour cela que les collectivités locales n'occupent qu'une faible place sur le marché des obligations (moins de 1% des émissions au premier semestre 1999).

D'autres émetteurs utilisent alternativement l'une ou l'autre source de financement. Lorsqu'elle a été créée pour reprendre la dette de la sécurité sociale, la CADES s'est d'abord appliquée à refinancer le prêt de 140 milliards de francs contracté par l'ACOSS auprès de la CDC, puis elle a entamé la consolidation de cette dette en « substituant des opérations à moyen et long terme à l'endettement à court terme initial. Au 15 novembre 1997, l'endettement total de la CADES était ainsi financé à 67% par des programmes à long terme ». Et la CADES de préciser « ces opérations se sont effectuées aussi bien sur le marché français que sur les marchés internationaux, en utilisant une grande variété d'instruments ». Ce n'est pas la première fois qu'un déficit public (en l'occurrence le fameux trou de la Sécurité sociale) permet de faire preuve d'une grande créativité financière.

Circuit de financement de l'économie en 1995

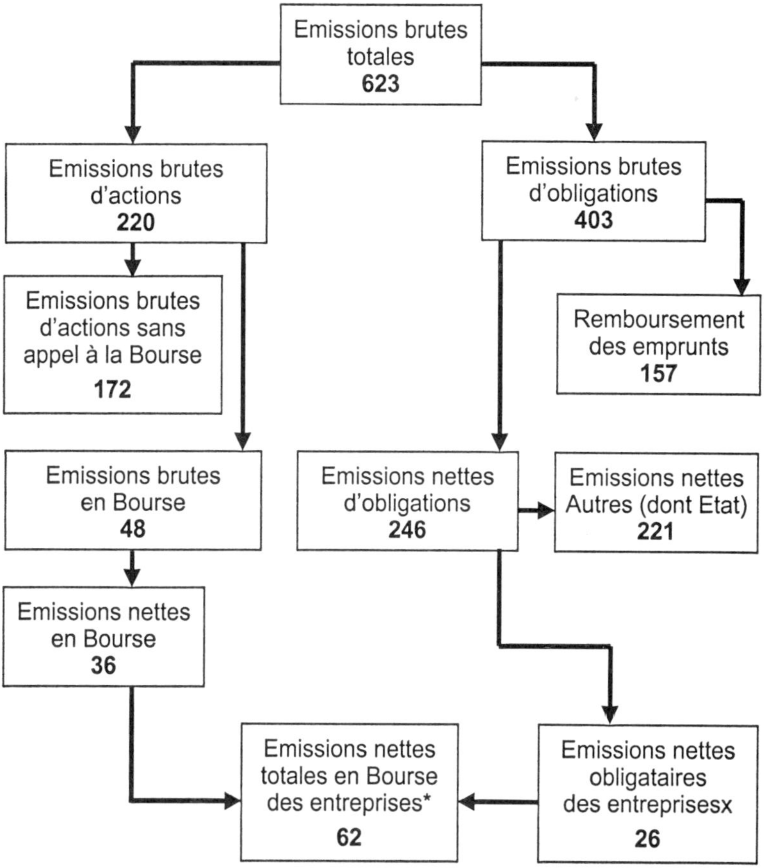

* entreprise industrielles et commerciales

2.3.2 Une alternative aux augmentations de capital

Les grandes sociétés cotées ont traditionnellement le choix, pour ce qui est de lever des capitaux sur les marchés, entre l'émission d'actions et l'émission d'obligations.

2.3.2.1 Un moyen d'éviter une trop forte dilution des bénéfices...

On sait, depuis les travaux de Modigliani, qu'il est tout à fait équivalent pour une société de lever des fonds par l'emprunt plutôt que par une augmentation de capital et que le choix d'une ou de l'autre possibilité est totalement neutre pour la valorisation de la société.

En revanche, le fait de réaliser une augmentation de capital, même si les cours de la société sont élevés, entraîne la création d'actions nouvelles et obligent donc les anciens actionnaires à répartir les dividendes en un plus grand nombre de titres : c'est l'effet de dilution.

C'est une des raisons pour lesquelles les directions financières des sociétés cotées admettaient, au premier semestre 1998, que, malgré la hausse des cours, les projets de financement ne prévoyaient quasiment pas l'hypothèse d'augmentation de capital mais systématiquement un appel à l'emprunt.

2.3.2.2 ...Et de garder le contrôle de l'entreprise

Une autre motivation très importante pour l'actionnaire, ou le groupe d'actionnaires majoritaires, réside dans la volonté de rester « maître à bord » et de conserver le contrôle de la société. En privilégiant le marché obligataire, la part du capital (et des droits de vote) reste la même.

2.3.2.3. D'autant plus que les innovations du marché obligataire permettent de réduire la charge d'intérêts

On connaît depuis quelques dizaines d'années l'avantage d'émettre des obligations convertibles plutôt que des obligations classiques. En contrepartie du droit reconnu au détenteur de l'obligation de pouvoir échanger son obligation contre une action, l'émetteur réalise une économie significative sur le taux servi par le titre. Ainsi, USINOR a lancé, fin novembre 1998, une émission qui répond au doux sigle d'OCEANE pour obligation à option de conversion ou d'échange en actions nouvelles ou existantes. Cette émission dont le coupon n'est que de 3% permet au groupe sidérurgique de réaliser sur un montant total de 2,5 milliards de francs, une économie significative, car une obligation classique lui aurait coûté au bas mot 5%.

Dans un registre plus classique, on mentionnera l'obligation convertible Danone 3% 93-2002 qui, moyennant une convertibilité attrayante, ne coûte que 3% par an à la société alors qu'à l'époque elle aurait dû verser un coupon d'au moins 7% sur une obligation traditionnelle.

2.3.3 Un instrument de liquidité de la dette publique

2.3.3.1 Un marché obligataire domestique moderne et liquide

On sait que la nécessité pour l'Etat de financer un déficit budgétaire en forte expansion (pour reprendre l'euphémisme habituel) tout particulièrement au début des années 80 a été l'élément déclencheur de la modernisation des marchés obligataires en France, comme dans les autres grands pays industriels. Le gouvernement a vite compris, entre 1982 et 1985, la nécessité de créer un vaste marché liquide de la dette publique pour attirer les investisseurs non-résidents (et notamment les fonds de pensions anglo-saxons) qui n'étaient prêts à s'engager sur un marché qu'à la condition de pouvoir en sortir aisément. La liquidité est donc la première qualité d'un marché obligataire public. On mesurera le chemin parcouru en rappelant qu'en 1974 la dette de l'Etat était inférieure à 5% du PIB (contre près de 60% en 1999). La nature de cette dette a également subi une forte mutation : en 1975, les deux tiers de celle-ci était non négociable (dépôts des correspondants ou bons du Trésor émis dans le public et bons sur formule). En 1999, plus de 80% de la dette de l'Etat est négociable.

2.3.3.2 Un marché obligataire international en proie à la mondialisation

C'est un phénomène connu sous le nom de délocalisation des marchés d'obligations d'Etat. Les gérants souhaitent pouvoir négocier à tout moment les grands actifs obligataires mondiaux. S'agissant des obligations d'Etat des principaux pays, un marché secondaire continu et délocalisé s'est mis en place à la fin des années 80 sous l'impulsion de grandes banques internationales. Les institutions qui animaient depuis Londres l'euromarché ont pris en charge son animation. C'est ainsi que s'est développé en Grande-Bretagne un marché d'obligations du trésor US qui a lieu le matin (avant l'ouverture des marchés de New York et de Chicago).

Outre le service crucial de la liquidité, ce type de marché a prospéré grâce à l'instauration de services de qualité pas toujours assurés par les marchés obligataires domestiques européens comme la mise en place de prix nets qui évite d'avoir à calculer les coûts de transactions sur les cours affichés, ce qui procure un gain de temps et une plus grande facilité d'accès aux intervenants.

A titre d'exemple du développement de ses marchés internationaux, on citera Tokyo, siège d'un marché secondaire actif des obligations. On estime que 10 à 15% des transactions d'obligations d'Etat des grands pays sont délocalisées en dehors de leur frontière d'origine.

Conclusion

Le rôle des marchés obligataires va s'accentuer dans les prochaines années, profitant à plein de l'arrivée de l'euro qui a fait grossir le marché domestique à un espace économique regroupant onze pays.

Dans ce mouvement, la place financière a « un rôle essentiel à jouer », selon M. Strauss-Kahn, ministre de l'Economie en 1999.

CHAPITRE 3

L'évaluation des obligations

3.1 LES PARAMETRES DE L'EVALUATION DES OBLIGATIONS

3.1.1 Le taux d'intérêt

« Le taux d'intérêt est la récompense pour la renonciation à la liquidité pendant une période déterminée »

KEYNES

En général, les taux d'intérêt du marché monétaire se font sur la base d'une année de 360 jours, les taux d'intérêt des obligations se font sur la base de 365 jours (ou 366 jours pour les années bi-sextiles). Les anglo-saxons calculent toujours sur le nombre de jours exact.

Les notions de base relatives au taux d'intérêt ayant été traitées au chapitre 2.1 *Qu'est ce qu'une obligation ?*, on rappellera uniquement ici la notion clé de taux actuariel et la relation entre la hausse des taux et la baisse des obligations à taux fixe.

Le taux de rendement actuariel est donné par la formule suivante :

$$Po = \frac{C\,1}{1 + t} + \frac{C\,2}{(1 + t)^2} + \frac{Cn + R}{(1 + t)^n}$$

Dans laquelle :

Po : cours de l'obligation
C1 : coupon à détacher l'année 1
C2 : coupon à détacher l'année 2
Cn : coupon à détacher l'année n
R : prix de remboursement de l'obligation
t : taux de rendement « in fine »

***Exemple** : pour un nominal de 2 000 euros, un taux de 9,75%, une durée de 3 ans et une cotation 1 900 euros.*

Taux de rendement actuariel : $1\,900 = \frac{195}{1+t} + \frac{195}{(1+t)^2} + \frac{195}{(1+t)^3}$

donc t = 9,99%.

3.1.2 La sensibilité

La sensiblité est la variation relative du prix de l'obligation pour une variation du taux d'intérêt de 100 points de base.

Définition

C'est le paramètre clé de l'évaluation d'une obligation. Une obligation est un actif financier dont le cours évolue en fonction de certains paramètres. Pour l'évaluation du cours d'une action on sait l'importance que revêtent les perspectives de bénéfices futurs qui se concrétiseront tôt ou tard par des versements de dividendes. D'une certaine façon, l'obligation est un actif plus simple puisqu'il verse (surtout pour celles qui sont à taux fixe) un coupon bien défini et certain (sauf accident comme la faillite de l'émetteur).

L'obligation, comme tout autre actif financier, peut être évaluée de telle sorte que la somme que paiera un investisseur aujourd'hui égale la somme actualisée des flux futurs.

***Exemple** : Soit une OAT émise en 1998 pour une durée de 11 ans à 4%. Sa valeur nominale est d'1 euro et son taux de rendement de 4%.*
Un an plus tard, en 1999, les taux à long terme ont fortement augmenté et les OAT de durée de vie de 10 ans (ou de 11 ans, la différence est infime) émises versent un intérêt de 5%.

Ainsi, lorsque les taux d'intérêt montent, le cours des anciennes obligations à taux fixe baissent (et inversement lorsque les taux d'intérêt baissent, les cours des anciennes obligations montent).

Nous allons utiliser un subterfuge habituel en finance : la théorie du nouvel entrant. Pour un investisseur qui ne détient aucune obligation (le nouvel entrant sur le marché obligataire et qui souhaite acheter une obligation pour une durée de 10 ans), il est indifférent d'acheter à l'émission une obligation d'une durée de 10 ans qui rapporte 5% ou une ancienne obligation d'une durée initiale de 11 ans, émise il y a un an et qui verse seulement du 4%, à condition de l'acheter à un prix qui égalise l'actualisation des flux d'intérêts à percevoir.

Calcul

En termes mathématiques, la sensibilité d'une obligation est la dérivée logarithmique du cours par rapport au taux actuariel.

Si S : sensibilité d'une obligation
P : cours de l'obligation
R : taux d'intérêt

$$S = \frac{-d(\ln P)}{dr}$$

$$S = \frac{-dP}{Pdr}$$

Utilité de la sensibilité

Il faut noter que la sensibilité augmente avec la durée de l'obligation. En pratique, une obligation de 10 ans de durée de vie a une sensibilité de l'ordre de –6, ce qui signifie qu'une hausse des taux de 100 points de base (lorsqu'ils passent de 4% à 5%) entraîne, toutes choses égales par ailleurs, une baisse du cours de 6% : par exemple de 100% à 94% de sa valeur nominale. On précisera pour les puristes que, dans le langage courant, on ne tient pas compte du signe négatif. Par convention, il se dit que la sensibilité est de 6.

Exemple : *Supposons un épargnant qui possède une obligation de durée de vie exactement égale à 2 ans, qui rapporte du 5% de rendement actuariel et un autre épargnant possédant une obligation de durée de vie exactement égale à 4 ans qui rapporte du 5%. Les taux étant à 5% entre 2 et 4 ans, les deux obligations cotent le pair c'est à dire 100%.*

Imaginons que, toutes choses égales par ailleurs, les taux à 2 ans et les taux à 5 ans passent de 5% à 4%.

Selon la formule d'évaluation d'une obligation à taux fixe, la première obligation (à 2 ans), vaudra un prix P1 tel que :

$$P1 = \frac{0{,}05}{1{,}04} + \frac{1{,}05}{(1{,}04)^2}$$

soit P1 = 1,0189 ou une sensibilité de près de 2.

Alors que la seconde obligation vaudra un prix P2 tel que :

$$P2 = \frac{0{,}05}{1{,}04} + \frac{0{,}05}{(1{,}04)^2} + \frac{0{,}05}{(1{,}04)^3} + \frac{1{,}05}{(1{,}04)^4}$$

soit P2 = 1,0363 soit une sensibilité de près de 4

Ceci montre l'impact de la durée de vie résiduelle d'une obligation sur sa sensibilité.

3.1.3 La duration

Cette notion a été créée en 1938 par F.R. Macaulay. La duration est obtenue en faisant la somme des cash-flows (intérêts et remboursements) actualisés de l'obligation, pondérés par la période au cours de laquelle ils sont obtenus. Il s'agit de pondérer la durée de vie restante de chaque ligne du portefeuille par le montant de cette ligne. On obtient ainsi une durée de vie moyenne pondérée du portefeuille obligataire : c'est la duration.

$$D = \frac{\sum_{k=1}^{n-1} \frac{C_k x k}{(1+r)^k} + \frac{(V+C)xn}{(1+r)^n}}{\sum_{k=1}^{n-1} \frac{C_k}{(1+r)^k} + \frac{(V+C)}{(1+r)^n}}$$

Si k : Annuité,
C_k : Coupon de l'annuité k ,
C : Coupon de la dernière annuité,
V : Valeur de remboursement de l'obligation.
r : Taux d'intérêt,

La duration représente en fait la durée de chaque flux pondérée par la valeur actuelle des flux : c'est donc barycentre.

Utilité de la duration

La duration est alors utilisée par le gérant d'un portefeuille pour analyser sa sensibilité à l'évolution des marchés.
S'il considère son portefeuille trop exposé aux aléas des marchés, le gérant procédera à des arbitrages en faveur de titres à échéances courtes, en profitant éventuellement des titres amortis de son portefeuille, afin de baisser la duration de celui-ci.

Dans le cas contraire s'il souhaite donner une plus grande sensibilité à son portefeuille, il augmentera la duration de celui-ci en procédant à des arbitrages en faveur de titres d'échéances plus lointaines.

3.1.4 La convexité

Définition

La convexité est tout simplement la mesure de la variation de la sensibilité par rapport au taux d'intérêt.

La fonction qui relie sensibilité et taux d'intérêt est une fonction non linéaire.

Exemple : *On sait qu'une OAT de durée de vie de 10 ans a une sensibilité de 7, pour un niveau de taux d'intérêt à long terme de 5%. (niveau constaté en juillet 1999). Si l'on achète une OAT 10 ans qui rapporte 5% à l'émission en juillet 1999, on la paiera au pair soit 100% de son nominal. Si les taux chutent à 4%, l'application de la sensibilité de l'OAT,* ***aux alentours de 5%,*** *donnera une estimation du cours de l'obligation de 107 et peut pousser l'investisseur à se contenter de vendre son OAT à 107%,* *sur la base de la sensibilité de l'OAT. Mais en réalité, en tenant compte de la convexité de l'OAT, la sensibilité va légèrement évoluer entre 5% et 4%, et la prise en compte de la convexité aboutit à valoriser l'OAT, avec un niveau de taux de 4%, non pas à 107% mais à 107,2%.*

Calcul

Mathématiquement, la convexité C d'une obligation est telle que :

$$C = \frac{1 \times d^2P}{Pdr^2}$$

Et pour une petite variation de taux, on obtient une approximation de la variation de prix ΔP tel que :

$$\frac{\Delta P}{P} = -s \times \Delta r + \frac{C(\Delta r)^2}{2}$$

3.1.5 La volatilité

Définition

Comme tout actif coté, les obligations ont une volatilité qui mesure la propension qu'a le cours de l'obligation à fluctuer. Plus la volatilité est élevée plus le cours de l'actif peut varier .

Intuitivement, on comprend bien qu'un titre comme Zambia Copper (qui a évolué entre 11 F et 19 F en un an en 1996) est plus volatil qu'une action comme Air Liquide (qui a évolué entre 750 F et 950 F). Cela se traduit notamment par l'ampleur de la différence entre les cours extrêmes : + 73 % pour Zambia et + 27% pour Air Liquide.

Mesure[1]

La volatilité des obligations à taux fixe de 10 ans de durée de vie (comme celle du notionnel qui est une OAT fictive de 10 ans de durée de vie) est comprise entre 6 et 8%. La volatilité des actions

[1] *Guide pratique des Options et de Monep*, SEFI, 4e édition

cotées à Paris est comprise entre 20 et 40% pour l'indice CAC-40, entre 15 et 20% pour le Dollar, contre le FRF autour de 11%. On le voit, comparativement aux autres actifs, le notionnel est peu volatil, contrairement à l'image qu'il véhicule. Ce qui rend le marché à terme sur le notionnel dangereux, ce n'est donc pas la volatilité du sous-jacent mais le faible déposit exigé : MATIF SA ne demande aux intervenants que 10 000 F pour prendre position sur un montant nominal de près de 600 000 F (100 000 euros) : il suffit alors dune variation de 2% pour perdre la totalité de sa mise.

On notera que la volatilité, comme la sensibilité qui est une notion proche, diminuent avec la durée de vie résiduelle de l'obligation. Ainsi, la volatilité du notionnel dépend de l'ampleur des variations de taux d'intérêt et ne diminue pas avec le temps puisque le notionnel est, par convention, une obligation qui a toujours une durée de vie fixe.

3.2 LES RISQUES INHERENTS AUX OBLIGATIONS

Le risque d'un actif quelconque se traduit par la possibilité d'une évolution de cours défavorable à son détenteur. Concernant les obligations, on dit souvent que le risque est moins élevé que celui des actions, ce qui est vrai. Cela ne signifie pas pour autant que les obligations sont des actifs dénués de tout risque. On peut recenser quatre grandes familles de risques :

- le risque de signature ou de crédit, relatif à l'émetteur qui concerne tous les types d'obligations (à taux fixe ou à taux variable),
- les risques spécifiques aux obligations à taux fixe à savoir le risque de taux qui dépend de l'environnement extérieur et le risque d'inflation trop souvent confondu avec le risque de taux,
- les risques propres aux obligations à taux variables comme le risque d'indexation
- les autres risques comme celui d'amortissement anticipé, le risque de change et le risque de dilution qui ne concerne pas les obligataires mais les actionnaires de la société émettrice.

3.2.1 Le risque de signature et le risque de crédit

« Plutôt ne jamais payer que de payer dans une monnaie qui ne porte pas notre sceau »

NIETZSCHE

C'est le risque que fait peser sur l'obligation, la probabilité que l'émetteur ne rembourse pas à la date prévue par le contrat d'émission, les coupons et le nominal. Il est important de noter que, contrairement à ce qu'affirment de très nombreux auteurs, le risque de signature n'est pas le risque lié « à l'incapacité de l'émetteur de remplir ses obligations », il peut très bien résulter de la volonté de l'émetteur de refuser d'honorer ses dettes. La répudiation des dettes tsaristes par LENINE en 1918 ou la répudiation des emprunts chinois par MAO en 1949 n'étaient pas motivées principalement par l'incapacité de payer (il est vrai que la situation financière de ces deux Etats était catastrophique), mais par une volonté politique de rompre avec « l'ordre bourgeois » et de faire « table rase du passé ».

Toutefois, dans la très grande majorité des cas, le risque de signature correspond *de facto* à l'incapacité de payer.

Le risque de signature, c'est ce qui en fait tout le charme, peut concerner les établissements les plus respectable. Prenons l'exemple d'une des banques les plus honorables de la City, la Barings. Avant sa déconfiture en 1995, suite aux spéculations spectaculaires de son employé Nick Leeson, la banque avait déjà frôlé la faillite en ...1890. A l'époque (comme en 1995), la banque était une des meilleures signatures du monde. En 1890, la crise commença avec l'échec d'une émission de 3,5 millions de livres de la Buenos-Aires Drainage and Waterwxorks Company, à la suite de quoi la banque d'affaires londonienne décide de prêter des fonds à l'Argentine par le biais de crédits par acceptation. Mais la chute des cours des matières premières empêcha le gouvernement argentin de rembourser ses crédits à l'échéance. Par ricochet de cette défaillance souveraine, la Barings fut à deux doigts de la faillite : c'est la Banque d'Angleterre qui la sauva... Cette fois-ci.

En fonction du risque de signature de leur émetteur, les investisseurs exigent une prime pour rémunérer le risque, c'est ainsi que

	Moody's	Standard & Poor's	Bankwatch	IBCA	Capacité de remboursement
COURT TERME					
		A1+		A1+	
	P1	A1	TBW1	A1	Supérieure
	P2	A2	TBW2	A2	Importante
	P3	A3	TBW3	A3	Acceptable
		B		B	
	Nut Prime	C	TBW4	C	Risque de défaut de paiement
		D			
LONG TERME					
	Aaa	AAA	AAA	AAA	Meilleure qualité possible
	Aa1	AA+	AA+	AA+	Haute qualité
	Aa2	AA	AA	AA	
	Aa3	AA-	AA-	AA-	
Investissement Grade	A1	A+	A+	A+	Qualité moyenne supérieure : sensibilité à la dégradation de l'environnement
	A2	A	A	A	
	A3	A-	A-	A-	
	Baa1	BBB+	BBB+	BBB+	*Qualité moyenne : absence d'attributs favorables à long terme*
	Baa2	BBB	BBB	BBB	
	Baa3	BBB-	BBB-	BBB-	
	Ba1	BB+	BB+	BB+	*Des éléments spéculants : sécurité mal assurée*
	Ba2	BB	BB	BB	
	Ba3	BB-	BB-	BB	
	B1	B+	B+		Pas d'élément favorable : sécurité faible
	B2	B	B	B	
	B3	B-	B-		
Spectaculaire Grade	Caa	CCC+	CCC+	CCC+	Qualité médiocre : défaillance possible
		CCC	CCC		
		CCC-	CCC-		
	Ca	CC	CC+	CC	*Hautement spéculatif : éventuelle défaillance déjà constatée*
			CC		
			CC-		
	C	C		C	Défaut de paiement prévisible à court terme
		D	D		Défaut de paiement

que si l'Etat émet des emprunts à 10 ans à 6,60% en février 1996, d'autres émetteurs comme par exemple le département des Hauts de Seine seront obligés de proposer 6,90% pour la même durée : les 0,30% supplémentaires constituent la prime de risque nécessaire pour lever les fonds, on parle alors d'une prime de 30 points de base (1 point de base correspondant à 0,01% de taux d'intérêt).

3.2.1.1 Conséquences sur les cours

Les cours des obligations prennent en compte le niveau de risque de l'émetteur.

Cette hiérarchie se mesure en points de base (ou centièmes de pourcentage) par rapport aux emprunts d'Etat du pays. Mais cette prime de risque est loin d'être figée et elle évolue fortement dans le temps : un emprunteur privé noté Aaa, (une bonne notation) empruntait 100pb au dessus des taux servis par l'emprunt d'Etat équivalent en novembre 98 (à cause des séquelles de la crise financière de l'automne), il payait 120 pb mi-octobre et 85 pb avant la crise. On comprend la nécessité de bien choisir ses dates d'émission pour les émetteurs.

Autre exemple, sur le marché obligataire international en dollars : l'évolution de la prime de risque (ou *spread*) des emprunts d'Etat des pays émergents au plus fort de la crise de l'automne 1998. Car, sur le marché international, les Etats n'ont pas tous la même image. Et cela se traduit par une prime à payer pour émettre. La différence de coût pour l'émetteur peut être grande : lorsque la Hongrie émet 300 points de base au dessus des taux américains à 10 ans (9% au lieu de 6%), cela coûte à l'Etat hongrois 3% de plus par an, soit pour un emprunt d'un milliard de dollars, un supplément d'intérêt de 30 millions de dollars par an sur 10 ans.. On comprend pourquoi les Etats soignent les agences de notation...et les cris d'effraie poussés par les officiels japonais en novembre 1998 lorsque l'agence Moody's a déclassé le Japon au même niveau que le Canada, le Danemark et Singapour. Les conséquences ne sont pas seulement financières, la fierté nationale est atteinte.

Titres du marché monétaire

(en point de base)

	Moyenne de l'écart sur le mois d'avril	Moyenne de l'écart sur le mois de mai
Ecart obligations bancaires notées AAA et titres d'Etat	37,12	29,90
Ecart obligations bancaires notées AA et titres d'Etat	41,17	32,00
Ecart obligations *corporates* notées AAA et titres d'Etat	23,44	21,29

Source : Banque de France

En France la hiérarchie des taux est, en règle générale, la suivante :

La CADES, qui ne bénéficie pas de la garantie de l'Etat mais dont les ressources ont été votées par le Parlement, a une prime de risque très faible par rapport aux OAT de même durée : de quelques points de base. Lorsque les OAT 10 ans se traitent à des niveaux de taux actuariel de 5% (niveau de juillet 1999), les titres équivalents de la CADES se traiteront à 5,10% soit une prime quasi-insignifiante de 10 points de base. Les emprunts EDF ou SNCF, qui ne disposent pas explicitement de la garantie de l'Etat se traiteront avec une prime de 20 points de base. Les émetteurs privés de tout premier rang, à 30 points de base. Ceux dont la solvabilité est bonne à 50 pb, les sociétés qui connaissent des difficultés voient leur prime de risque s'envoler comme REMY COINTREAU en 1999 dont le spread était de 500 pb (10% de rendement actuariel au lieu de 5% pour les OAT). A partir de ces niveaux de taux, nous entrons sur un marché très risqué mais qui peut s'avérer très rentable : le marché des obligations à haut risque plus connu sous son vocable américain ; les junks bonds (ou obligations pourries).

3.1.1.2 Les JUNKS BONDS : un marché à haut risque

Les junks bonds constituent une réussite à l'américaine. Créés pour permettre aux municipalités américaines et aux sociétés privées manquant de solidité de financer leur croissance, les junks bonds offrent, en contrepartie d'un risque non négligeable de non paiement, des rendements à l'émission de 10% ou 20% supérieurs aux emprunts d'Etat. Leur encours total est passé de 70 milliards de dollars en 1985 à 20 milliards de dollars en 1989. L'heure de gloire de ce marché fut l'année 1987, année au cours de laquelle la société Drexel Burnham lambert a gagné 2,4 milliards de francs malgré des versements de 2,9 milliards de francs à Michael Milken, l'inventeur des junks bonds.

Bien entendu, ce marché est très risqué. La faillite du groupe Campeau en 1990 a entraîné l'effondrement de ses obligations, soit un montant total de 58 milliards de francs. Autre péripétie : le 26 janvier 1990, RJR NABISCO voit son rating baisser. Le lendemain ses obligations perdent 20%.

3.1.1.3 Quelques données sur les défaillances

Selon l'agence Moody's, les défaillances d'emprunteurs au cours de l'année 1998 ont atteint un montant record (qu'il faut mettre en parallèle avec les records d'émissions constatées au cours des dernières années) de 30 milliards de dollars. Ce chiffre est trois fois supérieur à celui de 1997 (10 milliards de dollars).
Aux Etats-Unis, les émetteurs notés CC (la plus mauvaise note) font statistiquement défaut dans plus de 40% des cas dans les 5 ans qui suivent l'émission de leur emprunt

C'est logiquement dans le compartiment des obligations à haut risque que le pourcentage de défaillance est le plus élevé. Il s'élève à 3,3% du total contre 2% en 1997 .

Mais les défauts ont également concerné les Etats : en 1998, la Russie, le Pakistan et le Venezuela ont également fait défaut sur leurs obligations.

3.1.2 Les risques propres aux obligations à taux fixe

3.1.2.1 Le risque de taux

Il s'agit du risque de voir évoluer le cours d'une obligation d'une manière défavorable en fonction de l'évolution des taux. Dans ce cadre, le risque est subi par un détenteur d'obligations à taux fixe.

La valeur de marché d'une telle obligation est la somme actualisée au taux actuel du marché des flux que doit recevoir son détenteur. Rappelons simplement ici qu'une OAT à 10 ans qui rapportait 4% en janvier 1999 a vu son cours chuter en même temps que la hausse des taux (5% en juillet 1999). Sa sensibilité étant de 7, un épargnant qui aurait placé 1 MF dans une telle obligation le 4 janvier 1999, serait retrouvé, le 4 juillet 1999, avec une ligne d'obligations valorisée à 9,3 MF, auquel il faut toutefois ajouter le coupon couru sur la période *prorata temporis* à savoir 4% de 1 MF sur une moitié d'année soit 20 000F. Sa ligne aurait donc valu 9 320 000 F. Le risque de taux a causé une baisse de son actif.

L'Etat est un acteur très sensible au risque de taux. Pour comprendre pourquoi rappelons que la dette de l'Etat *stricto sensu* (hors collectivités et organismes sociaux) était, à la fin de 1998, de près de 4 000 milliards de francs et que le service de la dette s'élevait à près de 230 milliards de francs. Ce qui revient à dire que l'Etat payait en moyenne 5,75% sur sa dette. Imaginons qu'avec la baisse des taux (qui sont descendus à moins de 4% au début 1999 pour remonter à 5% en juillet 1999), l'Etat parvienne à ramener son taux d'intérêt moyen versé à 5%, pour un même montant de dette publique : le service de la dette passerait alors à 200 milliards de francs soit une économie de 30 milliards. La difficulté de la gestion de la dette publique provient de la durée résiduelle des obligations déjà émises. Si l'Etat a émis des obligations de 10 ans à 6% il y a 2 ans, il devra continuer à verser du 6% pendant encore 8 ans, et il ne profitera de la baisse des taux qu'à l'échéance.

Autre particularité de la dette publique, à la différence d'un ménage, l'Etat peut très bien ne jamais rembourser sa dette. Chaque fois qu'une échéance obligataire arrive, le Trésor rembourse les obligations (par exemple pour un montant d'un milliard) et émet immédiatement de nouvelles obligations (pour un même montant). Conséquences essentielles : ce n'est pas le montant absolu de la dette qui compte, mais le montant des intérêts versés par an. Il est préférable, toutes choses égales par ailleurs, d'avoir une dette publique de 5 000 milliards avec des taux d'intérêt de 3% (coût annuel de 150 milliards), plutôt qu'une dette publique de 4 000 milliards avec des taux moyens de 6% (coût 240 milliards de francs).

3.2.2.2 Le risque inflationniste

Proche parent du risque de taux, le risque d'inflation était inexistant de 1815 à 1914. Les déboires des rentiers du début du siècle, ruinés pour avoir oublié de prévoir les caprices de l'inflation et les bouleversements en sont un bel exemple.

Si l'Allemagne de 1923 est resté le symbole de l'hyperinflation, le plus fort taux d'inflation du XXème a été enregistré en Hongrie en 1946 : le pengo-or fut fixé à 130 millions de billions ($1,3 \times 10^{20}$) pengos-papier.

Plus près de nous, les obligations ont subi de plein fouet le risque inflationniste après les deux chocs pétroliers de 1974 et 1979. Un épargnant qui aurait acheté une obligation d'une durée de vie de 10 ans en 1973 et aurait investi disons l'équivalent de 100 litres d'essence n'aurait récupéré, intérêt compris que moins de 40 litres en 1983. Ce qui signifie que le rendement réel, hors inflation, de cet investissement a été négatif, et que l'inflation a érodé le pouvoir d'achat plus rapidement que les intérêts ne se sont composés.

3.2.3 Les risques propres aux obligations à taux variables

On l'a compris à la lecture du chapitre 5.2 *Les obligations à taux variable,* ces dernières répondent à un besoin des investisseurs qui ne veulent pas être exposés au risque de taux. Ces obligations annihilent-elles pour autant tout risque ? Pas totalement.

Les taux variables atténuent évidemment de façon très sensible le risque de taux par rapport aux taux fixes. Il ne faut cependant pas en conclure trop hâtivement que les obligations à taux variable constituent le type même du placement sans risque. Outre le fait que le risque de signature est le même évidemment que pour une obligation à taux fixe, l'obligation à taux variable présente paradoxalement une certaine forme d'exposition au risque de taux.

3.2.3.1 Le risque de coupon

Les obligations à taux révisable sont les plus concernées par ce problème. Les obligations à taux variables et à coupons post-déterminés subissent évidemment beaucoup moins ce phénomène, le montant du coupon étant établi peu de temps avant son paiement. Néanmoins le recours au calcul d'une moyenne sur une période relativement longue (proche de l'année) ralentit là aussi pour l'année en cours les capacités du taux variable a suivre totalement le niveau d'une hausse des taux. Cette remarque doit cependant être relativisée pour deux raisons:

- d'abord parce qu'elle n'est pas plus vraie que l'observation inverse, à savoir que dans le cas d'une baisse des taux, les conséquences ne se répercuteront pas entièrement sur le coupon de l'année en cours ;
- et surtout les conséquences éventuelles d'une hausse brutale des taux existent, mais ne se font sentir que sur le règlement **d'un seul coupon** et non pas durant toute la durée de vie de l'emprunt comme c'est le cas pour les obligations à taux fixe.

Le principal risque à la hausse des taux présenté par les titres à taux variables, est en fait un risque de marché.

3.2.3.2 Le risque de baisse des cours

Dans une conjoncture de forte hausse des taux, entraînant une crise du marché obligataire, deux problèmes risquent de se poser aux emprunts à taux variables. Tout d'abord, un mouvement de panique peut toujours se propager sur une place entraînant une chute brutale et irrationnelle du marché dans laquelle les obligations à taux variables subiraient de façon paradoxale les conséquences de la crise quasiment au même titre que les obligations à taux fixe.

Attention, cette situation est loin d'être purement théorique : on peut ainsi citer, parmi d'autres, l'exemple des floating rates notes (FRN), obligations perpétuelles qui se sont effondrées sur les marchés internationaux lors de la crise obligataire de 1987,en dépit du caractère variable de leur rémunération.

D'autre part, tout mouvement de baisse des taux implique pour un prêteur à taux variable une baisse proportionnelle de ses revenus. Un prêteur souhaitant obtenir une rémunération stable de ses capitaux pour une période donnée aura ainsi probablement intérêt à sélectionner des titres à taux fixe d'une échéance correspondant à la période souhaitée, dont il obtiendra le remboursement en évitant ainsi le risque de chute des cours.

3.2.3.3 Le risque d'indexation

Pour l'Etat émetteur, le risque d'indexation c'est le risque que l'indice choisit s'envole, renchérissant par là même le coût des dépenses publiques. Ce risque est loin d'être théorique, comme on l'a vu dans la partie historique (chapitre 1 *Une histoire des obligations*) avec les péripéties de l'emprunt GISCARD. C'est d'ailleurs une des raisons pour lesquelles les Etats sont très réservés sur les clauses d'indexation. Ils préfèrent émettre à taux fixe et comptent traditionnellement sur l'inflation pour réduire le service de la dette.

Avec l'arrivée en 1998 des OATi, l'Etat subit de nouveau un risque d'indexation inflationniste en cas de reprise de la hausse des prix.

Pour l'investisseur, à l'inverse, le risque d'indexation provient de la différence d'évolution entre l'indice et l'inflation réelle.

3.2.4 Les autre risques

Ce sont des risques secondaires, mais dont il faut connaître l'existence.

3.2.4.1 Le risque d'amortissement anticipé

Il s'agit du risque de voir ses obligations remboursées par anticipation (comme le permet d'ailleurs le contrat d'émission) et de devoir placer le montant du remboursement à des taux plus bas.

***Exemple** : Les obligations émises en 1982 rapportaient du 16%. Après la vague de baisse des taux à long terme, les épargnants qui avaient des obligations tirées au sort à partir de 1987 devaient replacer à des taux inférieur à 10%.*

Autre exemple les fameuses obligations CNE, disparues en 1996 ont généré l'apparition de véritables contrats d'assurance destinés à protéger le porteur contre le risque de tirage au sort (pour plus de détails voir chapitre 1 *Une histoire des obligations*).

3.2.4.2 Le risque de change

Ce risque concerne les détenteurs français d'obligations émises dans une devise étrangère.

On sait qu'en 1998 et 1999, les taux à long terme aux Etats-Unis sont supérieurs aux taux à long terme en France (alors que le budget américain dégage un excédent). Pour profiter de ce différentiel de taux (de l'ordre de 100 points de base, les taux à 10 ans rapportant en juillet 1999 5% en France et 6% aux Etats-Unis), il est possible d'investir soit directement soit indirectement (via des OPCVM spécialisés) dans des T-bonds. Bien sûr, l'investisseur touchera 6% au lieu de 5%, mais subira un risque de change. Si le dollar monte, il réalisera un gain double, sur les intérêts et sur le capital, si le dollar baisse, il réalisera un gain sur les intérêts mais perdra sur le change. Les investisseurs qui ont investi sur les T-bonds en novembre 1996 (date à laquelle le dollar a commencé à monter : il était alors à moins de 5F) on gagné 20%

sur le dollar/franc (qui était à plus de 6F en juillet 1999).

3.2.4.3 Le risque de liquidité

C'est le risque de ne pas pouvoir vendre dans de bonnes conditions une obligation ou une ligne d'obligations par manque de liquidité du marché. Cette notion de liquidité n'est pas facile à définir : c'est la caractéristique d'un marché dans lequel la vente d'une quantité de titres importante n'entraîne pas ou très peu de variations de cours.

Pour le particulier, le risque de liquidité n'est pas toujours une préoccupation importante dans la mesure où il est rare que ses ventes entraînent des variations de cours importantes. Toutefois, on s'assurera, sur des lignes secondaires, de bien passer des ordres à cours limités pour éviter les mauvaises surprises.

En revanche, pour des investisseurs institutionnels c'est un paramètre crucial et ces derniers ne placent des montants importants que sur des lignes d'obligations très liquides. C'est d'ailleurs pour cela que l'Etat en France a créé les obligations assimilables du Trésor (OAT), très prisé pour les volumes importants qui sont traités.

3.2.4.4 Un risque qui ne concerne que les actionnaires : le risque de dilution

Il est un problème important, pas tant pour les détenteurs d'obligations, mais pour les actionnaires d'une société qui émet des produits obligataires convertibles, qui sont susceptibles de modifier, à terme, le nombre d'actions de la société et donc le bénéfice futur par action. C'est tout l'enjeu du caractère dilutif de certaines émissions.

Comme le souligne la SFAF, le temps est bien fini où l'appel au public par une société se traduisait presque à tout coup par une émission classique, ne donnant lieu à aucune création d'actions (obligations à taux fixe ou à taux variable classique) ou donnant lieu immédiatement à une simple création d'actions (augmentation de capital simple). L'heure est désormais à des produits à double, voire à triple détente (comme c'est le cas pour des émissions d'actions à bons de souscription d'obligations convertibles). Si ces produits permettent encore, pour certains, la création d'actions lors de leurs émissions, repoussent, pour la plus grande majorité d'entre eux, cette création dans le temps et ce, pendant une période déterminée mais non à une date précise. Par ailleurs, les caractéristiques de ces produits sont telles qu'il existe un risque de dilution des futurs résultats nets courants par action.

Le principe général des analystes financiers en France (via la SFAF) est d'adopter une dilution totale et systématique dès lors qu'une opération financière peut conduire à la réduction du résultat par action, son impact doit être pris en compte et cela pour tous les produits qui pourraient être émis par une société.

3.2.5 Les spécialistes du risque obligataire

Les actions ont leurs analystes financiers spécialistes d'une entreprise qui dissèquent les données financières de celle-ci pour en mesurer le risque et la profitabilité.

Les obligations disposent depuis plusieurs décennies de spécialistes du rating qui notent les différents émetteurs. Avec le développement des marchés obligataires, on a vu apparaître de nouveaux métiers, comme celui d'analyste de crédit obligataire.
L'analyste de crédit obligataire a pour fonction d'anticiper les perspectives d'évolution des spreads sur les titres obligataires. Par rapport à la simple fonction de notation, l'analyste de crédit cherche à prévoir, à partir de batteries, « un niveau de spread optimal » pour reprendre le jargon inimitable des analystes. Bien sûr, si l'analyste anticipe une augmentation du spread d'un titre, il va donner des conseils de vente aux clients de la banque. C'est pourquoi on peut définir l'analyse de crédit obligataire comme un mode d'analyse dynamique des notations.

Conclusion

Il est possible d'agréger tous ces risques pour estimer le niveau de risque global d'une obligation, ou, plus fréquemment d'un fonds obligataire, Standard and Poor's (l'une des principales agences de rating) a lancé en 1999 une notation du risque de volatilité des fonds obligataires européens, reprenant une méthodologie apparue aux Etats-Unis en 1994. Cette mesure prend en compte le risque de taux, le risque de change, le risque de spread, le risque de concentration, de liquidité et d'effet de levier. C'est un complément intéressant à la notation déjà existante du risque de crédit.

2e PARTIE

MARCHES ET PRODUITS OBLIGATAIRES

CHAPITRE 4

Le fonctionnement des marchés obligataires

Il existe en fait deux types d'obligations, les obligations émises en France ou en Europe et libellées en euros, et des obligations étrangères, émises dans une devise étrangère, qui peuvent parfaitement être cotées sur le marché français après conversion de leur contre-valeur en francs ou en euros.

Une obligation émise en France par un émetteur étranger et libellée en euros demeure une obligation française.

4.1 LE MARCHE PRIMAIRE

« Qu'est ce qui mène le monde? L'argent bien entendu. »
The Economist

Le marché intérieur français est un concept en voie de disparition, progressivement supplanté par le marché de l'euro qui est devenu depuis le 1er janvier 1999, le marché domestique.

Le marché domestique est traditionnellement le marché de la dette interne d'un pays par opposition aux autres marchés étrangers et au marché international des capitaux. Cette notion est formellement en voie de disparition depuis l'annonce en juillet 1998 par le ministre de l'Economie, de la levée des dernières restrictions à l'accès au marché international.

4.1.1 Qu'est-ce que le marché primaire ?

Le marché primaire constitue le marché des nouvelles émissions d'obligations, il a enregistré un volume total de

475 milliards de francs d'émissions brutes en 1997. L'Etat a émis pour 336 milliards de francs, les établissements de crédits et assimilés pour 76 milliards, les sociétés non financières pour 46 milliards et les autres émetteurs résidents pour 17 milliards.

Au premier semestre 1999, le marché obligataire en euros est flamboyant. Sur les 325 milliards d'euros émis depuis le début de l'année, plus de 65 milliards d'euros l'ont été par les sociétés soit plus qu'au cours de toute l'année 1998 dans la zone euro.

La taille moyenne des émissions a elle aussi fortement progressé, passant de 300 millions d'euros en 1998 à près d'un milliard d'euros en 1999.

4.1.2 Les émetteurs

4.1.2.1 Les personnes de droit public

L'Etat, les collectivités locales et le secteur public peuvent emprunter sans restrictions sur le marché obligataire.

4.1.2.2 Les personnes morales de droit privé

Les sociétés par actions ont la possibilité d'émettre des obligations (loi du 24 juillet 1966) sous réserve de remplir deux conditions : elles doivent pouvoir justifier de plus de deux ans d'existence et présenter deux bilans approuvés par les actionnaires, à moins qu'elles ne bénéficient de la garantie d'une collectivité publique, de l'Etat (qui ne l'accorde pratiquement plus) ou d'une société qui a elle même plus de deux ans d'existence et au moins deux bilans approuvés. Seconde condition, la société émettrice doit avoir libéré la totalité de son capital

Qui est habilité à prendre la décision d'émettre des obligations ?

- Pour le secteur public, l'autorisation est soit statutaire ou légale, soit donnée par l'assemblée générale.

- Pour les sociétés privées, l'autorisation est donnée par l'assemblée générale. En pratique elle donne une autorisation valable cinq ans pour un montant maximum. Le Conseil d'administration est ensuite libre de choisir le moment qui lui apparaîtra le plus opportun : il décide des conditions et délègue les pouvoirs nécessaires au président pour accomplir les formalités. S'il s'agit d'un appel publique à l'épargne, la société doit demander un visa à la COB.

4.1.3 Les modalités d'émission des titres d'état

Le ministère de l'Economie a restructuré l'ensemble de ses équipes en charge de la gestion de sa dette, de sa trésorerie et des activités postmarché au sein de la direction du Trésor. Depuis fin 1999, c'est une entité appelée France Trésor qui est chargée de gérer le programme d'émission de l'Etat. Deux comités l'assistent, un comité de marché qui regroupe des professionnels du marché (les responsables des SVT) et un comité stratégique qui conseille le ministre sur les grandes orientations de la politique d'émission.
La durée de vie moyenne de la dette de l'Etat était, à fin 1999, de 6 ans et 116 jours, dans la fourchette comprise entre 5 ans et 6 ans et demi fixée par le ministère.

En 2000, le programme de remboursement étant de 61 milliards d'euros et le déficit budgétaire de 33 milliards d'euros, il est prévu d'émettre environ 94 milliards d'euros, dont 46 milliards d'OAT et 46 milliards de BTAN.

4.1.3.1 L'adjudication des titres de la dette d'état

L'adjudication n'est rien d'autre qu'une vente aux enchères. C'est le mode d'émission prisée par le Trésor. A l'occasion de ses adjudications, les investisseurs proposent une échelle de prix d'achat et les volumes souhaités pour chaque prix d'achat.

4.1.3.2 Une technique d'adjudication dite à la hollandaise

Définition

Il existe deux grands types d'adjudication : celle à « prix limité » ou celle à « la hollandaise ».

L'adjudication à « prix limité » est appliquée par le Trésor américain. Les investisseurs déposent une soumission (sous pli scellé) indiquant le volume d'obligations et le prix auquel ils sont prêts à acheter. Le Trésor fixe ensuite son prix limite et chaque soumission compétitive (qui propose un prix égal ou supérieur au prix limité, c'est à dire un taux égal ou inférieur au taux limite) est retenue et servie à ce prix.

Le système d'adjudication à la hollandaise appliqué en France est le suivant : chaque soumissionnaire propose sous pli cacheté une quantité et un taux d'adjudication à la hollandaise, le Trésor propose un prix (ou un taux) et les offres compétitives sont servies au taux demandé dans l'ordre décroissant du prix proposé, jusqu'à concurrence du montant global de l'émission envisagée par le Trésor.

Il existe un autre mode d'adjudication appelée « adjudication à la française » dans laquelle le prix payé est le prix moyen de soumission.

Avantages et inconvénients de l'adjudication à la hollandaise

Cette technique d'adjudication est censée être plus favorable au Trésor : elle a connu un très vif succès lors du lancement des OAT en 1986.

Il semble aujourd'hui que les agents du marché la gèrent d'une façon de plus en plus efficace qui incite à se demander si une méthode plus consensuelle ne se révélerait pas plus profitable au Trésor lui-même. Certains exégètes, notamment anglo-saxons, font remarquer (non sans raisons valables d'ailleurs) que le mode d'adjudication à la Hollandaise est une survivance de la nostalgie typiquement française pour un Etat tout puissant. En effet, à la différence de l'adjudication au prix limité qui met sur un pied d'égalité tous les soumissionnaires compétitifs, l'adjudication à la hollandaise permet d'allouer les titres à des prix différents selon les demandes des investisseurs, ce qui serait la marque incontestable d'un penchant regrettable pour une dissymétrie entre vendeur et acheteurs.

Exemple : *Les avantages et les inconvénients de ces modes d'adjudication.*
L'émetteur (l'Etat) annonce les montants minima et maxima qu'il

peut émettre.
Les participants aux enchères indiquent un prix pour les montants qu'ils sont prêts à prendre au pied du coupon et en % du nominal au cinquième d'unité par multiples de 50 MF.

99,80% ....100 MF
99,75% ....200 MF
99,70% ....300 MF

Après dépouillement des offres, l'émetteur fixe le prix limite (par exemple 99,75%), en donnant le pourcentage de réduction à ce prix (par exemple 50%). Le participant ci-dessus sera alors servi pour 100 MF à 99,80% et pour 100 MF (50% de 200 MF) à 99,75%.

On pourrait donc en conclure que ce dernier type d'enchères est plus profitable au vendeur. Ceci est vrai pour la première enchère, mais comme les adjudications d'obligations d'Etat devraient durer « un certain temps », il faut prendre en compte, avec l'aide de la théorie des jeux, l'influence qu'aura le type d'organisation des enchères sur le comportement des joueurs c'est à dire des soumissionnaires. Eh bien, les études sur la question sont toutes formelles : les enchères à la hollandaise entraînent un phénomène de limitation du cours proposé qui est même susceptible, à terme, d'être moins profitable pour le vendeur et ce d'autant plus que les enchérisseurs sont des professionnels de ce type d'activité et qu'ils connaissent parfaitement les anticipations de chacun des autres intervenants.

4.1.3.3 Le calendrier des adjudications

Concrètement, on distingue trois calendriers correspondants aux BTF, BTAN et OAT.

Le calendrier des BTF

Le calendrier des BTF est fixé trimestriellement pour les bons à taux fixe et à intérêts précomptés d'une durée au plus égale à 1 an. Les adjudications ont lieu tous les lundis à 15 heures. Le Calendrier d'émission des BTF fixe également les dates d'amortissement des bons, émis principalement à l'origine à 13,

28 ou 52 semaines. Toutes les semaines il y a au moins une adjudication de BTF 13 semaines. Le calendrier est publié trimestriellement à l'avance.

Une stricte procédure pour le marché primaire

Seules les SVT sont autorisés à soumissionner à la Banque de France sous pli cacheté (offres pour elles-mêmes et leurs clients). L'adjudication se fait à la hollandaise. La monnaie d'émission est désormais l'euro. Le dépôt a lieu en compte courant à la Banque de France. La gestion des opérations est assurée par la SICOVAM. Le placement et la négociation sont assurés au cours des adjudications de la Banque de France. Le tout est compliqué par le fait que les BTF sont à intérêts précomptés mais que les soumissions s'effectuent en taux postcomptés.

***Exemple** : Reprenons l'exemple très clair proposé par le Trésor pour comprendre le lien entre la valeur nominale d'un BTF, son coût d'achat à l'adjudication et le taux d'intérêt.*
Le lundi 1er février 1999 l'adjudication de BTF à 13 semaines s'est réalisé à un taux postcompté de 2,865%. En reprenant la formule de passage des intérêts postcomptés aux intérêts précomptés (chapitre 2 Qu'est ce qu'une obligation) on obtient pour une soumission servie à hauteur de 10 MF, un montant a décaisser de :

$$P = \frac{C}{(1 + t \times \frac{N}{360})}$$

$$P = \frac{10 \text{ M euros}}{(1 + 2{,}854\ \% \times \frac{91}{360})} = 9\ 928\ 099{,}97 \text{ euros arrondi à } 9\ 928\ 100$$

$$P = \frac{10 \text{ M euros}}{(1 + 2{,}865\% x \frac{91}{360})} = 9\ 928\ 100$$

P : montant à décaisser
C : montant nominal servi
N : nombre de jours : ici 13 semaines soit 91 jours
t : taux d'escompte calculé sur 360 jours en postcompté

Le calendrier des BTAN

Le calendrier des BTAN de durée de vie comprise entre 2 et 5 ans est fixé semestriellement. Les adjudications ont lieu, sur chacune des lignes, les 3èmes Jeudi de chaque mois à 11 Heures.

Le calendrier des OAT.

Le calendrier des OAT est fixé annuellement, les émissions ayant lieu tous les premiers jeudis ouvrés du mois à 11 Heures. Chaque mois, le premier jeudi ouvrable, la BdF procède donc pour le compte du Trésor à adjudication de trois tranches d'OAT connu à l'avance : une OAT à taux variable et deux OAT à taux fixe. La répartition des montants à lever étant fonction des besoins du Trésor.

Exemple *: le jeudi 2 septembre 1999, le Trésor a procédé à son adjudication mensuelle d'OAT en émettant des obligations à 10 ans et à 12 ans. Sur la ligne à 10 ans (OAT 4% octobre 2009), 2,747 milliards d'euros ont été levés et le taux moyen pondéré s'est élevé à 5,141% contre 5,097% le mois précédent. Sur la ligne à 12 ans (en l'occurrence l'OAT 6,5% avril 2011), 1,84 milliards d'euros ont été levés avec un taux moyen moyen de 5,20%.*

Un cas particulier : les OAT ALPHANDERY

On sait également qu'à l'occasion de l'adjudication mensuelle, le Trésor ouvre la souscription des OAT réservées aux personnes physiques (dites encore OAT Alphandéry du nom du ministre de l'Economie qui en fut à l'origine). Ainsi, le jeudi 2 septembre 1999, le Trésor a annoncé le programme des OAT réservé aux particuliers, à savoir l'OAT 4% échéance 25 octobre 2009 à un prix de souscription de 93,20% (ne pas oublier les 2% de frais de souscription sur le montant investi), soit un rendement actuariel de 4,87% et l'OATi 3% échéance 25 juillet 2009 au prix de souscription de 100,26%, soit un rendement (hors inflation) réel de 2,99%. Pour plus de détails sur les conditions de souscription des OAT Alphandéry, se référer au chapitre 6.1 *Les stratégies des investisseurs.*

Détention des OAT par groupe de porteurs

Structure en pourcentage

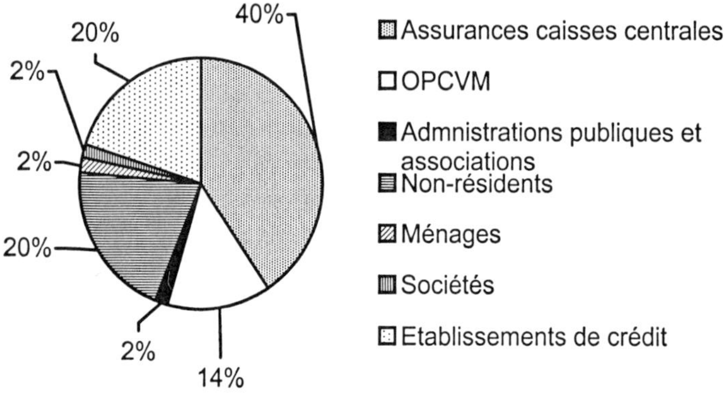

Source : Bulletin mensuel de France Trésor – Mai 2000

4.1.3.4 Modalités pratiques des adjudications

Le Trésor fait connaître à l'avance, deux jours avant l'adjudication, le montant minimum qu'il souhaite lever (sous la forme d'une fourchette), les lignes sur lesquelles portera l'adjudication et se réserve le droit de fixer le montant effectif après connaissance des demandes. Une fois le seuil fixé, les ordres sont servis au prix proposé en commençant par les prix les plus élevés.

Les établissements participants doivent transmettre leurs offres avant 10 Heures. La Banque de France effectue le dépouillement et le Trésor arrête le montant sur chaque ligne. Il peut réduire proportionnellement les soumissions faites au prix limite.

La Banque de France a mis en oeuvre à l'occasion de l'adjudication des Bons du Trésor à prix fixe un système de télétransmission des soumissions aux adjudications de titres (Telsat) depuis le 27 Janvier 1992. Les intermédiaires peuvent toujours déposer matériellement leur fiche de soumission, mais la plupart d'entre eux y ont renoncé rapidement pour utiliser Telsat.

Les représentants du Trésor ont été reliés au nouveau système et peuvent donc à partir de la consultation d'un tableau anonyme des soumissions, décider du montant à adjuger de leur bureau du ministère de l'Economie. Ainsi Teslat raccourci sensiblement la durée de traitement des soumissions, et permet une annonce plus rapide des résultats des adjudications. « Compte tenu des risques de décalage du marché, cette brièveté des séances est vivement appréciée par les établissements soumissionnaires et par les investisseurs » pour reprendre le style inimitable de la Banque de France.

4.1.3.5 Les participants

Tous les établissements affiliés à la SICOVAM et ayant un compte à la Banque de France peuvent intervenir. Toutefois, certains établissements jouent un rôle particulier sur le marché primaire des titres d'Etat : ce sont les SVT.

Le rôle clé des SVT

Les spécialistes en valeurs du Trésor, nés en 1986, sont des grossistes en valeurs du Trésor. Ils doivent disposer de fonds propres d'au moins 150 MF. Les SVT sont actuellement au nombre de 19, et sont les homologues français des « *primary dealers* » américains.

Les missions des SVT

Dans le cadre de leur fonction « d'acheteurs en gros », ils doivent prendre une part minimale dans les adjudications (2% des volumes annuels émis dans chacune des catégories de titres).

Mais leur fonction s'étend aussi au marché secondaire. Ils doivent assurer sa liquidité en affichant en permanence des prix acheteur/ vendeur sur les OAT (en général sur 20 MF avec une fourchette maximum de 10 points de base) et prendre une part minimale de 2% du total des transactions des SVT pour chaque catégorie de produits.

En outre, ils informent le Trésor sur l'évolution du marché, et placent le papier auprès de leur clients.

Les privilèges des SVT

En contrepartie de leurs obligations, les SVT ont deux privilèges importants :

- Ils peuvent présenter des offres non compétitives aux adjudications. Il s'agit pour eux de pouvoir acquérir, avant ou après la séance jusqu'à 25% de titres complémentaires par rapport au montant total des titres adjugés (10% avant les offres compétitives et 10% après).
- Ils peuvent effectuer le démembrement des obligations du Trésor.

Les 20 spécialistes en valeurs du Trésor

ABN Amro Income France	Dresdner Kleinwort Benson
Banque Lehman Brothers SA	Goldman Sachs Paris Inc. & Cie
Banque Nationale de Paris Finance	HSBC Markets
Banque Paribas	J.P. Morgan & Cie SA
Barclays Capital France SA	Merrill Lynch Finance SA
CDC Marchés	Morgan Sranley SA
Crédit Agricole Indosuez	Natexis Banques Populaires
Cradit Commercial de France	Salomon Brothers International Ltd
Crédit Lyonnais	Société Générale
Deutche Bank AG	Union Européenne de CIC

4.1.3.6 La technique de l'assimilation

L'Etat, le principal émetteur du marché obligataire, a pris conscience de l'inconvénient qu'il y avait à devoir traiter un nombre pléthorique de lignes, à la fois pour des raisons de gestion de ces lignes et surtout pour des raisons de liquidité. C'est pour pallier à ces deux inconvénients majeurs qu'est apparue la technique de l'assimilation qui consiste à greffer sur une obligation déjà cotée (appelée la souche) des nouvelles obligations qui seront assimilées à l'ancienne. Ces OAT (obligations assimilables du Trésor) auront donc, dès leur émission, le même nominal de

1 euro, la même échéance, les mêmes modalités d'amortissement (in fine), et le même coupon annuel (exemple 9,5% pour OAT 2001). C'est tout simplement le prix d'émission qui sert d'ajustement, technique de l'assimilation utilisée aussi pour les BTAN. A noter que l'assimilation simplifie l'offre de titres sur le marché secondaire en réduisant les lignes cotées et augmente significativement leur liquidité. Du coup, le nombre de lignes créées chaque année par le Trésor est faible : de l'ordre de 4 à 5 nouvelles lignes.

Tableau des émissions

Valeur	calendrier	quotité	formalisation par les prix	règlement
BTF	Lundis 15 H	1 MEUR	taux postcompé	jeudi suivant
BTAN	3° jeudi 11 H	1 MEUR	% du nominal net du coupon couru	jeudi suivant
OAT	1° jeudi 11H	1 MEUR	% du nominal net du coupon couru	Jeudi suivant

4.1.4 La syndication

Dans une opération syndiquée, l'émetteur passe par un intermédiaire qui se charge de placer les titres dans le public. Ces émissions sont très normalisées.

4.1.4.1 Les acteurs

Depuis les modifications dues aux recommandations du rapport LECA en 1968 et du rapport TRICOT en 1984, le service des titres est assuré par un syndicat de banques qui assurent la diffusion des titres dans le public et qui garantit la bonne fin des opérations. La diffusion se fait par le réseau des banques qui offrent à leurs clients la possibilité de souscrire à leurs guichets. D'autres intermédiaires peuvent être sollicités : les sociétés de bourse, les comptables du Trésor. La banque chef de file a une fonction de conseil, les autres utilisent leur réseau de placement.

4.1.4.2 Le déroulement d'une propre émission

Chaque émission doit faire l'objet d'une inscription au BALO. Le Bulletin d'annonces légales édité par le Journal officiel de le République française, date du décret du 27 février 1907, du ministre des finances, Joseph Caillaux,. Sa vocation est de publier les avis à caractère obligatoire des sociétés faisant publiquement appel à l'épargne. les sociétés du 1er marché (ex cote officielle) mais aussi celles du SM et du NM, les SICAV et les SCPI et les Sofica. Ce document qui dépasse parfois les 100 pages, paraît trois à six fois par semaine. Son prix de vente est de 4 F le numéro au JO (abonnement 520 F+250F port).

Outre les frais légaux de 0,10%, les frais comprennent la commission de direction qui varie de 0,1% pour secteur public à 0,25% pour le privé. C'est la rémunération de la banque « chef de file ». Il peut y avoir parfois plusieurs banques chefs de file (pour les grosses émissions). La Commission de placement peut varier de 1,15% à 2% et la commission de garantie de 0,5% à 0,75%. La garantie de placement signifie que les membres du syndicat prennent pour leur compte dans leurs livres et en fonction de leur quote-part, les titres qui ne sont pas placés dans un certain délai (environ 60 jours).

Remarque : si la syndication des émissions obligataires domestiques devrait faire l'objet d'une répartition entre les établissements théoriquement équitable, dans la pratique les chefs de file accaparent la plus grosse part des emprunts.

4.1.6 Les emprunts contrôlés ou emprunts privés

Les emprunts dits contrôlés permettent à un émetteur de s'adresser directement à des détenteurs de capitaux sans passer par un syndicat. Dans la pratique l'émetteur s'adresse essentiellement à des SICAV ou des FCP, ou aux investisseurs qualifiés définis par la loi DDOEF du 2 juillet 1998. Ces emprunts sont limités : pour chaque émetteur, ils ne doivent pas dépasser 25% du volume total de ses émissions annuelles avec une franchise d'un milliard de francs, et pour chaque émission, la tranche contrôlée ne doit pas dépasser 1 milliard.

4.1.7 Un marché éphémère et mal connu : le marché gris

Entre les établissements qui interviennent sur le marché primaire, des échanges d'obligations ou de promesses d'obligations peuvent se traiter : c'est « le marché gris »

Si la public ation au BALO des caractéristiques de l'émission marque le lancement de l'emprunt, elle annonce également les débuts de ce marché éphémère qu'est le marché gris et qui s'achèvera avec la première cotation au marché officiel. Dans la pratique, le marché gris dure quelques heures, voire quelques jours. C'est un marché entre banques, par l'intermédiaire de courtiers et de maisons de titre. Informel auparavant, il a été officialisé depuis 1985. Son rôle est de reclasser les titres le lendemain de leur émission.

L'intérêt du marché gris, on l'aura compris est de permettre aux professionnels de réduire ou d'augmenter la part d'obligations qui leurs sont octroyées.

Pendant les trois premiers mois de cotation, le titre sera en outre surveillé par les établissements placeurs. On appelle cette période la « période de surveillance ». Le chef de file est chargé de régulariser le cours coté et d'éviter d'éventuelles manipulations. Pour ce faire, le chef de file peut éventuellement organiser, avec les membres du syndicat, un fonds d'intervention, qui est dissout à la fin de la période.

4.1.8. Une innovation technologique récente : les e-bonds.

Le début de l'année 2000 a vu naître une émission globale de la banque mondiale via internet : le premier e-bond via le site internet de Charles Schwab et de Fidelity. Ce mode d'émission va certainement révolutionner profondément le marché primaire obligataire dans les années à venir.

4.2 LE MARCHE SECONDAIRE

« La Bourse facilite l'investissement en le rendant révocable à tout moment, ce qui calme les nerfs de l'épargnant et lui fait courir plus volontiers les risques »
Keynes

L'objectif de la cotation est de trouver un prix qui équilibre l'offre et la demande de titres, qui permet donc d'obtenir le plus grand échange de titres.

L'évolution la plus importante sur 25 ans, est la place de l'Etat dans le marché obligataire français et la part de la dette négociable dans la dette publique qui est en très forte hausse.
Assez logiquement, c'est le besoin de financer le déficit public (passé de 500 milliards de francs en 1981 à 4 000 milliards en 1998) qui est à l'origine de la modernisation du marché obligataire français. La modernisation du marché secondaire s'est faite à marche forcée à PARIS dans les années 80 et 90. L'instauration de la contrepartie en novembre 1990, par le CBV avait par exemple pour but d'accroître la liquidité du marché, mettre en place un marché à dimension mondiale.

4.2.1 La réglementation du marché obligataire français

4.2.1.1 Pourquoi une réglementation ?

La réglementation d'un marché est chose indispensable. Un exemple frappant : pour créer la Bourse de commerce en 1885 et pour développer le marché à règlement mensuel, la IIIe République introduit la loi Ferry qui précise l'inopposabilité de l'exception de jeu aux transactions à terme sur un marché organisé. Auparavant, les spéculateurs perdants invoquaient parfois l'article 1965 du code civil selon lequel « la loi n'accorde aucune action pour une dette de jeu ou pour le payement d'un pari ». 100 ans avant la création du MATIF, cette loi allait sécuriser les transactions à terme. Les Allemands devront, eux, attendre la fin des années 1980 pour lancer leur marché à terme d'instruments financiers, la législation précédente continuant à assimiler contrats à terme et paris.

4.2.1.2 Le rôle de la COB sur le marché obligataire

Sur le marché obligataire, comme sur le marché des actions, la COB assure son triple rôle de protection de l'épargne, de surveillance des marchés (manipulations de cours, délits d'initiés) et de contrôle des informations en provenance des sociétés qui font appel à l'épargne.

4.2.2 L'organisation du marché

4.2.2.1 Les procédures d'admission des titres

Les titres de l'Etat sont admis de plein droit sur le marché des obligations de la Bourse de Paris. D'autres entités bénéficient également d'un régime de faveur comme la CADES et les établissements publics.

Pour les obligations de sociétés privées européennes, il existe une procédure d'admission à la cote dès la clôture d'une émission sur le marché primaire, une demande d'admission est présentée auprès des autorités de marché et les acheteurs sur le marché primaire peuvent donc vendre leurs titres avant l'échéance de la créance : c'est le principe même de la Bourse.

Pour les titres de créances donnant accès au capital de sociétés étrangères dont les actions ne sont pas cotées à PARIS ou pour les obligations d'Etats étrangers hors Union Européenne, une autorisation du ministre de l'Economie est requise, et très peu de ces titres sont cotés à PARIS.

4.2.2.2 Les modes de cotation

Les méthodes de cotation des obligations ont été modernisées dans les années 80. Le but étant de créer à PARIS un grand marché obligataire, liquide, en continu. Le marché continu apparaît en juin 1986 sur les actions et en mai 1988 pour les obligations. Il s'étend progressivement à la quasi-totalité des obligations de la cote. La règle est le continu, l'exception le fixage.

Fonds d'Etat

CODE SICOVAM	COURS VEILLE	DÉSIGNATION DES VALEURS	COURS DU JOUR	TAUX ACTUARIEL BRUT	VIE MOYE. EN AN.	SENSIBILITÉ	DURATION	COUPON COURU	DATE DU PROCHAIN COUPON
Fonds d'état français									
EMPRUNTS D'ETAT									
57045	75,75	E.ETAT 0% 05 .... CA	75,65	4,67	6,1	5,84	6,110		25/10/05
19128	100	E.ETAT 0% 09 PPMT .... CA							25/10/09
57093	30,7	E.ETAT 0% 91-19 PPMT ...... CA							25/10/19
57025	84,89	E.ETAT 0% 92-03PPMT ...... CA	85,72	4,36	3,6	3,46	3,610		25/04/03
57065	63,2	E.ETAT 0% 92-08 PPMT ...... CA	63,2	5,17	9,1	8,66	9,110		25/10/08
57107	24,8	E.ETAT 0% 92-23 PPMT ...... CA	24	6,18	23,6	22,24	23,610		25/04/23
57033	81,4	E.ETAT 0% 94-04 PPMT ...... CA	81,6	4,51	4,6	4,41	4,610		25/04/04
57039	79,71	E.ETAT 0% 94-04PPMT ...... CA							25/10/04
57042	77,95	E.ETAT 0% 94-05PPMT ...... CA	77,64	4,62	5,6	5,36	5,610		25/04/05
57103	29,6	E.ETAT 0% 94-22PPMT ...... CA							25/04/22
57113	24	E.ETAT 0% 94-25 PPMT ...... CA							25/10/25
57048	74,05	E.ETAT 0%06 PPMT .... CA	72,82	4,92	6,6	6,3	6,610		25/04/06
57052	71,44	E.ETAT 0%06 PPMT .... CA	71,12	4,91	7,1	6,78	7,110		25/10/06
57060	67,2	E.ETAT 0%07 PPMT .... CA	65,7	5,32	8,1	7,7	8,110		25/10/07
57056	68,97	E.ETAT 0%07 PPMT .... CA	68,69	5,06	7,6	7,24	7,610		25/04/07
57062	64,51	E.ETAT 0%08 PPMT .... CA	64,47	5,23	8,6	8,18	8,610		25/04/08
57074	57,75	E.ETAT 0%11 PPMT .... CA							25/04/11
57120	18,33	E.ETAT 0%29 PPMT .... CA							25/04/29
57008	95,85	E.ETAT 0%94-00 PPMT ...... CA							25/04/00
57021	87,4	E.ETAT 0%94-02 PPMT ...... CA							25/04/02
57009	104,67	E.ETAT 10% 85-00 .... CA	104,67	3,08	0,7	0,7	0,700	3,033	27/05/00
22160	90,1	E.ETAT 3% 08/99 .... CA						0,23	25/10/99
22161	99	E.ETAT 4% 08/99 .... CA						0,173	25/07/00
22159	90,2	E.ETAT 4% 10/02 .... CA	90,2					0,57	25/10/99
57010	102,56	E.ETAT 6.57% 84-00 .... CA	102,51	3,45	0,8	0,82	0,840	1,077	17/07/00
57017	106,74	E.ETAT 7.5% 86-01 TR.2 ..... CA	106,42	3,81	1,9	1,74	1,790	1,066	25/07/00
57032	114,86	E.ETAT 8.25% 89-04 .... CA	115,15	4,32	4,5	3,8	3,810	4,521	27/02/00
57024	112,85	E.ETAT 8.5% 87-02 TR.3 ..... CA	112,52	4,09	3,2	2,85	2,780	6,847	25/11/99
57078	129,76	E.ETAT 8.5% 87-12 TR.4 ..... CA	130,3	5,23	13,3	8,65	8,680	6,125	26/12/99
57092	132,5	E.ETAT 8.5% 89-19 TR.3 ..... CA	131,53	5,77	20,1	10,92	10,880	7,568	25/10/99
57013	101,3	E.ETAT TME 89-01 .... CA	101,42	3,32	1,4	1,31	1,320	2,353	25/01/00
57011	101,75	E.ETAT TRA 85-00 .... CA	101,55	3,25	1	0,96	0,990	0,027	13/09/00

Source : Les Echos

La règle : la cotation en continu

La cotation en continu assistée par ordinateur s'effectue à partir d'un terminal, les négociateurs des sociétés de Bourse entrent dans le système informatique les ordres d'achat et de vente de leurs clients. Les cours d'exécution sont donc très divers pendant la séance de cotation de 9 h à 17 H.

La pré-ouverture a lieu de 8 H à 9 H : les ordres sont saisis et enregistrés dans le système informatique. Un cours d'ouverture théorique se dessine en fonction des ordres reçus. A 9 H, à l'ouverture, tous les ordres d'achat limités à un cours supérieur au cours d'ouverture sont exécutés et tous les ordres de vente limités à un cours inférieur au cours d'ouverture sont exécutés.

L'exception : le fixage ou « fixing »

Certaines lignes secondaires ne nécessitent pas d'être cotées en continu toute la journée : elles le sont selon un fixage biquotidien à 11 H30 et 16 H30.

4.2.2.3 Les cotations au pied du coupon

C'est le mode de cotation le plus fréquent, surtout pour les obligations à taux fixe classique et les obligations à taux variable. Dans ce cas, l'obligation est cotée en pourcentage de sa valeur nominale.

Une obligation est cotée indépendamment du coupon couru : on dit que l'obligation est cotée au pied de coupon, ce qui signifie que le coupon est réputé avoir été payé la veille du jour de transaction. L'intérêt de ce système de cotation est de pouvoir comparer entre elles le cours de deux obligations différentes sans subir de distorsion liée au coupon couru.

Le 31 août 1999, l'OAT 7,25% 2006 (code 57049) cotait en clôture 115,35. Son nominal étant (depuis le 1er janvier 1999) de 1 euro, il faut donc payer 1,1535 euros par obligation (hors coupon couru) pour l'acheter.

La formule pour déterminé le prix exact :

$$CC = Tn \times \frac{Dc - Dd}{Dp - Dd}$$

avec Tn : taux nominal ou taux de référence
Dc : date de calcul
Dd : date du dernier détachement
Dp : date du prochain détachement

Le montant est arrondi à la 3e décimale.

Pour permettre aux investisseurs de calculer exactement le montant de leur investissement, la cote indique également le coupon couru, c'est à dire le % du nominal qu'il faut ajouter au cours pour obtenir le montant total de l'investissement. Le coupon couru est calculé à la date de règlement (et non à la date de négociation). Or la date de règlement est toujours fixée 3 jours ouvrées après la date de négociation.

Pour calculer le montant exact de l'achat d'une obligation cotée en pourcentage, il faut donc ajouter au cours au pied du coupon le coupon couru.

***Exemple** : Le 31 août 1999, l'achat d'une OAT 7,25% 2006 (code 57049) coûte 115,35 (cote au pied du coupon) + 2,595 soit 117,945%. Comme le nominal est de 1 euro, le montant investi par obligation est de 1,179 euros.*

4.2.2.4 Les cotations en euro

Certains titres obligataires sont encore cotés en euros, coupon inclus. C'est le cas des obligations convertibles, ORT, des obligations étrangères et de la zone franc, des TP et des obligations à coupon unique.

Tableau récapitulatif

	CONTINU	FIXAGE
%	OAT	lignes secondaires France
euros	OC	obligations étrangères

4.2.2.5 Les cotations des obligations à taux variable

Pour les taux variables, le taux de référence est le taux de cristallisation.

***Exemple** : L'OAT TEC-96 2006 (code 57054)*
Le 31 août 1999, elle cotait 99,85% et son coupon couru était de 0,416. L'échéance du prochain coupon était alors le 25 octobre 1999, les intérêts étant versés trimestriellement. On a vu (chapitre 3.2 Les obligations à taux variable) que le coupon était préfixé et que son montant était calculé par la formule ((1+T–1,00%)1/4 –1), où T est le taux de référence calculé 5 jours ouvrés avant la date de jouissance du coupon (par exemple TEC est publié le 18 avril 1999 pour le coupon correspondant à la période du 25 avril au 25 juillet ; payé le 25 juillet 1999).

4.2.2.6 Les autres produits cotés

La loi autorise la cotation des titres d'OPCVM. Il faut en réalité distinguer deux cas : la cotation facultative et la cotation obligatoire. Il est techniquement possible de coter les parts de FCP et les actions de SICAV, à condition que les cours de ces titres ne s'écartent pas de +/– 1,5% de leurs valeurs liquidatives. Mais, concrètement, les grandes banques ne sont pas enthousiastes à l'idée de permettre à leurs clients d'acheter directement en Bourse les titres d'OPCVM de leur concurrents et la cotation des OPCVM ressemble à un serpent de mer financier.

Si la cotation des OPCVM n'est pas encore effective, celle des FCC est obligatoire sous certaines conditions de diffusion dans le public.

4.2.3 Les différents types d'ordre

Comme pour l'intervention sur le marché des actions, le CMF définit les différents types d'ordres que l'on peut passer sur le marché obligataire.

4.2.3.1 L'ordre à cours limité.

C'est un ordre qui ne sera exécuté que si le cours d'achat est *inférieur ou égal au cours coté.*

Exemple *: si son cours est de 87,23%, l'ordre "Achat de 1 000 OAT 4% avril 2009 (code 18619) à 87,22%" sera exécuté si le cours baisse*

Avantages : l'ordre d'achat ne sera exécuté que si le cours de l'obligation est inférieur ou égal au cours limité.

Inconvénients : si le cours de l'obligation ne descend pas au dessous du cours limite, rien ne garantit l'achat de son titre. On peut même être dans la situation du cours touché.

4.2.3.2 L'ordre au prix du marché

L'ordre au prix du marché (parfois appelé ordre « au mieux » avec nostalgie par les vieux boursiers) est exécuté différemment selon qu'il est passé avant l'ouverture du marché ou en séance. Avant l'ouverture, il se transforme en ordre limité au cours d'ouverture. En séance, il est exécuté pour la quantité disponible au prix de la meilleure offre (s'il s'agit d'un achat) ou de la meilleure demande (s'il s'agit d'une vente), puis il reste affiché pour la quantité non exécutée au cours coté pour une partie de l'ordre.

Exemple *: Une OAT est offerte pour 1 200 obligations à 88,57 (meilleure offre). L'achat de 2 000 OAT au prix du marché se traduit par l'achat de 1 200 obligations à 88,57 et par une demande en carnet pour le solde à 88,57 (soit 800 à 88,57).*

4.2.3.3 L'ordre à tout prix

Il est prioritaire sur tous les autres ordres et est exécuté dans sa totalité au cours qui suit sa passation.
S'il ne peut être intégralement exécuté, la valeur est réservée.
Si l'ordre à tout prix est exécuté dans sa totalité, on ne maîtrise pas le cours d'exécution qui peut être très différent du dernier cours.

4.2.3.4 L'ordre tout ou rien

Il est exécuté en totalité ou pas du tout et n'est pas prioritaire par rapport aux autres ordres. Il évite le fractionnement de l'ordre.

4.2.3.5 L'ordre à seuil de déclenchement

C'est l'ancien ordre stop. S'il s'agit d'un achat, il ne se déclenche que si le cours dépasse sa limite, s'il s'agit d'une vente il ne se déclenche que si le cours tombe en dessous de sa limite. Il devient alors un ordre à tout prix.

Exemple *: Si le cours d'une OAT est de 88,60 un achat à seuil de déclenchement de 2 000 OAT à 88,63 ne se déclenchera que si le cours de l'OAT dépasse les 88,63.*

4.2.3.6 L'ordre à plage de déclenchement

C'est un ordre à seuil de déclenchement, mais avec une limite.

Exemple : *Ainsi, si le cours d'une OAT est de 88,60, un achat à plage de déclenchement 88,63/88,70 se déclenchera si le cours dépasse les 88,63 et deviendra alors un ordre limite à 88,70.*

4.2.4 Les frais de transactions

Avant la libéralisation des courtages (fin des années 80), les frais de transactions usuels étaient définis par un barème qui se situait entre 0,3% et 0,5% hors taxes en fonction du type d'obligations et de sa durée de vie. Depuis, les frais sont libres

mais restent peu éloignés de ce barème pour les particuliers (avec un minimum qui varie selon l'établissement et qui peut être pénalisant pour les petits ordres).
Ce qu'on appelle les frais de courtage se répartissent en trois types : le courtage proprement dit (hors taxe), la TVA et l'impôt de Bourse .

- Le courtage hors taxe : il peut prendre la forme d'un pourcentage du montant traité, souvent avec un minimum (de 5 ou 10 euros par exemple) ou être un forfait à la ligne quel que soit le montant traité (par exemple 15 euros).
- La TVA est de 19,6% sur le courtage hors taxe.
- L'impôt de Bourse : si les obligations classiques ne subissent pas d'impôt de Bourse, les obligations convertibles et les obligations indexées le connaissent : dans ce cas il est de 0,3% avec un abattement de 150 F et un plafond de 4 000 F par ordre

4.2.5 Les indices obligataires

Ces indices ou benchmarks sont censés représenter l'évolution des cours du marché obligataire, au même titre que les indices d'actions doivent être des baromètres du marché des actions.

4.2.5.1 Constitution d'un indice

Comme pour le CAC-40, un indice obligataire doit être :

- Fiable, c'est à dire représentatif du segment de marché qu'il reflète (par exemple les obligations à 5 ans, les obligations à 10 ans,...)
- Lisible, donner une image compréhensible du segment de marché
- Réplicable, donc être constitué d'un nombre assez réduit de lignes
- Stable, ne pas être affecté par la disparition progressive des lignes
- Sélectif sur choix des obligations qui le composent en termes de maturité, d'encours et de qualité de l'émetteur.

4.2.5.2 Les indices CNO

Le comité de normalisation obligataire a toiletté sa gamme d'indices avec l'arrivée de l'euro. Ces indices sont intitulés CNO-XX pour les obligations d'Etat de la zone euro.
On dispose de l'indice CNO-XX 1-3 ans, de CNO XX 3-5 ans, de CNO XX 5-7 ans, de CNO-XX 7-10 ans, de CNO-XX 10-15 ans, de CNO-XX + 15 ans et de CNO-XX pour l'indice général (ce dernier comporte 89 lignes).

4.2.5.3 Les indices anglo-saxons

Salomon Brothers, fort de sa longue expérience des indices d'obligations de l'Etat fédéral américain, a créé un indice sur obligations d'Etat dans la zone euro (le EGBI pour Emu government Bond index) et un indice d'émetteurs privés (EBIGBI pour Euro broad investment grade bond index). Lehman Brothers a lancé la famille des euro aggregate. Morgan Stanley le fameux MSCI pour Morgan stanley capital international sur les actions a un frère qui s'appelle MSCI ECI pour les obligations. Enfin, JP Morgan a créé une gamme intitulé JPM Emu bond index.

4.2.6 Les autres marchés obligataires

4.2.6.1 Les obligations étrangères

Une obligation étrangère est une obligation émise sur une place financière par un non-résident, libellée dans la monnaie nationale de ce marché. Les obligations étrangères sont négociées sur une bourse précise. Elles s'adressent donc en priorité aux investisseurs du pays dans lequel elles sont cotées. Elles sont libellées dans la devise du pays d'accueil. Les plus connues de ces obligations sont les Yankees bonds (obligations étrangères libellées en dollars et émises aux Etats-Unis), et les Samourais bonds (obligations émises par des étrangers au Japon et libellées en yens). Existent également les obligations étrangères en Suisse : des Chocolate Bonds et les Bulldogs Bonds (obligations étrangères en Grande-Bretagne). Ces obligations étrangères sont soumises à la réglementation nationale et bénéficient habituellement d'un statut fiscal privilégié. La plupart des transactions se font hors bourse. Le développement d'un compartiment étranger sur un marché national peut avoir de nombreuses causes. Le marché suisse s'est développé suite au refus de la banque centrale suisse de permettre la création d'un marché de l'euro franc suisse au motif que l'Economie suisse était trop petite pour supporter les conséquences d'une monnaie internationale. Elle empêche donc les banques suisses de participer aux placements éventuelles euro-obligations en FS (Francs Suisses).

4.2.6.2 L'euromarché

Apparu en pleine guerre froide, l'Euromarché c'est le marché des émissions (qu'elles soient de type obligataire ou de type actions) en euro-devise. Une euro-devise est une devise enregistrée dans les livres d'une banque établie hors du pays d'émission de ladite monnaie. Le terme, qui était un faux ami avant l'avènement de l'Euro l'est encore plus maintenant. Si on parle d'euro-devises, c'est par allusion à l'origine européenne de ces euro-devises. L'euromarché date vraiment de 1953. Cette année là, l'URSS craint, à l'occasion de la guerre de Corée, que les Etats-Unis ne décident de bloquer les avoirs soviétiques sur le territoire américain. L'inquiétude des soviétiques ne porte pas sur le dollar, mais sur le gouvernement américain (les craintes étaient d'ailleurs fondées puisque les Etats-Unis avaient déjà eu recours à ce type de pression pendant la seconde guerre mondiale). Les fonds détenus aux Etats-Unis sont donc rapatriés à la Moscow Narodny Bank à Londres et à la Banque commerciale pour l'Europe du Nord à Paris. L'adresse télégraphique de cette dernière étant « euro-banque », les dépôts bancaires à Paris auraient pris le nom d'« euro-devises » (il s'agissait d'eurodollar). Et comme les premiers dépots étaient en Europe, on a parlé d'eurodollar et du marché des eurodollars. Bien entendu, le marché des eurodollars n'est plus cantonné au vieux continent, il est par essence mondial.

D'autres facteurs expliquent le développement de l'Euromarché : ce sont principalement deux mesures décidées malencontreusement par les gouvernement anglais et américains. Les autorités britanniques en 1957, restreignent l'octroi par les banques britanniques de crédits en £ aux non-résidents. Aux Etats-Unis, le

18 juillet 1963 est créée la Interest Equalization Tax (taxe de péréquation des taux d'intérêt) sur tout achat d'une obligation étrangère par un résident américain. Le but était louable : éviter une sortie massive de capitaux américains et lutter contre l'accroissement du déficit de la balance des paiements. Les investisseurs résidents ne pouvaient être intéressés par des placements étrangers que si ceux-ci proposaient un rendement supérieur (après paiement de la taxe). Les grandes banques américaines décidèrent de récupérer leur clientèle en émettant des obligations en $ à partir de leurs filiales londoniennes qui n'avaient pas de contraintes sur les rémunérations des dépôts.

4.2.6.2 Les euro-obligations

Comme on l'a vu précédemment, les euro-obligations ne font pas l'objet de cotations obligatoires à un endroit géographique unique et sont placés par un syndicat de banques. Leur nombre est beaucoup plus grand que celui des obligations étrangères.

D'autre part, ces pays n'émettant pas dans leurs devises d'origine, mais en dollar dans 73% des cas et en euros dans 6% des cas, le risque devise est donc quasiment nul.

Londres, capitale de l'Euromarché

Le centre de l'Euromarché est Londres car la capitale britannique reste, (pour combien de temps?) le centre financier de l'Europe. La plupart des grandes banques françaises ont installé, dans les années 80, des salles de marché à LONDRES. A titre anecdotique, la BNP a délaissé PARIS au milieu des années 80 pour installer son activité de marchés de capitaux à LONDRES et bénéficier ainsi de la dynamique du marché londonien, malgré l'avis défavorable du ministre des finances de l'époque. Si le centre du marché primaire est Londres, la devise reine de l'euromarché reste, comme sur le marché des changes, le $.

Les investisseurs : le dentiste belge

Les investisseurs sur l'euromarché obéissent à des motivations simples. Ils apprécient l'anonymat qui y règne, à l'instar du dentiste belge qui s'est imposé dans le folklore financier moderne comme le symbole de l'euromarché, au même titre que Tante Agathe est la figure emblématique des petits porteurs anglais et la Veuve de Carpentras des petits actionnaires français. L'avantage fiscal est bien sûr décisif, surtout lorsque l'on sait, qu'en Belgique, l'Etat fédéral prélève des taxes élevées sur les intérêts d'emprunts. Les titres du dentiste Belge, détenus en général dans une banque luxembourgeoise (au porteur), ne subissent aucune ponction fiscale.

Un marché réservé
...à des émetteurs d'envergure...

Tout est grand sur l'euromarché, les émissions (le milliard de dollars est une barrière fréquemment dépassée) comme les émetteurs qui sont des très grandes entreprises de taille internationale, des organismes supra-nationaux, des Etats souverains ou des grandes banques. Certains peuvent souhaiter lever des fonds pour financer leurs activités (firmes françaises), d'autres emprunteront dans une eurodevise dont le taux est attractif et swapperont immédiatement le produit de leur émission pour obtenir des fonds dans la devise qui les intéresse. Dans tous les cas de figures, c'est l'évolution du taux d'intérêt des devises entre elles, et des taux de change, qui sera un élément déterminant du choix de la devise et du timing.

Le type même de l'émetteur sur l'euromarché est le français DEXIA qui lève de nombreuses émissions. Les émetteurs sont pour plus de 50% des Aaa, on citera l'Italie, la Finlande, la Banque Mondiale, la CECA, la BEI, General Electric, le Crédit National, la BEI, la SNCF...

Et qui apprécient la souplesse des euro-obligations...

Le marché euro-obligataire a prospéré sur les nombreuses réglementations des marchés domestiques nationaux. La CEE avait le 12 décembre 1988, adopté un modèle de prospectus détaillé à publier en cas d'offre publique de valeurs mobilières afin de protéger les petits épargnants. Ce prospectus agréé dans un état membre, pouvait être diffusé dans toute la communauté. Problème majeur : ce document, assez long à réaliser, n'est pas obligatoire pour une euro-obligation qui ne nécessite qu'un prospectus beaucoup plus succinct.

4.2.5 Le marché secondaire des Euro-obligations

Si les obligations étrangères, font l'objet d'une cotation sur la place d'émission, les euro-obligations, elles n'ont, par définition, pas de localisation. Les titres sont au porteur, numérotés avec coupon attaché.

Il ne faut toutefois pas perdre de vue que le marché secondaire est surtout un marché de gré à gré, animé par des teneurs de marché qui annoncent en permanence deux prix net : acheteur/ vendeur. Le paiement et la livraison des titres se font 7 jours après la transaction.

Deux chambres de compensation concurrentes dominent le marché de la compensation des titres : Euroclear créée en 1968 par Morgan guaranty Trust, indépendante depuis 1972 et dont le capital est répartie entre 121 banques actionnaires et Cedel qui compte 94 actionnaires.

Les émissions obligataires internationales

En % du total, du 1er janvier 1999 au 27 août 1999

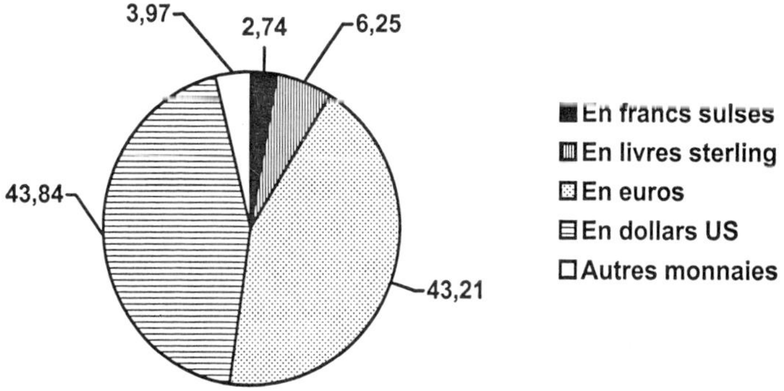

Total : 997 milliards d'euros

Source : La Tribune

4.3 LES ACTEURS DES MARCHES OBLIGATAIRES

Un marché est un lieu d'échanges. Il obéit à des règles strictes, dont le respect est une condition impérative de son développement. Il est animé par des professionnels et surveillé par des autorités de marché qui tirent leur pouvoir de la loi. Toute la difficulté de l'échafaudage législatif qui réglemente les marchés organisés consiste à fixer des règles strictes qui obligent les intervenants à respecter leurs engagements tout en laissant suffisamment de marges à des pratiques professionnelles spécifiques. Il fut un temps (au XVIe) ou la vente d'obligations ne pouvait s'effectuer que par l'intermédiaire d'un notaire : on imagine aisément les inconvénients en terme de rapidité des transactions de ce type de réglementation.

4.3.1 Les émetteurs

Le marché obligataire français est, dans la pratique, réservé aux institutions de premier plan, plus particulièrement aux grandes entreprises nationales ou aux banques qui disposent de leur propre réseau de commercialisation et qui placent leurs obligations.

4.3.1.1 L'Etat

Les personnes de droit public sont traditionnellement les principaux émetteurs du marché obligataire. Outre leurs besoins de financements récurrents, elles n'ont pas, à la différence des émetteurs privés accès au marché des actions. En France, pour l'année 1998, les émissions de l'Etat représentent environ 80% des émissions obligataires.

Parmi ces émetteurs publics, on distingue l'Etat, qui émet la dette publique au sens strict du terme. En prenant en compte la dette des collectivités locales (Région, départements, communes et groupements de communes) et des administrations de sécurité sociale, on obtient l'endettement public au sens de Maastricht. En

France, au 31 avril 2000, la dette de l'Etat stricto sensu s'élève à 4 000 milliards de francs (614 M EUR), et l'endettement total au sens de Maastricht à 4 800 milliards (soit 60% du PIB). L'endettement des collectivités locales est de 500 milliards et la CADES qui gère la dette des administrations de sécurités sociale a un encours de près de 340 milliards de francs.

Dette de l'Etat au 31 avril 2000

613,17 milliards d'EUR soit : 47,9% du PIB

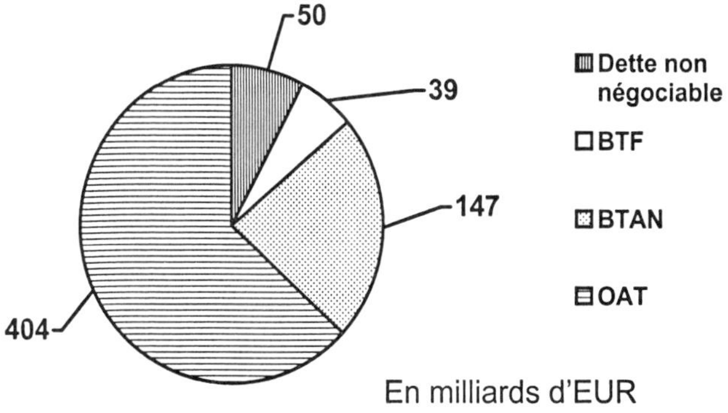

Source : Ministère de l'Economie et des Finances

4.3.1.2 Les collectivités publiques

Venu d'Outre atlantique où le marché des « municipal bonds » est particulièrement actif, les obligations émises par les collectivités locales tentent de s'acclimater (assez difficilement) en France. Il s'agit pourtant d'un moyen de financement privilégié des institutions municipales aux Etats-Unis (Hôpitaux, écoles, prisons, logement, réseau d'égouts…).

En France, les collectivités locales (dont le budget annuel est de l'ordre de 700 milliards de francs), qui empruntent environ par an. Pourtant, la loi de décentralisation du 2 mars 1982 a ouvert des possibilités de financement aux collectivités locales.

Montant des émissions obligataires des collectivités locales

En milliards de francs

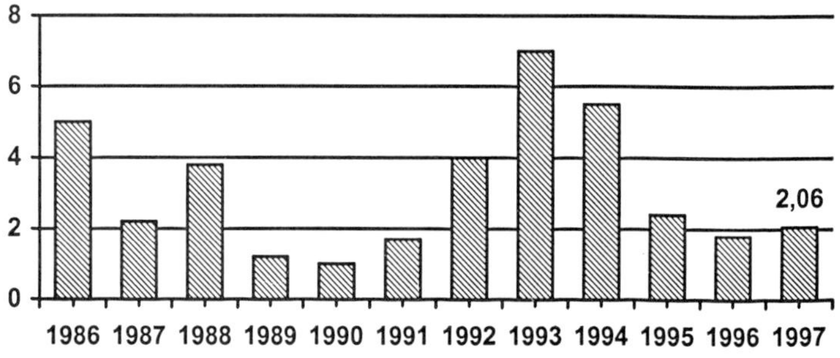

Source : Observatoire Ficos

Les régions

Brassant un budget total de quelques 60 milliards de francs, les 22 régions métropolitaines ne font pas appel au marché obligataire, à l'exception des plus grandes, et encore de manière épisodique : en 1996, la région Ile de France a lancé un emprunt obligataire de 600 MF, doté d'un coupon de 4,5% échéance le 18 novembre 2008 (Chefs de file le CCF et CDC-marchés).

Les départements

Avec un budget global de 200 milliards de francs, les départements font parfois de timides incursions sur le marché obligataires, en général dans des bonnes conditions de coûts. La Marne a levé 200 MF en 1999 pour le financement de l'europort de VATRY.

Les communes et les groupements de communes

Fortes d'un budget cumulé de 400 milliards de francs, les communes ont des besoins très hétéroclites et à l'exception de la capitale qui a une forte tradition d'émission, sont très pusillanimes en matière obligataire. Dans ce dernier cas, l'émetteur était en fait la Communauté Urbaine de Lyon qui a émis un grand emprunt Lyon 2 000 d'un montant de 100 millions de francs et rémunéré au taux fixe de 4,35%. Lancé le 2 octobre 1998. 95% des obligations ont trouvé preneur dans l'agglomération dont 61% à Lyon même. Il s'agissait de la première tranche d'un emprunt de 500 MF.

4.3.1.3 Les administrations de sécurité sociale

Troisième cercle de la dette publique au sens de Maastricht, l'encours des administrations de sécurité sociale est géré par la CADES, créée en 1996 initialement pour reprendre les déficits cumulés entre 1992 et 1995. La ressource de cette structure *ad hoc* est la CRDS, une contribution qui frappe tous les revenus comme sa grande sœur la CSG et qui rapporte à peu près 26 milliards de francs par an. L'Etat n'apporta pas formellement sa garantie à cette structure, mais la CRDS est votée par le Parlement. D'ou un spread très étroit avec les OAT (entre 10 et 15 points de base). Signalons aux investisseurs obligataires que cette signature a un bel avenir devant elle car sa durée de vie initialement prévue jusqu'en 2009 a été repoussée une première fois jusqu'en 2014 pour reprendre les déficits apparus entre 1995 et 1998. L'encours de la dette cantonnée dans la CADES était à fin 1998 de 330 milliards de francs.

4.3.1.4 Le secteur public et parapublic

Il s'agit des entreprises industrielles et commerciales détenues par l'Etat, mais qui ne bénéficient que rarement de sa garantie. Considérés comme des débiteurs d'une grande fiabilité, leurs obligations se traitent en général avec une prime de 20 à 30 pb au dessus des taux des obligations d'Etat de même durée, et parfois même moins. Les principaux émetteurs obligataires, sur le marché euro ou à l'étranger, sont :

- L'EDF (sans garantie de l'Etat, mais très prestigieux) a émis en janvier 1999, 1 milliard d'euros d'échéance janvier 2009. Taux nominal de 5% soit 16 pb au dessus des emprunts d'Etat français. C'est une émission qui procède à la fois de l'émission domestique et de l'euro-émission, cotée à la fois à Paris, Francfort et Amsterdam.

- Les CDF, Charbonnages de France, qui se contentent de gérer un encours déclinant.

- La CNE : établissement public national qui mettait à la disposition de EDF/GDF des fonds provenant des emprunts émis en 1946.

- La SNCF : la société nationale des chemins de fer français a une longue tradition d'émetteur obligataire, et des plus novateurs. C'est à elle qu'on doit les défuntes obligations à lots kilométriques lancées en 1951, ou encore les emprunts à échéances pluriannuelles où les emprunts à prix croissants au gré du porteur, précurseurs des emprunts à fenêtres. Les titres de la SNCF ne bénéficient plus de la garantie explicite de l'Etat depuis 1991, mais reste une signature très prestigieuse tant en France qu'à l'étranger où elle émet régulièrement , mettant ensuite en place des mécanismes de swaps . On assiste alors à une étrange transmutation dans laquelle la SNCF lève des fonds en yens à taux variable pour se retrouver, après swaps, avec un endettement en francs à taux fixe parfois à des conditions très intéressantes.

- La RATP : La régie autonome des transports parisiens sollicite le marché obligataire français depuis 1982.

- La CNA : la Caisse Nationale des Autoroutes est un établissement créé en 1963 et chargé de financer la construction et l'aménagement du réseau autoroutier français. Notée AAA, elle empruntait, fin 1998, 34 points de base au dessus des OAT de même durée.

- La CNT : la Caisse Nationale des Télécommunications est un établissement public à caractère administratif doté de la personnalité civile et de l'autonomie financière qui finance, sans faire appel à l'impôt, des programmes d'extension et de modernisation des équipements des télécommunications en France.

4.3.1.5 Les sociétés privées

Si les émetteurs privés on été peu présents sur le marché obligataire au début des années 90, ils y ont fait un retour fracassant depuis, et l'année de l'arrivée de l'euro a été caractérisée par une forte augmentation des émissions obligataires ainsi que du montant moyen des émissions : il n'est pas rare de voir des émissions supérieures au milliard d'euros.

Les banques

Le secteur des emprunts obligataires privés est historiquement dominé par les banques, pour leur propre compte (entre 70 et 80%). L'euro devrait changer les choses. Il est assez logique que les acteurs les plus au fait des techniques financières les utilisent d'abord pour eux-mêmes, surtout avec des taux à 10 ans aux alentours de 4% (début 1999).

Les banques disposent d'un autre avantage compétitif exorbitant par rapport aux entreprises privées non bancaires : leur réseau d'agences qu'elles peuvent aisément mobiliser pour placer les titres qu'elles émettent. Ainsi, le Crédit agricole place-t-il régulièrement 90 à 95% de ses obligations dans son propre réseau. Il faut savoir aussi que jusqu'en décembre 1986, les banques étaient limitées par l'encadrement du crédit dans la distribution de leurs prêts, à l'exception de ceux distribués à partir d'obligations. Du coup, on a assisté à une véritable ruée des banques sur le marché obligataire au cours de la première moitié des années 80, à tel point que la Banque de France a institué une file d'attente. Jetons un coup d'oeil sur la politique d'émission de quelques grands émetteurs bancaires.

Parmi le secteur bancaire, signalons DEXIA. L'ancien Crédit Local de France occupe une place à part parmi les émetteurs de par son expertise en la matière. Devenue une banque privée, elle finance les collectivités locales et doit donc emprunter à des conditions particulièrement avantageuses pour rester compétitives, ses clients ayant toujours la possibilité de recourir, eux aussi au marché obligataire.

Les entreprises privées non bancaires

Parmi les entreprises privées émettrices en 1998, on peut mentionner France Telecom, Pechiney, Casino. En 1999, c'est Vivendi qui a lancé la première grande obligation en euros. Il s'agissait d'émettre des obligations à option de conversion et/ou d'échanges pour un montant de 1,5 milliards d'euros et destiné à restructurer la dette du groupe. La motivation, outre l'aspect médiatique lié au lancement de la monnaie européenne, est bien d'alléger le coût de la dette de la société. L'opération a remporté un vif succès puisqu'elle a été sursouscrite six fois en quatre heures de « book building » (constitution du livre d'ordres). Le prix d'émission de ce produit a été fixé avec une prime de 23% par rapport au cours de l'action et le rendement actuariel du titre se situait au niveau, très économique pour la société, de 1,5%, ce qui permettait une économie d'environ 47 millions d'euros sur le service annuel de la dette. Comme quoi l'utilisation habile des phénomènes de mode et de l'engouement des investisseurs pour l'euro peut générer de substantielles économies pour les sociétés les plus réactives

A noter également que cette opération ne devrait pas accroître excessivement le nombre d'actions en circulation, la société ayant précisé qu'elle souhaitait utiliser en priorité les 2% d'actions qu'elle détient en auto-contrôle en cas de conversion.

Enfin, on peut signaler quelques émissions récentes à haut rendement car proposées par des sociétés risquées (ou en retournement) comme Moulinex, Néopost ou Groupe André.

Encours des obligations du secteur privé en Europe

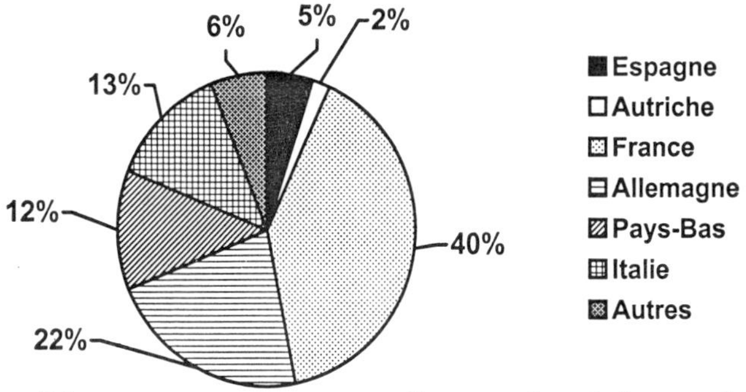

Source : Bri — *En pourcentage de l'encours total 1999*

4.3.1.6 Les étrangers

Peu actifs sur le marché domestique français avant 1999, les étrangers vont profiter de la création d'un marché obligataire européen vaste et liquide pour émettre. On distingue parmi ces émetteurs les organismes internationaux, les Etats et les collectivités locales étrangers et les entreprises privées.

Les organismes supranationaux

La BEI a émis son premier emprunt obligataire globale en euros en février 1998. D'un montant de 2 milliards d'euros, ces obligations ont été placées simultanément en Europe, aux Etats-Unis et en Asie. Il s'agissait essentiellement d'asseoir l'image de la nouvelle monnaie européenne et de répondre à « l'intérêt croissant dans un investissement de haute qualité en euros manifeste en dehors de l'Europe et particulièrement aux Etats-Unis » selon les propres termes du Président de la BEI. La Banque européenne dont l'encours obligataire est de l'ordre de 120 milliards d'euros (dont 80% dans la monnaie européenne), emprunte environ 25 milliards d'euros par an. La banque cherche à devenir l'emprunteur non souverain de référence sur le marché de l'euro en proposant des émissions d'une maturité comprises entre 5 et 30 ans.

Les états étrangers et les collectivités locales étrangères

Dans la zone euro, on a vu que l'Allemagne empruntait en règle générale un peu moins cher que la France. Les investisseurs qui souhaitent placer sur des titres garantis par un Etat, sans risque de change et avec un rendement supérieur aux OAT peuvent acheter des obligations de l'Etat italien, espagnol ou portugais. Pour ce qui est des collectivités locales étrangères, le QUEBEC a émis dans les années 80, une obligation cotée à PARIS.

Les entreprises privées étrangères

Le marché parisien va s'ouvrir dans les années à venir aux émetteurs privés étrangers, surtout à ceux qui sont dans la zone euro et pour lesquels les investisseurs français n'ont aucun risque de change.

4.3.2 Les investisseurs

« Les gentlemen préfèrent les obligations »
Andrew Mellon

Avant 1999, les souscriptions domestiques étaient réalisées par les particuliers à hauteur de 20% et à 80% par des personnes morales (pour les OPCVM environ 33%, pour les Compagnies d'assurances 15% et pour les caisses de retraite 5%). Etudions le comportement de ces différents investisseurs.

4.3.2.1 Les particuliers

En 1981, le grand public détenait 57% des obligations émises en France. En 1991, 25% seulement, et même 17% pour les emprunts d'Etat à 10 ans. (le portefeuille moyen d'un particulier contient 19% d'obligations françaises, 24% en actions France, 6% en valeurs étrangères et 52% en OPCVM). Selon diverses enquêtes, dont celle de la Banque de France, le nombre de détenteurs de valeurs mobilières s'élevaient en 1995 à 10 millions de personnes âgées de 15 ans et plus (contre 11,2 millions un an avant) parmi lesquels 5,3 millions actionnaires et 3,3 millions de détenteurs d'obligations (contre 3,8 millions un an avant), dont

1,5 millions détenteurs d'emprunts Balladur. On remarquera la forte volatilité du nombre de porteurs en constatant que le remboursement de l'emprunt Balladur en juillet 97 a entraîné une baisse de 250 000 détenteurs, ces derniers ne détenaient que cette obligation en portefeuille.

Au début de l'année 1998, les détenteurs d'obligations en direct étaient 2,4 millions à comparer avec 3 millions en 1996 et 4 millions fin 1991. On peut vraisemblablement attribuer cette baisse importante à la baisse des taux d'intérêt qui sur la période 1991-98 sont passés de 8% à 4%.

Autre enseignement chiffré : la durée de détention moyenne d'une obligation est de 8 ans pour les ménages : en règle générale, les particuliers conservent leurs obligations jusqu'à l'échéance.

4.3.2.2 Les investisseurs qualifiés

C'est la loi du 2 juillet 1998 portant diverses dispositions d'ordre économique et financier qui a précisé la notion d'investisseurs qualifiés.

Les investisseurs qualifiés sont des personnes morales qui ont à la fois les compétences et les moyens nécessaires pour appréhender les risques inhérents aux opérations sur instruments financiers. Ces personnes morales sont de trois types :

1. les établissements de crédit, compagnies financières, etc...
2. les sociétés de capital risque,...
3. les sociétés de gestion ainsi que les OPCVM.

4.3.2.3 Les OPCVM

Les Organismes de placement en commun de valeurs mobilières regroupent les SICAV et les FCP.

La création de SICAV et FCP remonte en France à l'ordonnance de 1945 introduite en droit français en 1979. Les OPCVM sont des « organismes dont l'objet exclusif est le placement collectif en valeurs mobilières des capitaux recueillis auprès du public, dont le fonctionnement est soumis au principe de la répartition des risques et dont les parts sont à la demande des souscripteurs, rachetées ou remboursées directement ou indirectement, à la charge des organismes », selon la Directive européenne du 20 décembre 1985.

Les SICAV ont longtemps joué un rôle important sur le marché obligataire avec « l'obligation de l'obligation », réglementation qui imposait à toute SICAV (y compris les SICAV actions) un minimum de détention de30 % d'obligations. Cette réglementation n'est plus en vigueur, mais la quasi totalité des OPCVM détiennent un peu d'obligations.

Les OPCVM obligataires

Les OPCVM de distribution, à revenus réguliers, en générai trimestriel, plus rarement mensuel sont destinés aux rentiers qui souhaitent toucher des coupons périodiquement.

Les OPCVM de capitalisation ne versent aucun dividende et capitalisent systématiquement les revenus.

Les OPCVM en obligations convertibles cherchent à allier le rendement obligataire et la performance des actions. On fait habituellement une distinction entre convertibles de type action (qui suivent plus les indices actions), et convertibles de type obligations (qui suivent plus les indices obligataires).

Les OPCVM court terme.

Les OPCVM court terme sont en principe investis sur des titres à durée de vie courte. Trois grands types d'OPCVM court terme sont disponibles : les monétaires, les régulières et les sensibles.

Les monétaires

Ce sont en théorie les OPCVM les moins sensibles aux variations de taux, celles qui suivent le plus les taux à court terme. En 1999 elles ont rapporté en moyenne autour de 2,5%. Il faut toutefois savoir que certaines monétaires ne sont pas pures, mais diversifiées. Dans ce cas, il est bon de lire attentivement la notice car comme le rappelle ce trésorier interrogé par l'hebdomadaire *Option Finance* le 21 septembre 98 « J'ai appelé le gérant de mon fonds monétaire dynamique et j'ai appris qu'il avait renforcé, juste avant la baisse du marché, la part investie en actions ». Moralité de l'histoire : les entreprises se retrouvent parfois investies indirectement en actions via des placements monétaires.

Les régulières

Les SICAV régulières sont investies sur des titres à taux fixe mais à durée de vie courte.

Les sensibles

Les SICAV sensibles sont investies sur des titres à taux fixe à court ou moyen terme et connaissent donc une exposition au risque de taux.

Les autres OPCVM

Les OPCVM diversifiés ont toujours une part plus ou moins importante de titres obligataires (de 10 à 50% selon les cas).

On notera que des informations sur OPCVM sont disponibles sur le site de la COB(www cob.fr).

4.3.2.4 Les autres investisseurs institutionnels

Compte tenu de la sécurité que procurent les titres du marché obligataire, il n'est pas étonnant de constater une forte présence des investisseurs institutionnels.

Les compagnies d'assurance

Le poids des compagnies d'assurance sur le marché obligataire se fait sentir par le biais de leurs provisions techniques et de l'assurance-vie.

Les Caisses de retraite par répartition

Le principe de la répartition n'exclut pas la constitution de réserves par les caisses de retraite. L'investissement de ces réserves est strictement réglementé et va surtout en obligations du secteur public (pour 50% au moins).

Les fonds de pension

Si les fonds de pension s'investissent plutôt en actions, ils consacrent également une partie de leurs fonds en obligations. Les sommes gérées par les fonds de pension étant considérables, les montants investis en obligations sont significatifs.

Les caisses publiques

La CDC

La Caisse des dépôts et des consignations, parfois qualifiée de bras séculier de l'Etat sur les marchés financiers gère un portefeuille obligataire considérable et participe à l'émission des obligations. Elle dispose de fonds de collecte des caisses d'épargne, de plusieurs régimes de retraite et comptes spéciaux du trésor.

Le fonds de soutien des rentes

Ce fonds, qui a été créé par décret du 22 Juillet 1937, a vu ses compétences étendues par un décret du 27 Janvier 1986, le FSR qui ne pouvait auparavant qu'« acheter et vendre en bourse des titres de rentes perpétuelles ou amortissables et des valeurs du trésor à long ou à moyen terme », peut depuis 1986 « opérer sur tous les titres de toute nature émis par l'Etat et sur tous les marchés où ces titres sont négociables ».

La CADP

La Caisse d'amortissement de la dette publique a été instituée par la loi de finances rectificative du 11 Juillet 1986. C'est un établissement national à caractère administratif, dont les recettes sont exclusivement constituées par les versements du compte d'affectation spéciale des produits de la privatisation (clos en 1989). Elle est administrée par un Conseil d'Administration présidé par le Gouverneur de la Banque de France, le Directeur du Trésor et le Directeur général de la CDC (Caisse des Dépôts et Consignations). Elle concourt à l'amortissement de la dette publique.

4.3.2.5 Les autres acteurs

Les entreprises

Les obligations et surtout les titres du marché monétaire sont des placements d'attente pour les entreprises.

Les non-résidents

Le non-résident est un personnage clé de la mythologie financière. En tant que personne physique, il joue un rôle tout à fait marginal, mais en groupe, il devient le retraité américain au nom de qui les sociétés françaises licencient ou qui est responsable, par le biais des fonds de pension, de la hausse des taux français et donc du renchérissement du crédit immobilier.

La Banque de France indique régulièrement la place des étrangers sur le marché obligataire. Fin 1997, ceux-ci ne détenaient que 13% des obligations de l'Etat, la crise de l'automne 1998 a poussé les investisseurs à acheter des obligations et les non-résidents détenaient 16% de la dette de la France fin 1998. Ce mouvement s'est accentué au début de l'année 1999 et fin février le Trésor annonçait avec fierté un taux de 20,7%, signe de la confiance de la signature de la France. Ce qui a fait pousser un cocorico au directeur du Trésor Lemierre « ce doublement en un an traduit la qualité du papier français, alors même que les taux sont faibles » : pourquoi pas ...

4.3.3 Les intermédiaires

« L'accroissement substantiel du nombre des transactions provoque, au cours des années 80, une grande euphorie chez les agents de change »
Professeur Karlin, Lyon II

4.3.3.1 Les SVT : spécialistes en valeurs du trésor

Le rôle des SVT lors des adjudications a déjà été abordé au chapitre 4.1 *Le marché primaire*.

4.3.3.2 Les IVT : intermédiaires en valeurs du trésor

La création de ce statut date du 1er semestre 1998, 8 IVT ont été sélectionnés dont 7 non-résidents (Aurel, Banco Bilbao, La banque Bruxelles Lambert, Crédit Suisse First Boston, Credito Italiano, Daiwa, IMI-San Paolo, NOMURA). L'objectif évident de ce choix a été de relancer le placement de la dette publique française auprès des non-résidents dont la part était passée de 30% en 1990 à 10 % en 1998. Cette initiative est à rapprocher de la volonté de l'Etat français de conforter son positionnement « en tant que dette de référence dans le marché obligataire de l'euro ».

A la différence des SVT, les IVT ne prennent aucun engagement sur le marché primaire des valeurs du Trésor. Ils ne bénéficient pas des offres non compétitives qui précédent et suivent les adjudications de valeurs du Trésor, mais en contrepartie n'ont pas de quotas à respecter.

4.3.3.3 Le système bancaire

Les banques jouent un rôle important sur le marché primaire (en plaçant des titres auprès de leur clientèle) et sur le marché secondaire en tant qu'intermédiaires : elles disposent traditionnellement de services titres importants, héritage de l'époque où les titres étaient matérialisés. Le Crédit Lyonnais a sa conservation à Bayeux, la Société générale à Nantes et la BNP à Dinan, c'est à dire, aussi loin que possible de la frontière habituelle des grandes invasions... A l'exception du CCF dont la conservation est à Reims.

On notera d'ailleurs que les SVT sont en général des grandes banques. Les traders et salesmen s'y cotoient dans une même salle. Les premiers sont chargés de coter des prix acheteurs-vendeurs et les seconds de démarcher les investisseurs finaux pour placer les titres lors de leur émission.

Les intermédiaires financiers et les banques ont développé une vision mondiale des marchés obligataires, surtout les obligations des sociétés et des collectivités locales.

Principaux intermédiaires du marché primaire, ils garantissent le placement des titres.

On mentionnera les problèmes d'ordre déontologique que peuvent poser la coexistence, dans la plupart des banques, de services chargés de monter des opérations de syndication et de services chargés de gérer l'argent des clients. En théorie, il doit exister une barrière invisible entre les deux activités, surnommée « la muraille de chine ».

4.3.3.4 Les sociétés de Bourse

Elles ont le monopole des transactions sur le marché secondaire et appartiennent en général, à un grand groupe bancaire.

4.3.4 Les autorités de tutelle des marchés

Ce terme ambigu fleure bon l'époque, pas si lointaine, où le marché parisien était sous tutelle et où un président de la République s'enflammait en rappelant que « la politique de la France ne se fait pas à la corbeille ». Le rôle essentiel de ces autorités est d'assurer le meilleur fonctionnement de la place et de lui p ermettre d'être compétitive dans la concurrence avec les autres places financières. Il faut d'ailleurs noter, pour s'en féliciter, que Paris est régulièrement cité comme étant la plus performante d'un point de vue technique et pour son rapport qualité-prix.

4.3.4.1 Le CMF

Né de la fusion entre le CBV (Conseil des Bourses de valeur) et du CMT (Conseil des marchés à terme), le CMF (Conseil des marchés financiers) est une autorité administrative composée de 16 membres.

4.3.4.2 SBF Bourse de Paris

C'est l'organisme qui assure la gestion quotidienne de la Bourse et du marché obligataire parisien.

4.3.4.3 La COB

Née en 1967 et surnommée le gendarme de la Bourse la COB est une autorité administrative qui remplit trois missions principales :
- La protection de l'épargne publique
- La surveillance des marchés financiers
- La surveillance de l'information donnée par les entités qui font appel public à l'épargne.

4.3.4.4 Les autre organismes

Le ministère de l'économie

Le ministère de l'économie joue un double rôle sur le marché obligataire, en tant que principal émetteur d'obligations par l'intermédiaire de France Trésor qui est une division de la direction du Trésor et en tant que garant de la Bourse d'autre part.

***Le CNO** : comité de normalisation obligataire*

Né en 1986, il rassemble des experts du marché obligataire. Il produit (avec la Caisse des dépôts) des indices permettant de suivre l'évolution du cours des obligations dans la zone euro. Ces indices qui couvrent la gamme des obligations gouvernementales de la zone euro sont intitulés CNO-XX.

4.3.5 Les prestataires de services

4.3.5.1 Les professionnels de l'information financière

On trouve dans cette catégorie des journalistes et des analystes.

La presse financière

Il faut également citer la galaxie de la presse financière quotidienne (La Tribune, Les Echos), hebdomadaire (Le Journal des Finances, la Vie Financière, Investir et le Revenu Français) et mensuel (Mieux vivre, le Particulier...) qui consacrent régulièrement des articles au marché obligataire.

Les agences d'information financière

Les agences d'informations économiques et les autres prestataires comme Fininfo, Reuters, associés en finance, ..., gravitent, plus ou moins harmonieusement autour du marché obligataire.

Les agences de rating

Sociétés privées qui se chargent d'estimer la solvabilité d'un émetteur, elles jouent un rôle clé sur le marché obligataire. Leur pouvoir est grand puisqu'une note médiocre se traduit *ipso facto* par un surcoût d'intérêt pour l'émetteur.

4.3.5.2 Les autres prestataires de services

La SICOVAM

La Société interprofessionnelle de compensation des valeurs mobilières, basée à Marne la Vallée (77) assure les règlements livraisons de titres après les transactions boursières. Il existe deux manières de jauger son activité : le montant des volumes traités et le montant de sa conservation puisque les établissements financiers ont un compte de conservation chez elle.

En volume, La SICOVAM a traité en 1999 dans RGV et relit 38 891 milliards EUR) soit + 28% qu'en 1998, ce qui la place juste derrière Euroclear et devant CEDEL.

En terme de conservation la SICOVAM est en seconde position (3 261 milliards d'euros) soit 30% qu'en 1998 après l'allemande DBC.

Elle met en place des accords transfrontières avec ses homologue allemande, italienne et autrichienne pour « faciliter une circulation transfrontière des titres rapide et fluide entre dépositaires centraux".

Volumes traités dans RGV et Relit

38 891 milliards d'euros

(32 250 milliards d'euros en 1998)

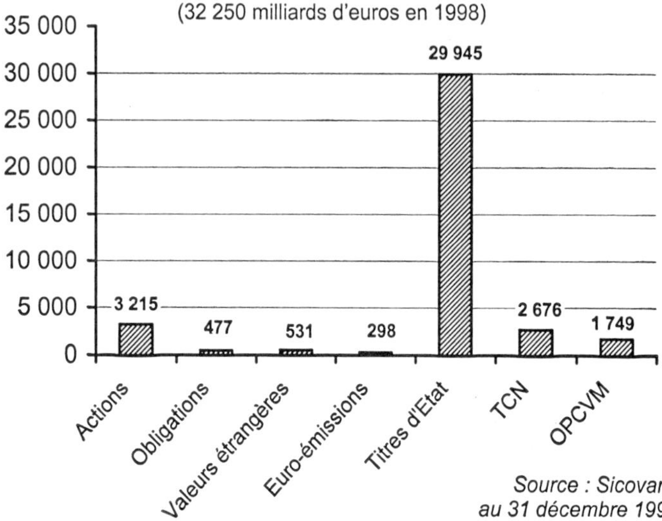

Source : Sicovam
au 31 décembre 1999

Capitalisation des valeurs conservées

3 261 milliard d'euros

(2 502 milliards d »euros en 1998)

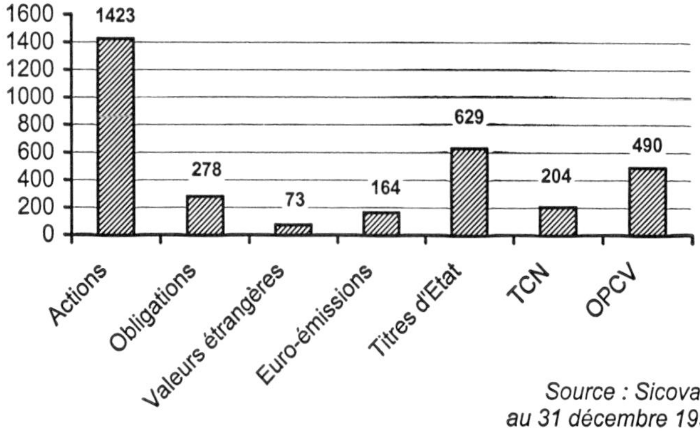

Source : Sicovam
au 31 décembre 1999

CHAPITRE 5

Les différents types d'obligations

La richesse et la créativité des marchés obligataires tiennent pour une grande part à l'antagonisme dans la volonté des intervenants. Deux types de risques sont au cœur du contrat obligataire, le risque de signature et le risque de taux matérialisé pour un détenteur d'une obligation ancienne, par le fait de recevoir des flux d'intérêt plus faibles que ceux offerts par les nouvelles obligations. C'est d'ailleurs pour couvrir ce dernier risque que les émetteurs ont proposé des obligations à taux variables.

5.1 LES OBLIGATIONS A TAUX FIXE

Les obligations à taux fixe sont apparues les premières sur les marchés. L'obligation à taux fixe peut se définir comme une obligation dont le taux, fixé à l'avance au moment de l'émission, ne varie aucunement en fonction de données économiques et financières, ou en raison d'une quelconque indexation. L'obligation à taux fixe ne peut cependant pas se définir comme une obligation à taux de rémunération constant. Un taux fixe peut en effet parfaitement être modifié au cours de la durée de vie de l'obligation, mais il faut que ces modifications aient été préalablement prévues dans le contrat d'émission, comme c'est le cas avec les obligations à intérêts progressifs (situations tout-à-fait exceptionnelles).

Les obligations à taux fixe, si elles sont les plus anciennes du marché sont également les plus courantes comme le montre le tableau suivant relatif à la composition de la dette de l'Etat au 01/11/99.

Composition de la dette négociable	
OAT et emprunts d'Etat :	**363 MdEUR**
dont OAT à taux fixe	329 MdEUR
dont OAT à taux variable	33 MdEUR
dont OAT démembrées	33 MdEUR
BTAN	**150 MdEUR**
BTF	**47 MdEUR**

Ces obligations peuvent d'autre part se définir à partir d'un certain nombre de caractéristiques étudiées ci-après.

5.1.1 L'émetteur

La qualité de la signature de l'émetteur présente un intérêt fondamental dans la gestion par le souscripteur de son risque de contrepartie, c'est à dire concrètement du risque de non remboursement des intérêts ou du capital lié a une situation de défaillance du débiteur.

Dans la tradition financière classique, le risque considéré comme le plus faible est celui des Etats, appelé risque souverain. Nul n'ignore en effet la capacité quasi-illimitée des Etats à lever des impôts pour faire face à leurs dépenses.

5.1.1.1 Les obligations d'état à taux fixe

Premier émetteur français, et de loin, l'Etat émet principalement des obligations à taux fixe. Depuis la réforme de 1985, on distingue deux grandes catégories d'obligations à taux fixe : les OAT et les BTAN.

Les OAT

Les obligations assimilables du Trésor ou OAT sont des obligations, à taux fixe ou variable dont l'émission peut être complétée le premier jeudi de chaque mois par l'émission de titres aux caractéristiques rigoureusement identiques, exception faite du cours, déterminé quant à lui grâce a une technique d'adjudication dite à la hollandaise (voir pour de détails le *chapitre 4.1 Le marché primaire français*). Au 31 janvier 1999, l'encours total des OAT était de 364 milliards d'euros. Sur ce total, 329 milliards d'euros étaient à taux fixe. Depuis le 1er janvier 1999, le nominal de toutes les OAT a été ramené à un euro.

La particularité de ces produits réside donc dans le fait que chaque nouvelle émission du Trésor se trouve assimilée dans ses négociations sur le marché aux émissions précédentes de même caractéristiques. Cette procédure permet au Trésor de recourir au financement par l'emprunt de façon simple, régulière, et homogène. L'assimilation réside ainsi dans l'ajout à un emprunt souche des nouvelles émissions qui auront les mêmes caractéristiques mais qui seront émises à un prix différent pour tenir compte du niveau des taux d'intérêt au moment de leur émission.

Ces OAT ont également donné naissance à un produit obligataire original, les OAT démembrées. Les premières obligations démembrées (en 1986) étaient appelés Fonds d'Etat Libres d'intérêts Nominal (FELIN). Le mécanisme du démembrement des OAT (depuis 1991) consiste en fait en un démembrement des droits de l'obligataire entre le droit aux intérêts à venir et le droit au remboursement, ces deux droits étant matérialisés par des certificats négociés en Bourse, représentant l'un le coupon annuel et l'autre le remboursement à l'échéance. (Pour plus de détails, voir *chapitre 6.2 Les stratégies des émetteurs*). Au 31 janvier 1999, le montant de l'encours des OAT démembrées était de 32 milliards d'euros, (soit un peu moins de 10% de l'encours total des OAT).

Les OAT ALPHANDERY

Lancées par le ministre de l'Economie ALPHANDERY en 1995, ces OAT sont proposées directement aux particuliers à l'émission. C'est pourquoi le Trésor les qualifie « d'OAT aux personnes physiques ». Le processus est le suivant : le premier jeudi du mois, le Trésor fixe le prix d'émission de l'OAT qui est systématiquement émise sur une souche déjà existante (qui va donc être cotée sur la même ligne que les obligations déjà cotées ce qui est un gage évident de liquidité). Ainsi pour le mois de septembre 1999, le Trésor a proposé aux particuliers l'OAT 4% 2009 (dont l'échéance est le 25 avril 2009) a été proposée aux épargnants à 93,20%, soit un rendement actuariel de 4,87% et l'OATi à 100,26% soit un rendement réel hors inflation de 2,99%. Les particuliers ont alors jusqu'au 24 du mois pour acheter les OAT au prix fixé. Il faut toutefois préciser que les frais d'acquisition sont franchement prohibitifs puisqu'ils sont de 2% (on peut acheter des obligations en Bourse en payant 0,5% de frais de courtage).

Les BTAN

Ces Bons du Trésor à taux fixe et à intérêt annuel ont une durée de vie comprise entre 2 et 5 ans. L'encours des BTAN au 31 janvier 1999 était de 154 milliards d'euros (soit 40% de l'encours des OAT) et leur durée de vie moyenne de 2 ans et 87 jours.

***Exemple** : un BTAN de durée de vie 5 ans a été émis le 12 juillet 1999 à 3,50%. Son encours est de 4 milliards d'euros.*

5.1.2. Le taux d'intérêt

Comme on l'a vu au chapitre 2.1 *Qu'est ce qu'une obligation* ? le taux fixe représente une rémunération dont le niveau est établi au moment de l'émission et ne varie aucunement en fonction de facteurs économiques ou financiers ou d'une quelconque procédure d'indexation.

5.1.2.1. Le coupon

Il s'agit tout simplement du taux d'intérêt multiplié par le montant nominal de l'obligation. Les points clés sont ici les dates et modalités de règlement de celui ci.

En principe le coupon représente le montant de la rémunération du placement obligataire sur un an. En fait le premier coupon d'une obligation commence a courir à compter d'une date appelée date de jouissance, les coupons suivants courant à partir de la date du coupon précédent. Cette date de jouissance coïncide fréquemment à peu de choses près avec la date de règlement par le souscripteur.

Il arrive parfois que la date de règlement soit antérieure de plusieurs mois à la date de jouissance, dans ce cas, le premier coupon n'est encaissé par le souscripteur qu'après un délai sensiblement supérieur a un an. Ce type d'obligation est ainsi dénommée obligation à coupon différé, à ne pas confondre avec les obligations à paiement échelonné pour laquelle c'est le paiement qui est lui partiellement différé à raison de deux ou plusieurs échéances.

Attention toutefois, une rémunération à taux fixe n'implique pas de façon paradoxale une rémunération constante. Il existe en effet, et dans des proportions assez limitées, des obligations dites à intérêt progressifs dont le niveau de rémunération du produit croît au fur et à mesure de sa maturité.

Il existe d'autre part un produit hybride particulièrement délicat à classer appelé obligation optionnelle. Ce titre particulier permet à son souscripteur, moyennant une rémunération initiale en principe inférieure à la normale, de bénéficier pendant la durée de vie de l'obligation, d'une possibilité de modifier ses conditions de rémunération, en général, par la transformation d'une rémunération à taux variable en une rémunération à taux fixe. Cette option offerte peut éventuellement être matérialisée par l'existence d'un bon. Un tel produit ne peut pas être classé de façon évidente parmi les titres à taux fixes ou à taux variables.

5.2 LES OBLIGATIONS A TAUX VARIABLE

L'apparition et le développement sur le marché français des obligations à taux variable répond avant tout à un besoin de protection des apporteurs de capitaux. La France comme les autres pays a d'abord connu les obligations à taux fixe, produit relativement simple et assurant à la fois au prêteur et à l'emprunteur une excellente visibilité.

Après l'âge d'or des marchés obligataires classiques (de 1815 à 1914) marqué par l'absence d'inflation qui a permis la constitution d'une classe sociale de rentiers, l'inflation apparue avec la Grande guerre a entraîné « l'euthanasie des rentiers » (Keynes) et une prise de conscience progressive, chez les épargnants, de la nécessité de protéger son épargne de la morsure mortelle de l'inflation. Le risque représenté par les taux fixe est alors apparu clairement comme celui d'être remboursé en monnaie dévaluée et de subir du même coup une terrible baisse de pouvoir d'achat. Certains historiens imputent d'ailleurs cette innovation aux autorités régionales allemandes à la recherche d'emprunts offrant aux souscripteurs une indexation les garantissant pendant la période hyperinflationniste des années 1922 et 1923. Ainsi, l'Etat d'Oldenburg avait-il indexé le remboursement d'un emprunt sur le seigle, la ville de Berlin sur l'avoine et une société d'électricité de Bade sur la houille...On retrouve bien ici le principal atout des obligations à taux variable : une protection efficace contre le risque inflationniste.

En France, le premier emprunt à taux variable *stricto-sensu* est apparu en décembre 1974 lorsque le Groupement industriel de la sidérurgie a émis une obligation ayant pour référence le T4M. Mais, pour les emprunts à taux variable comme pour les taux fixe, l'innovation revient en fait à l'Etat, véritable créateur de l'indexation avec des obligations dont les intérêts (et/ou le capital) suivaient l'évolution des cours du métal précieux (emprunts PINAY et GISCARD notamment).

Depuis 1974, le pli est pris et les émetteurs (y compris l'Etat) font assaut d'imagination pour proposer aux épargnants des produits obligataires plus sexy que les traditionnelles obligations à taux fixe qui restent, à l'heure actuelle, le compartiment le plus important du marché obligataire.

5.2.1 Les caractéristiques communes

Une obligation à taux variable est une obligation qui, à la différence d'une obligation à taux fixe, verse au détenteur une rémunération qui évolue en fonction d'un ou de plusieurs indices définis dans le contrat d'émission. Les titres à taux variable se scindent en deux catégories de produits distincts : les taux variables et les taux révisables.

5.2.1.1 Les obligations à taux variable *stricto sensu*

Les obligations à taux variable *stricto sensu* sont en principe indexées sur une moyenne de taux observés sur une période précédant le paiement du coupon, pouvant aller jusqu'à un an et correspondant à la période durant laquelle court le coupon. Ces obligations distribuent un coupon dont le montant est qualifié de postdéterminé, c'est a dire connu peu de temps avant la date de son paiement. En règle générale, le prochain coupon n'est connu que dans le mois qui précède son détachement. Concrètement, le détenteur d'une obligation à taux variable au sens strict ne connaît que peu de temps avant l'échéance le montant exact du coupon qu'il va toucher.

5.2.1.2 Les obligations à taux révisable

Les obligations à taux révisable, à l'inverse, proposent à leur détenteur une meilleure visibilité puisque le prochain coupon est toujours connu.

Les obligations dites révisables sont indexées sur des moyennes généralement très courtes, de quelques jours à trois mois maximum, portant sur la période précédant juste celle où le coupon commence à courir. Le montant des intérêts de ces titres est prédéterminé c'est à dire connu avant que le coupon ne commence à courir. Le taux révisable, à l'inverse du taux variable, est connu depuis l'échéance précédente. En début de période, c'est une sorte de taux fixe provisoire. Il faut donc bien comprendre que, dans le cas d'une obligation à taux révisable, le prochain coupon est toujours connu, car on connaît le montant du coupon
N + 1 avant la date du détachement du coupon de l'année N.

***Exemple** : sur l'OAT à taux révisable septembre 2000 (code 57011), le ministre de l'Economie a publié un arrêté en date du 11 août 1999 pour la fixation du coupon à détacher le 13 Septembre 2000. « La moyenne des taux de rendement des* *emprunts d'Etat dont le capital et les intérêts ne sont pas indexés, émis à taux fixe et d'échéance finale supérieure à sept ans, calculés par la Caisse des dépôts et consignations à partir des cinq derniers taux hebdomadaire publiés avant le 1er août exclusivement de l'année précédant celle du paiement dudit intérêt, est de 4,86400%. L'intérêt à verser pour les obligations assimilables du Trésor à taux révisable septembre 2000 est de 0,04865 euro par obligation de 1 euro. »*

Parmi les obligations à taux révisable, on distingue trois types de références. Les références au marché monétaire, les références au marché obligataire et les références aux seuls emprunts d'Etat d'une durée supérieure à sept ans (les TRE, taux révisable en fonction du rendement des emprunts d'Etat à plus de 7 ans). Quant à la fréquence des révisions on note, entre autres, les TRA (obligations à taux révisable annuellement), les TR03, taux révisable tous les 3 ans en fonction du rendement des obligations à taux fixe du secteur public émises pendant une courte période précédant la révision, etc.

5.2.1.4 Les principales caractéristiques des obligations à taux variable

Six paramètres interviennent dans le calcul du taux.

1. L'indice de référence
2. La période de référence
3. La marge faciale
4. Les limites de la rémunération
5. Le taux de substitution
6. Les périodes atypiques

5.2.2 Les taux de référence monétaire

Depuis le lancement des premières émissions d'obligations indexées sur les taux d'intérêt, dans les années 1970, le principal instrument d'indexation de ces produits, à savoir le taux de référence, a connu une évolution profonde. Actuellement, on peut répartir les taux de référence en trois grandes catégories : les taux variables indexés sur une référence courte (taux dits monétaires), les taux variables indexés sur une référence longue (dite obligataire) et, depuis 1998, les taux indexés sur l'inflation.

5.2.2.1 L'EONIA (Euro Over Night Index Average) ou TEMPE.

Construction de l'EONIA

L'EONIA est le taux au jour le jour calculé par le SEBC pour la zone euro. C'est le taux effectif moyen, pondéré des montants empruntés ou prêtés, avec lequel un panel de banques réalisent leurs transactions au jour le jour. L'EONIA est diffusé en J + 1. Il est construit selon les mêmes principes que le défunt TMP (voir ci-dessus) en demandant à 57 banques européennes (dont 10 en dehors de la zone euro) leurs transactions réelles au jour le jour et en éliminant les extrêmes

Utilité de l'EONIA

Il remplace donc depuis le début 1999 le TMP comme indice de référence dans les transactions entre banques. Les débuts de cet indice se sont révélés en fait relativement délicats. L'EONIA se montre depuis sa création particulièrement volatil, notamment en fin de mois au moment où les banques doivent immobiliser le montant de leurs réserves obligatoires. Cette volatilité importante des fins de mois rapproche l'EONIA du FONIA (Frankfurt Over Night Index Average) son prédécesseur allemand qui réagissait sensiblement de la même façon, mais contraste sérieusement avec la stabilité remarquable du TMP. Autre raison avancée par les professionnels pour expliquer cette volatilité du taux européen au jour le jour : la BCE, à la différence de la banque de France a décidé de laisser les taux au jour le jour s'ajuster en fonction de l'offre et de la demande du marché. Résultat : on a vu en mars 1999, l'EONIA perdre 60 points de base en une seule journée et passer de 3% à 2,40% pour les regagner le lendemain.

La première émission obligation indexée sur l'EONIA a été le fait de la Caisse centrale du Crédit Immobilier de France, qui a levé 3 milliards de francs en octobre 1998, à des conditions particulièrement avantageuses (un spread de 14 points de base par rapport à l'EONIA) qui ont été placés essentiellement auprès d'OPCVM monétaires.

SOFINCO a émis en avril 1999 un emprunt obligataire de 250 millions d'euros, de deux ans (maturité le 30 avril 2001) qui offre un coupon annuel égal à EONIA +10 pb (à l'époque l'EONIA était à 3,08%).

Evolution de l'EONIA

A titre indicatif, l'EONIA était de 2,57% le 30 août 1999.

Marché interbancaire au jour le jour

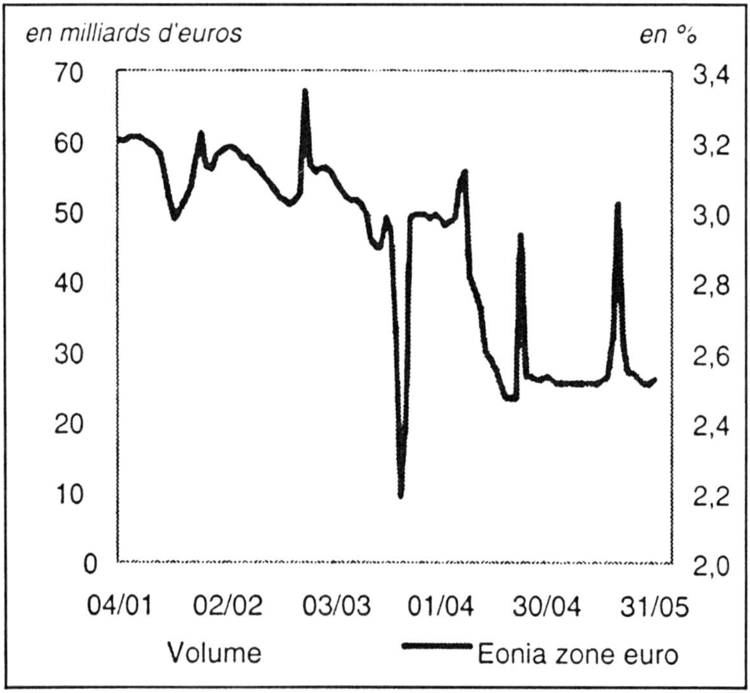

5.2.2.3 L'EURIBOR ou TIBEUR.

L'European Inter Bank Offered Rate également appelé TIBEUR en français (Taux InterBancaire Euéopéen) a pris depuis le 1er janvier 1999 la place de nombreux indices de référence nationaux européens, comme le PIBOR (Paris), le FIBOR (Francfort), le RIBOR (Rome) ou le MIBOR (Madrid).

Mode de construction de l'EURIBOR

Le taux moyen est calculé selon la même technique que le défunt PIBOR (en éliminant les extrêmes). Il est communiqué à partir de 11 heures. Pour construire l'EURIBOR, 57 banques (dont 47 dans l'Euroland et 10 en dehors de la zone euro) qui sont les plus importantes sur le marché interbancaire transmettent des informations sur les taux offerts à une contrepartie de premier rang, réputée sans risque. Parmi ces banques on note les principaux établissements français comme le Crédit Agricole, la BNP, la SG , le CL, Paribas...L'Euribor est la moyenne des 57 cotations après élimination des extrêmes. Un comité de pilotage assure la représentativité des banques par l'intermédiaire de la FBE, la Fédération bancaire de l'union européenne.

Utilité de l'EURIBOR

Contrairement à l'EONIA, cet indice de référence ne semble pas connaître de difficultés majeures à s'imposer à la communauté financière européenne. Il a même réussi de façon étonnamment rapide à surpasser le LIBOR, rebaptisé pour la circonstance EUROLIBOR, qui a tenté de s'imposer comme indice de référence sur le court terme. L'EURIBOR sert de référence aux contrats à court terme. Dès le 4 Janvier 1999 en effet 80% des transactions monétaires réalisées en EURO utilisaient déjà l'EURIBOR comme indice de référence, l'EUROLIBOR semblant alors uniquement en mesure de rivaliser sur le marché des swaps, compte tenu de l'importance de la place financière de Londres dans la négociation de ces produits.

Renault Crédit International a émis 350 millions d'euros d'obligations échéance février 2004 au début de l'année 1999. Le coupon est fixé à EURIBOR + 12,5 pb.

Evolution de l'EURIBOR

A titre indicatif, l'Euribor-3 mois était de 2,697% le 30 août 1999.

Les index monétaires et obligataires en euro

Index actuels	*Nouveaux index à partir du 1-01-1999*
Le TIOP, Index monétaire français	
TIOP en français PIBOR en anglais	- TIBEUR en français - EURIBOR en anglais
Taux interbancaire offert à Paris. Taux de l'argent sur des durées allant de 1 à 12 mois.	Taux interbancaire offert en euro, pour des durées des 1 à 12 mois
Calculé par l'AFB (Assiociation française des banques) Publié à 11 heures. Avec 5 décimales.	Calculé par la FBE (Fédération bancaire européenne) à partir d'un panel de 57 banques (dont 47 de la zone euro). Publié à 11 heures. Avec 5 décimales.
Le TMP, Index monétaire	
- TMP en français (Taux moyen pondéré)	En français, TEMP (Taux européen moyen pondéré. En anglais, EONIA (Euro Overnight Interest Average).
Taux de l'argent au jour le jour du marché interbancaire français.	Taux moyen de l'argent au jour le jour dans la zone euro.
La Banque de France calcule au jour le jour le taux moyen des opérations pondéré par les volumes. Publié à J + 1. Avec 5 décimales.	Il sera calculé et publié par la BCE (Banque centrale européenne), à partir d'un relevé de cotations en fin de journée auprès des établissements du panel (le même que pour EURIBOR), avec 5 décimales. EONIA sera publié à J + 1.

Les index monétaires et obligataires en euro (suite)

Index actuels	*Nouveaux index à partir du 1-01-1999*
L'OAT et le BTAN, Index obligataire	
- OAT (Obligation assimilable du Trésor) - BTAN (Bons du Trésor)	Inchangé
Taux de rendement de la dette de l'Etat français.	
- L'OAT ne fait pas l'objet de cotation unique (il n'y a pas de fixing). Les taux affichés dans les pages de cotation de la Caisse des dépôts et consignations servent de référence. - BTAN : leur cotation est publiée par la Banque de France à 16 heures	Inchangé Seule la monnaie de négociation de règlement changera : ce sera l'euro.
Le TMO, le TME et la TEC, Index obligataire	
- TMO (Taux mensuel obligataire de marché primaire) et sa source hebdomadaire THO - TME (Taux mensuel des emprunts d'Etat sur le marché secondaire) et sa source hebdomadaire THE.	Ces index ne sont d'ores et déjà plus utilisés pour les nouveaux contrats et emprunts. Ils sont remplacés par le CNO TEC.
- CNO TEC (Taux à échéance constante du comité de normalisation obligataire)	Maintenu
Par la CDC : - TMO/THO : à partir d'un panel d'émetteurs publics ou privés. - 10 ans.	TMO et TME continueront d'être calculés pour les contrats en cours.

5.2.2.4 Les autres taux de référence monétaire

Le TMB

Le TMB est le taux moyen arithmétique des taux de rendements moyens mensuels des BTF à 13 semaines au cours de l'année précédant la date de mise en paiement du coupon.

Le TRB

Le TRB est le taux révisable à chaque échéance trimestrielle suivant le taux de rendement des BTF à 13 semaines constatées lors de l'adjudication précédant la date de mise en paiement du coupon.

5.2.3 Les autres taux de référence monétaire

Les taux de référence du marché obligataire ont beaucoup moins évolué jusqu'à présent que les taux de référence du marche monétaire et ont franchi facilement la barrière de l'euro. La principale évolution date du milieu des années 1980 où le TMO a été presque systématiquement abandonné comme indice de référence au profit du TME.

5.2.3.1 Les taux les plus utilisés

Il s'agit du THE et du TME d'une part et du THO et du TMO d'autre part.

Il est à noter que depuis le 1er juillet 1991 les TMO et TME ne s'appliquent plus aux nouveaux emprunts. Ils sont remplacés par les indices CNO lancés en janvier 1999.

Le THE

Le Taux Hebdomadaire des Emprunts d'Etat représente le taux moyen des emprunts d'Etat constaté hebdomadairement sur le marché secondaire.

Le TME

Le Taux de rendement moyen des emprunts d'Etat à plus de 7 ans sur le marché secondaire est la moyenne arithmétique des THE du mois. Il est calculé et publié par la Caisse des Dépôts et Consignations, et constitue le principal index de référence obligataire français.

A titre indicatif, le TME du mois de juillet 1999 était de 4,88%

Le THO

Le Taux hebdomadaire obligataire est le taux de rendement actuariel à l'émission ou au règlement d'un échantillon d'emprunts obligataires public ou privé déterminé sur une semaine. A l'origine, ces taux actuariels étaient calculés à l'émission de l'obligation. Depuis novembre 1982, ils sont calculés à la date de règlement ce qui a pour effet d'augmenter le rendement, la date de règlement étant toujours postérieure à celle de l'émission.

On distingue quatre type de THO : le THOE public (à l'émission du secteur public), le THOR public (au règlement du secteur public), le THOE privé (à l'émission du secteur privé) et le THOR privé (au règlement du secteur privé).

Le THO est calculé pour une période allant du mardi au lundi suivant inclus, il est validé et daté le jeudi suivant.

Le TMO

Le Taux moyen obligataire sur le marché primaire est le rendement moyen des obligations à taux fixe du secteur public ou du secteur privé. Il est calculé à partir des émissions prises en compte dans la publication des THO de tous les jeudi du mois.

Le TMO se décomposait traditionnellement en TMO public concernant les émissions garanties par l'Etat et en TMO privé concernant les émissions du secteur privé. Au milieu des années 1980 la chute du nombre des émissions du secteur privé rendit le TMO privé peu crédible. Ces indices sont calculés et publiés par l'INSEE, sachant que les emprunts pris en compte pour calculer cette moyenne doivent satisfaire aux critères suivants :

- Disposer d'un montant nominal minimum.
- Offrir une rémunération à taux fixe.
- Ne pas être échangeable contre d'autres titres
- Ne pas comporter de bons de souscription
- Ne pas proposer de paiement échelonné.
- Ne pas présenter de caractéristiques liées aux actions.

Bref il doit s'agir de purs produits obligataires à taux fixe. Les incertitudes éventuelles concernant la prise en compte d'une émission étaient arbitrés par le Trésor, le (défunt) Comité des émissions et la Caisse des Dépôts et Consignations.

A titre indicatif, le TMO en juillet 1999 était de 5,08% soit un spread de 20 points de base par rapport au TME.

5.2.3.2 Les autres indices de référence obligataire

Le TMO, le TME et le THO ont donné naissance à toute une série d'indices complémentaires.

- Le TMOE (Taux Moyen Obligataire à l'émission) est le taux variable indexé sur les obligations a l'émission.
- Le TMOG (Taux Moyen Obligataire Garanti) représente le taux moyen sur les emprunts garantis par l'Etat.
- Le TMOGE (Taux Moyen Obligataire Garanti à l'Emission) représente le taux moyen a l'Emission sur les emprunts garanti par l'Etat. Il ne présente plus qu'un intérêt anecdotique dans la mesure où l'Etat ne donne pratiquement plus sa garantie. Il en est de même du TMOGR (Taux Moyen Obligataire Garanti au Règlement) qui représente le taux moyen au règlement sur les emprunts garantis par l'Etat ou du TMOR (Taux Moyen Obligataire Révisable) : Taux variable indexé sur le TMOGR.
- Le TRO (Taux Révisable Obligataire) représente un taux révisable tous les trois ans en fonction du TMO et le TROE (Taux Révisable Obligataire a l'Encaissement) un taux révisable indexé sur le TMOGE. Le TROR (Taux Révisable Obligataire au Règlement) est un taux révisable indexé sur le TMOGR.
- Le TRA est un taux révisable annuel et le TRE un taux révisable en fonction du taux des emprunts d'Etat à long terme.

5.2.4 Les autres caractéristiques

Malgré l'importance des indices de références utilisés, il faut également noter qu'une obligation à taux variable se définit également à partir de cinq autres critères.

5.2.4.1 La période de référence

La période de référence représente la période au cours de

laquelle est calculée la moyenne de référence de l'indice utilisé.

D'une durée variable, en général égale à un an, mais parfois d'un mois, ou d'un jour, la période de référence se déroule avant que le coupon ne commence à courir, pour les obligations à coupons prédéterminés dites à taux révisable, où se termine 2 à 5 semaines avant le détachement du coupon, pour les obligations à coupons postdéterminés, fréquemment considérées comme les vraies obligations à taux variable (voir ci-dessus distinction entre obligations variables stricto sensu et obligations révisables).

5.2.4.2 La marge faciale

La marge faciale ajoute ou retranche un certain taux à celui déterminé par l'indice.

Il existe trois types de marge faciale :

- La marge faciale absolue ou « additive « pour laquelle on ajoute ou retranche un certain taux au taux de base.
  Exemple: *EURIBOR + 0,10% ou EONIA − 0,15%.*
- La marge relative ou multiplicative exprime le taux coupon en % de l'indice de référence.
  Exemple *85% du taux indice.*
- La marge faciale mixte qui est une combinaison des deux premières.
  Exemple : *taux indice × 1,5-3,50%,*
  ou 85% de l'EURIBOR + 3,50%
  ou encore 110% de l'EONIA − 2,50%.

5.2.4.3 Les limites du taux coupon

Ces limites déterminent un niveau de taux coupon maximum ou minimum dans le cadre de l'indexation retenue. On parle fréquemment de taux mini et/ou taux maxi.

Exemple : *85% TMO mini 8%.*

Ces limites peuvent éventuellement se combiner :

Exemple : *85% TMO minimum 7%, maximum 9%.*

Ces limites peuvent remettre sérieusement en cause le caractère variable de la rémunération d'une obligation, surtout en cas de fortes variations sur les marchés de taux. Leurs conséquences éventuelles doivent donc être envisagées avec le plus grand sérieux par le souscripteur préalablement à tout investissement.

5.2.4.4 Le taux de substitution

On désigne par taux de substitution les méthodes employées pour remplacer dans le calcul d'un indice la valeur qui n'a pas pu être établie pour une période donnée. Parmi les techniques les plus fréquemment utilisées, on notera la méthode par neutralisation, par cristallisation, par substitution et par modification.

- *La méthode par neutralisation* de la valeur manquante consiste, si une moyenne mensuelle n'est pas publiée, à calculer la moyenne annuelle en faisant la moyenne des onze mois restant, sans tenir compte de la période manquante. On fait donc la moyenne arithmétique sur un an de la moyenne des indices effectivement établis.

  Par exemple, si l'indice n'est pas connu pour le mois de mars, on ne prend pas en compte sa valeur et le calcul ne se fait qu'avec 11 données au lieu de 12.

- *La méthode par cristallisation* implique le remplacement de la valeur manquante par la précédente. On remplace donc la valeur manquante en comptabilisant deux fois la valeur précédente.
  Si par exemple l'indice du mois de mars n'est pas connu, on lui donne la valeur du mois de février.

- *La méthode par modification* de la période de référence par allongement vers l'arrière. Si la valeur du mois de juin n'est pas connue pour une période de référence courant sur l'année civile, elle sera remplacée par celle du mois de décembre de l'année précédente, et ainsi de suite.

- *La méthode par substitution* implique le remplacement de la valeur manquante par un autre indice de même date.
  Ainsi, par exemple, en l'absence d'émission sur un marché servant de référence, on utilisera les taux pratiqués sur le marché secondaire durant la même période.

5.2.4.5 Les périodes atypiques.

En principe, les coupons courent sur des périodes fixées comme l'année, le semestre ou éventuellement le trimestre. Il arrive parfois que certains emprunts connaissent une ou deux périodes ne correspondant pas aux autres (première période ou dernière période par exemple). Ces périodes sont appelées des périodes atypiques et les coupons y afférant les coupons atypiques.

5.2.5. Les principales obligations à taux variable

5.2.5.1 Les obligations à taux variable indexées sur des références courtes

On mentionnera pour mémoire, les OAT indexées sur le TMB comme L'OAT TMB janvier 1999 qui avait un encours de 3,65 milliards d'euros au 1er janvier 1999 et les OAT indexées sur le TRB.

5.2.5.2 Les obligations à taux variable indexées sur des références longues

Les obligations indexées

Il s'agit des obligations indexées sur le TRA comme la ligne OAT TRA septembre 2 000 dont l'encours était au 1er janvier 1999 de 2,81 milliards d'euros les obligations indexées sur le TME comme l'OAT TME janvier 2001.

L'OAT TEC : Taux de l'échéance constante

Sa principale caractéristique est son insensibilité aux variations de taux.

Lancée le 9 avril 1996, c'est une obligation assimilable du trésor qui détache des coupons trimestriels sur 10 ans. Son coumpon de 2 000 F de nominal a été ramené, comme pour toutes les OAT à un euro, son échéance est fixée le 25 octobre 2006.

Le taux coupon trimestriel et prédéterminé et indexé sur le taux des emprunts d'Etat d'échéance constante 10 ans - 1%, payé le 25 ou le jour ouvré suivant des mois de juillet, octobre, janvier et avril.

Le taux coupon est fixé pour le premier coupon puis à taux variable pour tous les autres. Son montant est calculé par la formule suivante :

Nominal x ((1+T-1%) x 1/4 –1).

La marge faciale du titre est donc de 1%.

T est le taux de référence (TEC 10) calculé 5 jours ouvrés avant la date de jouissance du coupon (par exemple, TEC10 publié le 18 avril 1999 pour le coupon correspondant à la période du 25 avril au 25 juillet, payé le 25 juillet).
Pour obtenir le TEC10, le rendement se calcule à partir de l'interpolation linéaire des taux actuariels des deux OAT encadrant l'échéance dix ans. Les OAT sélectionnées sont des OAT à taux fixe, à remboursement in fine, à intérêt annuel, détachant leur coupon un 25 janvier, 25 avril, 25 juillet et 25 octobre, et d'un encours supérieur à 20 Milliards de francs.
Un « fixage » quotidien est effectué à 10 H, à partir des cotations des SVT sur les deux OAT de référence. Pour chaque OAT, le CNO détermine un prix de référence en effectuant la moyenne des cotations, après élimination des quatre prix les plus élevés et les quatre prix les plus bas. Ce taux est converti en taux de référence sur chaque OAT. L'indice est alors calculé par simple interpolation linéaire pour une maturité d'exactement 10 ans.
Une fois le calcul réalisé, le ministère de l'Economie publie à 12 H, chaque jour ouvré, la valeur TEC 10 du jour.

***Exemple** : Le coupon détachable le dimanche 25 avril 1999 a été calculé le lundi 18 janvier 1998. Le CNO a défini le taux TEC 10 au 18 janvier, selon la méthode exposée ci-dessus, à 3,76%. Du coup, le coupon est de :*

$$(1 + \frac{3,76 - 1}{100}) x\ (1 / 4) - 1 = 0,683\ \%$$

Son utilité

L'indice TEC 10 est utilisé en France depuis avril 1996, date du lancement par le Trésor de la première émission d'OAT utilisant cette référence, déjà fréquemment utilisée sur les marchés internationaux sous l'appellation «constant maturity » swaps ou treasuries. Cet indice représente le taux de rendement actuariel d'une OAT fictive d'une échéance de dix ans précisément.

Le but du lancement de l'OAT TEC était de disposer en France d'une référence obligataire à long terme « plus lisible » que le TME (en fait plus transparente) et de créer une nouvelle référence à taux variable pour les investisseurs français. Aux Etats-Unis, l'équivalent de cette obligation est le CMT (constant maturity treasury), en Allemagne le REX.

En France au mois de mai 1998, le Trésor public a émis pour 110 milliards d'OAT référencées sur le TEC (en tout l'encours du marché est de 150 milliards francs).

Les autres obligations de référence sur le TEC

Ce produit à connu très vite un large succès. Le Trésor en émettant 110 milliards de ces OAT durant les deux premières années d'existence de cet indice à fortement favorisé l'émergence de ces produits en leur permettant d'atteindre rapidement plus de 150 milliards de francs de volume. Ce succès a néanmoins bénéficié également d'un engouement réel des investisseurs, qui trouvent que ce produit offre une réelle protection à la hausse des taux, et permet grâce à son indexation long terme de jouer une éventuelle « repentification » des taux par rapport aux autres indices.

L'OAT TEC est une référence pour d'autres emprunteurs, ainsi Paribas a notamment émis et diffuse dans le grand public, en arguant de sa très grande sécurité, un emprunt TEC 10 – 1% à échéance du 31 Octobre 2006, offrant une bonne liquidité et rapportant surtout 90 points de base de l' OAT TEC 10 classique. Le QUEBEC en a émis 500 MF. L'opération qui a été émise au pair, arrivera à maturité en décembre 2007. Le coupon est de 6% pour les deux premières années et d'un rendement basé sur le taux TEC moins 73 points de base (contre moins 100 points de base pour l'Etat français). Fin août 1999, l'obligation BNP TEC-10 (code 57284) échéance octobre 2006 et rapportant TEC10-0,8 cotait 95,21%, procurant à son propriétaire un rendement de

4,935% à comparer avec l'OAT TEC octobre 2 006 (code 57054), qui rapportait alors 3,911% seulement.

Il faut néanmoins signaler que le succès de ce produit est plus évident chez les professionnels et les institutionnels, les particuliers le considérant parfois un peu trop technique et compliqué, et semblant en tout cas beaucoup plus concernés par l'émission des nouvelles obligations indexées sur l'inflation.

5.2.5.3 Les obligations indexées sur l'inflation

L'OATi

« Investissez dans l'inflation, c'est la seule chose qui monte »
Will ROGERS

Encore appelées DSK bonds voire même, par certains mauvais esprits « l'échelle mobile des rentiers », ces produits sont très récents sur le marché puisque l'Etat a émis la première le 15 septembre 1998 . A noter que ce produit est le premier de ce type en Europe continentale. Devant le succès du placement, le Trésor a décidé d'augmenter le montant des émissions en 1999 (initialement prévues à 6 milliards d'euros).

Ses caractéristiques

L'indice de référence est l'indice des prix à la consommation français (IPC) hors tabac publié par l'INSEE. Il s'agit, selon les termes de M. Strauss Kahn, ministre de l'Economie « d'un indice, très fiable, qui assure à l'émetteur et aux épargnants la meilleure protection et la plus grande sécurité ». On mesure l'importance de la fiabilité de cet indice : pour l'Etat émetteur qui risque de payer trop en cas de surestimation de l'inflation et pour les investisseurs qui risquent de ne pas être parfaitement couverts contre l'inflation si l'indice sous-estime l'inflation. En fait, parmi la gamme des indices possibles, l'Etat aurait pu choisir le déflateur du PIB ou l'indice général des prix. S'il a choisi l'indice général hors tabac, qui représente 98% de l'indice global, c'est pour pouvoir augmenter à sa guise les taxes sur le tabac sans voir ses charges d'intérêts augmenter : ce qui ne constitue pas précisément une bonne nouvelle pour les fumeurs...

Le montant de première émission fut de 20 milliards de francs, sa date de souscription du 15 au 29 septembre 1998, sa date de jouissance le 25 juillet 1998. Sa date d'échéance est fixée au 25 juillet 2009, son montant nominal initial de 2000 francs (ramené à 1 euro le 1er janvier 1999), son coupon nominal de 3% est payé le 25 juillet et son capital est indexé sur l'inflation, le pair étant garanti à l'échéance .

L'OATi verse un coupon qui varie chaque année du montant de l'inflation enregistrée au cours des 12 derniers mois qui précèdent la date du détachement. La formule du coupon à verser chaque année est :

Coupon réel x nominal x coefficient d'indexation.

Comme pour le calcul du TEC 10 la référence quotidienne d'inflation est calculée par interpolation linéaire selon la formule suivante : la référence applicable au premier jour du mois M est l'IPC du mois M-3. La référence applicable au 1er septembre est donc l'IPC du mois de juin. La référence pour un autre jour du mois M est calculée par interpolation linéaire entre l'IPC du mois M-3 et l'IPC du mois M-2 selon la formule suivante :

$$\text{Référence } j = \text{IPC de } M-3+\frac{Nj-1}{Njm}\times(\text{IPC de } M-2-\text{IPC de } M-3)$$

Avec nj = nombre de jours du mois
Njm = nombre de jours du mois m.

La référence quotidienne d'inflation est arrondie à la cinquième décimale. Cette référence quotidienne et le coefficient d'indexation sont calculés et publiés par le ministère de l'Economie. Ainsi, le 25 juillet 1998, la référence quotidienne était de 100,17406.

Le coupon est de 3% la première année (à comparer avec 4,40% pour les OAT classiques au même moment). En fait, il suffit que l'inflation soit supérieure à 1,16% sur les 10 prochaines années pour que cette OATi fasse mieux que les autres (la BCE s'est fixé un objectif d'inflation de 2% par an comme étant raisonnable). Ce taux de 3% permet d'autre part aux OATi d'offrir une marge de 50 points de base par rapport à leurs homologues britanniques émettant à 2,50% et explique la part importante des souscriptions étrangères représentant près de 20% de la première émission.

Concernant le remboursement, il se fera au moins au nominal, sinon en appliquant le coefficient d'indexation.

***Exemple** :Si l'indice des prix est de 126 à l'échéance, l'obligation sera remboursée 1,26 euros par coupure de 1 euro. Si l'indice des pris, suite à une déflation, était de 0,95, l'obligation serait remboursée à 1 euro.*

Devant le succès de la première tranche, une seconde tranche d'OATi a été émise en le 5 novembre 98.

Son utilité

L'OATi a d'abord une utilité symbolique pour le ministère des finances : c'est un message clair de lutte contre l'inflation de la part de l'Etat. Il s'agit également de la transposition en France d'un produit qui existe depuis deux décennies dans le monde anglo-saxon. En Grande-Bretagne, ces obligations existent depuis 1981 et représentent environ 15% de la dette publique (soit environ 40 milliards £). L'économie pour l'Etat est substantielle (entre 1 et 2% d'intérêt en moins par an). A titre anecdotique, mentionnons que, pour leur apparition en France en septembre 1998, la seule banque à proposer les OATi à ses clients fut l'anglaise BARCLAYS BANK. La Suède, Israël, le Canada, l'Australie, la Nouvelle Zélande ont lancé ce type de produit, suivis des Américains qui ont émis des « Treasury inflation protected bonds » (TIPs) indexées sur le CPI-Consumer price index, (première adjudication de 7 Milliards $ sur 10 ans à un taux de 3,375%). Le Trésor US procède tous les trimestres à des émissions de TIPs de maturités diverses (entre 10 ans et 30 ans). Ce produit peut réduire la charge de la dette publique si l'inflation reste maîtrisée car le taux de rendement à l'émission est toujours plus faible que celui d'obligations à taux fixe. Précisons toutefois que le Trésor, devant le succès de l'OATi 10 ans, a émis une OATi 30 ans (en septembre 1999).

Les autres obligations indexées sur l'inflation

Devant le succès des OATi, et dans le but d'emprunter encore moins cher, la CADES a proposé des CADESi de maturité 25 juillet 2013 pour un montant de 1,5 milliards d'euros. Cette obligation est la première de ce type émise par une agence européenne, ce qui confirme, une fois de plus, le sens de l'innovation de la CADES.

Les Obligations Assimilables du Trésor indexées sur l'inflation

	Australie	Canada	Suède	Royaume-Uni	USA	France
Création du marché	1985	1991	1994	1981	1997	1998
Echéance	2005 à 2020	2021 à 2026	2001 à 2028	2001 à 2030	2001 à 2028	Juillet 2009
Indice de référence	CPI (trimestriel)	CPI (mensuel)	CPI (mensuel)	RPI (mensuel)	CPI-U (mensuel)	IPC (mensuel)
Coupon	Trimestriel prédéterminé	Semestriel postdéterminé	Annuel postdéterminé	Semestriel prédéterminé	Semestriel postdéterminé	Annuel postdéterminé
Principal	Indexation trimestrielle avec trois mois de décalage	Indexation quotidienne avec décalage de trois mois	Indexation quotidienne avec décalage de trois mois	Indexation sur le RPI avec un avec décalage de trois mois	Indexation quotidienne avec décalage de trois mois' Garantie de remboursement au pair	Indexation quotidienne avec décalage de trois mois Garantie de remboursement au pair
Objectif d'émission pour 1998	Jusqu'à 1 milliard de A$	1,5 milliard de C$	Jusqu'à 40% du volume d'émission sur le marché domestique	Volume attendu de 3 à 3,5 milliards de STG pour 1998-1999	Volume attendu de 35 milliards de U$	L'opération syndiquée sera suivie d'une adjudication

5.2.6. Les autres obligations à taux variables

Des emprunts atypiques ont fait leur apparition dans le compartiment des taux variables. Leur notoriété est souvent assez réduite et leur liquidité faible comme les emprunts dits Bull and Bears. En revanche, les obligations à taux variable indexées sur la performance de l'action sont très prisées par les sociétés émettrices qui leur trouvent de nombreuses qualités.

5.2.6.1 Les emprunts à tranches de sensibilité opposée (ESOPE ou BULL& BEAR).

Créées à la fin de l'année 1986 aux Etats-Unis, ces emprunts consistent en l'émission simultanée de deux tranches distinctes, en principe d'un même montant, une tranche BULL, (le taureau symbole de la hausse aux Etats-Unis) haussière, et une tranche BEAR (l'ours symbole de la baisse), baissière, supposée évoluer de façon diamétralement opposée face à la conjoncture des marchés.

Les deux tranches sont dissociées dès la fin de la souscription, et mènent chacune leur vie de manière totalement distincte sur le marche secondaire. Selon qu'il est haussier ou baissier, l'investisseur peut ainsi intervenir indistinctement sur l'une ou l'autre des deux tranches à la fois à des fins de spéculation de couverture ou d'arbitrage.

Ces produits qui permettent une gestion assez nuancée connurent un certain succès dans les périodes d'incertitude caractéristiques de la fin des années 1980.

Les sociétés intervenants sur les marchés financiers lui trouvèrent rapidement un autre intérêt d'ordre fiscal, les plus-values générées par l'une des tranches pouvant être comptabilisées sur un autre exercice que les moins-values enregistrées sur l'autre tranche.

Ces produits astucieux se rencontrent encore parfois aujourd'hui. Néanmoins le caractère plutôt complexe de leur nature et de leur gestion limite souvent leur utilisation à une clientèle de professionnels et d'institutionnels.

5.2.6.2 Les obligations indexées sur la performance de l'action

Ces obligations sont indexées sur la performance de l'action de la société émettrice. Les obligations indexées sur action sont des titres obligataires à coupon zéro sur des durées intermédiaires (3 à 5 ans). Le montant du remboursement à l'échéance est indexé sur l'évolution du cours de bourse de l'action entre la date d'émission de l'obligation et la date du remboursement de celle-ci avec un coefficient multiplicateur et un plafond qui correspond selon les cas à un taux d'intérêt annuel de 16 à 20%. La rémunération de l'obligation est donc inconnue jusqu'à l'échéance, puisqu'elle est strictement fonction de l'appréciation du cours de bourse de l'action pendant la durée de l'emprunt obligataire. Ainsi l'obligation complexe n'est en aucun cas un titre de capital potentiel et différé telle une valeur mobilière composée mais un titre de créance pur dont le mode de rémunération est basé sur celui des titres en capital.

Ces produits ont fait leur apparition en France en juin 1991 sous le parrainage conjoint de Bankers trust et de la CDC et sous la forme d'une émission coupon zéro de Lafarge d'un montant de 500 MF et de maturité Juillet 1994. La formule de remboursement à l'échéance était la suivante :

(100% + (115% × (cours final – cours initial)/cours initial)) × nominal.

Le tout est assorti d'un minimum (pas moins de 100%) et d'un maximum de 160% du nominal.

Par la suite on a vu des produits plus sophistiqués comme Floral, un produit obligataire de Bankers trust indexé non pas sur le cours d'une action mais sur un indice : le CAC-40. A la différence des autres produits dérivés comme les OC, OBSA ou ORA, les obligations indexées sur actions présentent un caractère non dilutif, instrument de dette pure, sans augmentation de capital et sans droits de vote.

En février 1998, France Telecom a émis une obligation, échéance 16 février 2005, avec un coupon nominal de 1% et un remboursement en fonction du cours du titre dans une limite comprise entre 100% et 200% du nominal.

Ce type de produits pourrait ce développer considérablement

dans l'avenir et être indexé sur des actions qui n'ont rien à voir avec l'émetteur. Se pose toutefois un problème juridique : un émetteur a-t-il le droit d'émettre une obligation indexée sur les performances d'une autre entreprise, sans avoir obtenu préalablement son accord? La réponse variant d'un pays à l'autre cela complique assez sérieusement leur développement dans le cadre d'émissions internationales.

Conclusion

Les perspectives offertes par les obligations à taux variables semblent illimitées et il est certain que ce sera sur ce type de produits qu'il sera possible dans l'avenir, pour des spéculateurs sagaces, de rééditer les exploits de leurs aînés comme ceux de M. Vidal-Madjar déjà évoqués dans l'*Introduction* de ce guide et au chapitre 1 *Une histoire des obligations.*

5.3 DES OBLIGATIONS A LA LISIERE DES ACTIONS

Les produits analysés dans ce chapitre représentent la recherche tant du point de vue de l'émetteur que de celui de l'investisseur du meilleur, compromis possible entre les avantages et les inconvénients liés aux produits obligataires d'une part et aux produits actions d'autre part.

L'émetteur recherche la source de financement la moins coûteuse possible, éventuellement assimilable à des fonds propres, mais sans dilution immédiate de son capital afin, par exemple, de ne pas faire perdre le contrôle de l'entreprise aux actionnaires majoritaires.

L'investisseur espère, quant à lui, placer son épargne dans des produits qui lui assureraient la sécurité des obligations et les perspectives de rendement des actions.

5.3.1 Les obligations convertibles

5.3.1.1 Généralités

Une obligation convertible est une obligation qui peut être échangée, à tout moment, au gré du porteur et selon les modalités définies par le contrat d'émission, contre des actions nouvelles à émettre.

Ces obligations permettent donc de suivre le développement de la société avec des risques plus faibles qu'un actionnaire.
L'obligation convertible peut s'évaluer financièrement comme une obligation additionnée d'une option d'achat d'action. Un élément essentiel de l'évaluation d'une OC est sa convexité. Si une obligation assure à la fois un revenu garanti et une plus-value en cas de hausse de l'action de référence, sa convexité se traduit par une plus grande sensibilité à la hausse qu'à la baisse. C'est pourquoi les professionnels évoquent l'effet « parachute » des OC.

Ce titre se distingue de l'OBSA (Obligation à Bon de Souscription d'action) car dans l'obligation convertible, l'option et l'obligation restent obligatoirement liées jusqu'au remboursement ou à la conversion du titre, alors que dans le cas de l'OBSA, l'obligation et le bon de souscription sont détachées à l'émission et mènent une existence boursière séparée dés l'émission du titre. Pour des détails sur les OBSA voir chapitre 5.5 *Les obligations du troisième type*.

Le cadre juridique

La loi du 24 juillet 1966 sur les sociétés commerciales donne pour la première fois une existence à ce produit, elle a permis de régulariser la situation des obligations échangeables contre des actions. La loi du 6 Janvier 1969 institue la formule des obligations convertibles à tout moment. La loi du 24 Juillet 1983, dite loi Delors, et son décret d'application du 3 septembre de la même année fixe le cadre juridique des émissions avec un inconvénient majeur : les porteurs ne disposaient que d'un délai très court pour convertir.

La définition juridique des obligations convertibles apparaissait relativement restreinte au regard de ces textes, et semblait devoir limiter sérieusement le développement de ces produits jusqu'à la loi du 14 décembre 1985 qui donne aux émetteurs la capacité de concevoir eux-mêmes des obligations convertibles, à la seule condition de respecter certains principes fondamentaux.

Cette loi, en faisant valoir que tout ce qui n'est pas interdit est autorisé, permit aux émetteurs, de faire preuve de beaucoup d'imagination. Le marche assista alors à la création de produits nouveaux et innovants comme les Obligations Convertibles à Bons de Souscription d'Actions (OCBSA), les Obligations Remboursables en Actions (ORA), les obligations échangeables... qui firent du marché français l'un des précurseurs de l'explosion actuelle du marché européen des titres convertibles qui connaît une effervescence particulière.

Un marché en plein développement

Ainsi, la capitalisation boursière des obligations européennes s'élève en 1999 à plus de 110 milliards d'Euros, ce qui représente leur record absolu. Pour l'année 1999, le montant des nouvelles émissions pourrait atteindre les 30 milliards d'euros, ce qui constituerait là encore un nouveau record, l'année 1998 ayant atteint 20 milliards d'émissions nouvelles (les années précédentes ne dépassant quasiment jamais les 10 milliards d'euros).

Ces dernières années, les obligations convertibles ont offert une rémunération supérieure aux actions sous-jacentes avec une volatilité trois fois moindre.

A titre d'exemple, en 1998, l'indice Société générale des obligations convertibles européennes réalisait une performance de 40%, équivalente à celle des actions sous-jacentes et supérieur au CAC-40 (+ 30%) alors que durant la période de baisse de la fin juillet, l'indice avait reculé de 20% contre 35% pour les actions sous-jacentes.

De nombreux indices pour les convertibles

Le marché français possède aujourd'hui son indice officiel le FCI, ce n'est cependant pas le cas du marché européen, ou un certain nombre de sociétés privée disposent chacune de leurs propres indices : EXANE, UBS, GOLDMAN-SACHS, MERRILL-LYNCH, SALOMON-BROTHERS, et la SOCIETE GENERALE, en l'absence d'un indice général et vraiment représentatif du marche européen.

5.3.1.2 Les caractéristiques des OC

Une obligation convertible s'analyse à partir des éléments suivants :

- Prix d'émission : prix auquel l'OC est émise
- Prix de remboursement : prix auquel l'OC est remboursée
- Valeur de parité : valeur faciale de l'OC
- Ratio de conversion : nombre d'actions créées après conversion d'une obligation
- Parité de conversion : ratio de conversion x Prix de l'action.

Exemple : *Usinor émet en décembre 1998 une obligation convertible de 2,2 milliards de francs émise à 84 F (pour un cours de l'action d'environ 60F). Son coupon annuel est de 3%, et son prix de remboursement de 93,16 F au 1er janvier 2006, ou par anticipation à compter du 1°janvier 2002, son taux actuariel est de 4,35% soit + 59 pb au-dessus de l'OAT de même durée qui rapportait 3,76%.*

La prime

La prime représente le surcoût d'une obligation convertible par rapport au prix de son action sous jacente. L'OC classique est en général émise avec une prime de conversion faible de 10 à 25% au dessus du cours de l'action pour faciliter l'exercice.

La parité de conversion

Elle est en général de une pour une, mais ce n'est pas systématique, elle peut être de plusieurs actions pour une convertible, ou, plus rarement, de plusieurs convertibles pour une action.

Le problème se complique en cas d'opérations sur le capital :

- Une scission par 3 d'une action fera passer une parité de 1 pour 1 à une parité de 3 actions pour une obligation.
- Une attribution gratuite de une action pour trois fera passer la même parité à une parité de 1,33 actions pour une obligation.

Le problème se complique encore avec les augmentations de capital en numéraire où l'on doit appliquer un coefficient d'ajustement pouvant conduire à des parités de 1,07 ou 1,13.

La valeur de conversion

Il s'agit de la somme obtenue en multipliant la parité de conversion par le cours de l'action sous jacente.

Exemple : *Si une obligation a une parité de 3 actions pour une obligation et que son action sous jacente un cours de 307 francs sa valeur de conversion est de 921 francs.*

La valeur de conversion est en général inférieure au cours de l'obligation convertible, cette différence correspondant à la prime de la convertible.
Parfois le contrat d'émission prévoit un changement dans la parité de conversion.

Exemple : *L'obligation CGIP 3,75% 2 004 prévoyait une conversion de 1,1 action pour 1 obligation jusqu'au 31/12/94 et ensuite de 1 pour 1. Le but étant d'inciter le porteur à convertir avant et donc à réduire le ratio d'endettement de la société. Idem pour Scor 3% 2004 avant 1/01/95 4,4 actions pour une obligation et après 4 pour* 1.

Les clauses atypiques

La « trigger clause » ou « call émetteur ».

Encore appelée « clause de remboursement anticipé », elle est prévue au contrat d'émission, et permet à l'émetteur de rembourser par anticipation les obligations, ou de « forcer » la conversion des obligations. Concrètement, l'émetteur se donne le droit, pendant une période de référence donnée (en principe de plusieurs années) de procéder aux rachats de ses obligations convertibles, à un prix déterminé à l'avance. Le prix de remboursement prévu dans la clause est évalué par référence à la valeur nominale du titre. Il peut être fixé définitivement (150% du nominal par exemple), ou évoluer année après année, afin d'assurer un rendement actuariel à l'investissement. Cette clause de remboursement anticipé est en général assortie de conditions imposant que l'action sous-jacente ait dépassé durablement un cours minimum. Le souscripteur qui ne souhaite pas céder son titre dispose toujours de la faculté de convertir dans le cadre de l'exécution de cette procédure de rachat.

Lorsque le cours de l'action sous-jacente devient supérieur au prix de rachat, la probabilité de voir l'émetteur imposer au souscripteur la conversion de ses titres. Cette solution peut présenter pour lui deux avantages:

- Réaliser de façon simple et rapide une augmentation de capital.
- Mettre fin au règlement d'un coupon qu'une éventuelle baisse des taux aurait rendu trop onéreux.

A noter qu'il existe également des clauses de remboursement anticipé au gré du souscripteur.

5.3.1.4 Les trois grandes catégories

La convertible de type obligation

Cette situation se rencontre en principe au début de la vie de la convertible, lorsque les cours de l'action sous-jacente sont encore très en dessous de ceux de l'obligation convertible dont le comportement sur le marché est alors sensiblement le même que celui d'une obligation classique. C'était le cas en janvier 1999 de la célèbre convertible Eurodisney 6,75% 2 001 (code 8521) qui cotait 24,40 euros ce qui correspondait à un rendement actuariel de 5,20% soit 200 pb de plus qu'une OAT de même durée de vie résiduelle.

La convertible de type action

Cette situation concerne le plus souvent des convertibles en fin de parcours dont le cours de l'action sous-jacente a largement dépassé leur valeur de remboursement, et dont l'évolution boursière se calque sur celle de cette action sous-jacente.

La convertible de type mixte

Dans cette situation, correspondant le plus souvent à une maturité intermédiaire du titre, la convertible ne peut plus être gérée comme une obligation, car le cours de l'action sous-jacente a déjà connu une progression sensible, mais insuffisante encore pour faire évoluer l'obligation convertible exactement comme son action sous-jacente. Cette catégorie de convertible est la plus intéressante car les qualités intrinsèques de ce produit en terme de sécurité et d'espérance de gain s'expriment alors le plus nettement et dans les meilleurs délais.

Comportements typiques des obligations convertibles

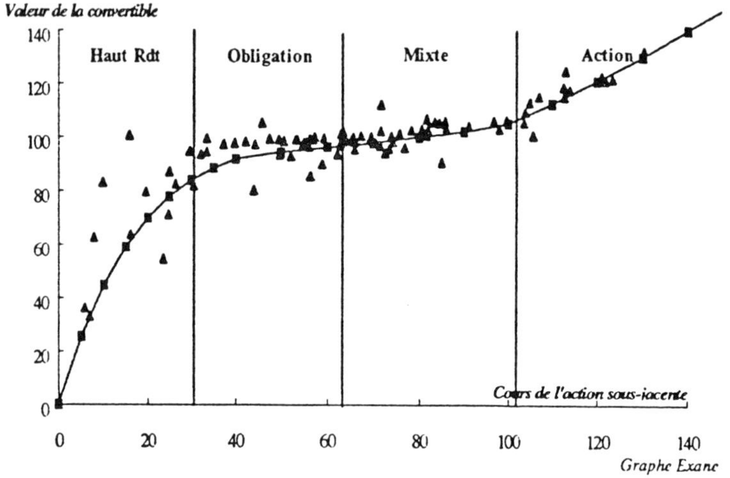

Graphe Exane

Quand faut-il convertir ?

La situation d'obligataire étant plus sécurisante et plus confortable que celle d'actionnaire, la logique conseille d'attendre la date d'échéance de l'obligation avant de convertir celle-ci ou de se la faire rembourser, si le prix de remboursement se révèle à l'échéance supérieur au cours de l'action sous-jacente.

La conversion anticipée d'une obligation peut se justifier dans le cas assez rare où l'action sous-jacente distribue un dividende supérieur au coupon de l'obligation convertible. Mais avant de convertir, il faut garder à l'esprit trois points essentiels :

- Une fois demandée, la conversion est définitive : en la réalisant le porteur perd toute faculté d'obtenir le remboursement éventuel du titre à l'échéance en cas de chute du cours de la valeur sous jacente.

- Le règlement du coupon est assuré jusqu'à l'échéance, alors que celui du dividende est remis en cause chaque année, le porteur doit donc bien réfléchir avant de décider de façon définitive, de remplacer l'un par l'autre (un bon « tien » vaut mieux « que deux tu l'auras »). Une conversion anticipée est donc envisageable, lorsque le dividende est supérieur au coupon, mais attention à bien vérifier la fiscalité qu'on subira (voir pour cela *annexe 1 La fiscalité).* Il faut également s'assurer du maintien du dividende dans les années à venir : le coupon est prévisible, le dividende ne l'est pas (il est vrai qu'il peut également progresser).
- Enfin, le risque représenté par ce type d'opération est évidemment d'autant plus important que la date d'échéance est éloignée.

Il faut également préciser que fiscalement, la conversion d'une obligation ne rentre jamais dans le calcul du niveau annuel de cession, et ce quelle que soit sa date ou ses conditions de réalisation.

L'évaluation d'une obligation convertible

Une obligation convertible représente (voir plus haut) la somme d'une obligation et d'une option d'achat d'action. La valeur actuarielle de l'obligation dépend de son rendement actuariel déterminé par le taux coupon et la valeur de remboursement. L'option d'achat d'action dispose d'une valeur théorique, qui peut s'évaluer à partir de la théorie générale des options.

Le risque de perte

Le risque de perte se détermine à partir de la valeur actuarielle de l'obligation censée constituer la valeur au-dessous de laquelle la convertible ne doit théoriquement pas baisser.
Le risque de perte est représenté par la différence entre le cours de la convertible et la valeur théorique de son obligation. Cette conception du risque de perte exclut dans les faits le risque de défaillance de l'émetteur. Dans l'hypothèse où l'on prend en compte ce risque de défaillance, le risque de perte correspond alors au cours de l'obligation convertible. C'est la triste situation qu'ont connu les détenteurs d'obligations convertibles Dapta-

Mallijoud (code 16545) : après le dépôt de bilan de la société, les 1 441 000 titres émis à 170 francs ne cotaient plus que l'équivalent de 26 francs chacune en juillet 1999.

5.3.1.5 Les obligations convertibles complexes

Les OCPCC

Les obligations convertibles à prime de conversion croissante sont un des produits dérivés les plus récents et les plus complexes. Courantes aux Etats-Unis, la seule opération de ce type réalisée en France a été le fait de Lehman Brothers pour Schneider dans le cadre du rachat de square D. Produit dérivé des obligations convertibles, l'obligation convertible à prime de conversion croissante propose, à la différence l'obligation convertible classique, un cours de conversion variable dans le temps. Le coût pour l'émetteur est plus faible qu'une obligation classique (comme pour une OC), mais elle permet à l'émetteur de réaliser une augmentation de capital en faisant rentrer plus d'argent pour un même nombre d'actions émises, puisque le cours de conversion croît.

En fin de compte, le principal problème de ce produit est sa sophistication qui rebute les investisseurs et rend plus complexe l'évaluation de l'instrument.

Les Obligations convertibles à coupon réduit

BSN a émis une OC à coupon réduit en 1993 pour 4 milliards de francs. Elle versait du 3% par an avec une prime de remboursement de 22,07% pour la conversion, donc un taux de rendement actuariel brut de 5,25% comparable aux OC classiques. C'est « la ressource la moins chère que l'on puisse trouver actuellement sur le marché » expliquait le directeur financier de BSN au moment de son lancement.

Les Obligations coupon zéro convertibles

D'une maturité de 15 à 20 ans, l'émetteur a en général une option de rachat des obligations à la valeur capitalisée, et propose également une option de remboursement anticipé à investisseur. L'avantage pour le souscripteur est de lui procurer un rendement plus élevé que sur l'action mais avec un risque plus faible. L'émetteur de son coté obtient une source de financement à taux plus faible qu'une obligation classique et la possibilité d'augmenter son capital ultérieurement. Créées en 1985 aux Etats-Unis, ces obligations ont connu un succès foudroyant sous le nom de STRIPS : separate trading of registered interests and principal of securities.

Les plus connues de ces obligations convertibles sont les LYONS pour *Liquid yield Option Notes,* obligations à coupon zéro avec une forte décote sur la valeur faciale et convertibles à tout moment. Le LYON, une marque déposée par Merill Lynch, est le convertible le plus proche de l'obligation, instrument de dette. Il dispose de plusieurs caractéristiques, comme une durée de vie particulièrement longue (de 15 à 20 ans), ou un statut particulier de créance de premier rang, particulièrement protecteur en cas de défaillance de l'entreprise, qui font de ce titre le plus proche des produits obligataires classiques.

5.3.2 La famille des ORA

La grande différence entre une ORA et une OC réside dans le caractère obligatoire de la conversion. Ces produits à la différence des obligations convertibles ne sont pas remboursables en numéraire à l'échéance mais sont obligatoirement échangées contre des actions de l'émetteur (ORA stricto sensu) ou d'autres actifs.

5.3.2.1 Les ORA : obligations remboursables en actions

Du point de vue de l'analyste financier, les ORA, sont beaucoup plus proches des fonds propres, ce qui les rend plus attractives pour les émetteurs. En revanche, ils présentent, en l'absence de remboursement en numéraire, un risque beaucoup plus important pour le souscripteur. Il est facile en effet d'imaginer ce qui se serait passé pour le souscripteur, si la convertible Eurodisney avait été une ORA.

Ces produits, autorisés par la loi du 14 décembre 1985, ont d'ailleurs connu peu de succès sur les marchés, les émetteurs n'ayant pas voulu comprendre que ces titres, très intéressants pour leur structure financière, devaient être sensiblement plus rémunérateurs que des obligations convertibles classiques, en raison du surcroît de risque généré.

Un exemple d'ORA un peu particulier est représenté par l'ORU Eurotunnel. Il s'agit d'obligations remboursables en unités émises en 1988 pour un montant total de 8,69 milliards de francs, qui rapportaient 4,5 % et qui étaient remboursables le 31 décembre 2003 sur la base d'une unité nouvelle pour une obligation (après le plan de restructuration du capital et de la dette du concessionnaire). La chute du cours de l'action ayant réduit à néant l'intérêt du remboursement en actions (fussent elles des unités nouvelles), Eurotunnel a proposé un remboursement anticipé sur la base de 1,3 obligations pour une action à l'assemblée générale de 1999.

5.3.2.2 Les ORCI : obligations remboursables en CI

Il s'agit d'obligations remboursables non pas en actions, mais en certificats d'investissements.

5.3.2.3 Les obligations échangeables

Lancées en France en février 1997 par Canal+, les obligations échangeables connaissent depuis un succès réel sur le marché français. Ces obligations fonctionnent exactement comme des convertibles mais donnent droit, après conversion, à des actions qui ne sont pas celles de la société émettrice.

Cette technique présente deux avantages pour l'émetteur : d'une part elle n'entraîne aucun phénomène de dilution du capital, aucune action nouvelle n'étant créée et le capital n'étant pas augmenté, d'autre part, en cas de marché porteur, elle peut permettre à un émetteur de céder des participations non stratégiques, dans d'excellentes conditions financières et sans connaître de gros problèmes de liquidité.

5.3.2.4 Des obligations à la fois convertibles ou échangeables

Le groupe Vivendi a procédé, quant à lui, à une émission d'un caractère particulièrement novateur. Il a en effet émis en avril 1999, un emprunt à échéance 2005, offrant un taux coupon de 1,5%, pour un rendement actuariel de 2,5% dont la caractéristique est d'être au choix du souscripteur, soit convertible en actions Vivendi, soit échangeable contre des actions de sa filiale Vivendi environnement, devant être prochainement introduite en bourse. L'émission de ce nouveau produit à connu un réel engouement, la totalité des titres ayant été souscrits très rapidement, en dépit de l'importance de l'émission (2,6 milliards d'euros). Sursouscrit deux fois, l'émetteur a d'ailleurs fait usage de la clause « greenshoe » qui permet d'augmenter le nombre de titres émis et a levé finalement 3 milliards d'euros

5.3.2.5 Les OCEANE

Les Obligations à Option de Conversion ou d'Echange en Actions Nouvelles ou Existantes) s'inscrivent dans la même logique financière que les obligations échangeables. L'émetteur dispose dans ce cadre du choix entre la conversion de l'obligation en actions nouvelles à émettre ou l'échange avec des actions déjà existantes que l'émetteur posséderait déjà ou qu'il viendrait à acquérir.

Cette formule qui revient exactement au même pour le souscripteur, permet à l'émetteur de mieux maîtriser la dilution de son capital, et d'assurer par la même un meilleur contrôle de son entreprise.

Ainsi, le groupe Usinor a procédé à une émission d'OCEANE, pour un montant de 2,5 milliards de francs en novembre 1998.

Les OCEANE sont promises à un bel avenir car elles n'obligent pas l'émetteur à créer de nouvelles actions : il lui suffit de les prélever sur l'autocontrôle ou de racheter des titres sur le marché en cas de forte baisse pour se couvrir contre le risque de conversion. Quant au surcoût par rapport à une émission classique, il est nul en 1999.

5.3.3 Les titres subordonnés

Ce sont des titres obligataires qui comportent une clause subordonnant le remboursement des titres, en cas de liquidation de la collectivité émettrice, au complet désintéressement des autres créanciers, à l'exception des détenteurs de prêts ou titres participatifs.

Ces titres sont de deux catégories:
- Les Titres subordonnés à durée indéterminée (TSDI) sont des produits perpétuels qui ne sont remboursés qu'à l'occasion de la liquidation de l'entreprise ou de l'exercice d'un call émetteur. Ce qui en fait le dernier avatar de la rente perpétuelle.
- Les Titres subordonnés Remboursables dont l'échéance est prédéterminée.

5.3.3.1 Les TSDI

Ce sont les produits subordonnés purs, dans la mesure ou l'émetteur ne rembourse en principe jamais le titre. Ils permettent dans le jargon de la finance de « renforcer le haut de bilan ». Les TSDI, n'étant pas remboursables, sont plus proches des fonds propres que les TSR qui, eux, ont une nature plus obligataire.

Les TSDI sont des valeurs mobilières dont la création résulte d'une pratique strictement contractuelle. Ils tirent leur validité de la loi du 14 décembre 1985. L'article 339-7 de la loi sur les sociétés commerciales précise que « lors de l'émission de valeurs mobilières représentatives de créances, il peut être stipulé que ces valeurs mobilières ne seront remboursées qu'après désintéressement des autres créanciers, à l'exclusion des titulaires de prêts participatifs et de titres participatifs »... Ce qui a ouvert la voie aux TSDI

Caractéristiques propres

Leur principale caractéristique est la subordination du capital, ce qui signifie qu'en cas de liquidation les porteurs de TSDI ne seront remboursés qu'après l'ensemble des autres créanciers, à l'exception des prêts participatifs. La conséquence de cette subordination est un taux de rendement supérieur. On trouve dans les contrats d'émission une clause du genre : « En cas de liquidation de la société, les TSDI seront remboursés à un prix égal au pair, leur remboursement n'interviendra qu'après désintéressement complet de tous les créanciers, privilégiés ou chirographaires, mais avant le remboursement des prêts participatifs accordés à la société et des titres participatifs émis par celle-ci. Ces titres subordonnés interviendront au remboursement au même rang que toutes les autres émissions de titres subordonnés qui pourraient être émis ultérieurement par la société tant en France qu'à l'étranger, proportionnellement à leur montant le cas échéant ».

La subordination des intérêts est également une caractéristique courante mais pas essentielle du contrat. Lorsqu'elle existe, elle entraîne une incertitude pour le souscripteur de la perception du coupon, à la différence du TP dont le risque ne porte que sur la partie variable de la rémunération. En pratique le versement des intérêts n'a lieu que si l'entreprise a pu verser un dividende à l'une au moins des catégories d'actionnaires ayant souscrit au capital social. Sinon, le paiement est différé, le report étant décidé par le Conseil d'administration. Ce risque est rémunéré par un différentiel de taux de rendement par rapport au marché. Mais encore une fois, on ne trouve pas cette clause dans toutes les émissions de TSDI.

Utilité des TSDI

Les avantages sont clairs : pour l'émetteur, les TSDI permettent la constitution de ressources longues, sous forme de quasi-fonds propres, ils entraînent la déductibilité des charges financières. Pour les actionnaires, les TSDI n'entraînent pas de dilution du capital et des droits de vote..

Parmi leurs inconvénients, on notera qu'il ne s'agit pas de véritables fonds propres (Comité COOKE du 30/6/89), qu'il peut exister des risques de requalification pour la déductibilité des charges financières, qu'ils nécessitent des montants minima importants, une grande complexité du montage, et des frais de montage élevés.

5.3.3.2 Les TSR

Les TSR sont considérés comme des quasi-fonds propres si leur durée de vie est supérieure à 5 ans, ils améliorent la structure bilantielle des entreprises émettrices. Du coup, ils ont donc d'abord été utilisés par des établissements bancaires dans lesquels les actionnaires ne pouvaient injecter des capitaux propres En outre, ils sont peu coûteux : la Société générale en a émis à un taux à peine plus élevé que des obligations normales.

Des caractéristiques propres

En fait, les TSR sont apparus avec le souci des banques de respecter les ratios cooke, sans faire appel aux actionnaires. Les TSR sont des obligations sans garantie. Mais ceux-ci sont, à la différence des TSDI, normalement amortis à la date fixée dans le contrat d'émission. Rien n'empêche toutefois l'émetteur de se réserver la possibilité d'amortir ces titres par anticipation, par exemple par des rachats en bourse. Certains contrats prévoient, dès l'origine, des clauses de remboursement anticipés (comme Indosuez en janvier 1987).

La première émission d'un TSR a été le fait du Crédit lyonnais en mars 1988 pour une durée de douze ans et un montant de 1,5 milliard de francs. L'emprunt émis à taux fixe de 12 ans, portait sur 1,5 milliards de francs, avec un bon détachable.

Utilité

Ces instruments sont considérés comme des quasi-fonds propres lorsque leur durée dépasse cinq ans. Ils permettent donc d'améliorer la structure des bilans et sont ainsi fréquemment utilisés par des établissements bancaires. Pour l'émetteur, il génère un endettement – qui est assimilable à des fonds propres – à un taux faible. Pour l'investisseur, les intérêts ne sont pas subordonnés aux résultats et le taux de rendement est garanti au moins sur la période initiale.

Le marché des TSR est cependant assez restreint puisqu'il ne représentait que 3,5% du total des émissions en 1998. Au premier semestre 1999, sa part est montée à 6,5%.

5.3.4 Les titres participatifs

Généralités

Créés par la loi du 3 janvier 1983, ils permettent le renforcement des fonds propres des entreprises publiques. Ils ne peuvent être émis que par un petit nombre d'entités, et pas par des entreprises privées. Ils sont réservés aux sociétés par actions du secteur public, aux sociétés anonymes coopératives, aux établis-sements publics de l'Etat à caractère industriel et commercial, aux coopératives agricoles et mutualistes. Les titres participatifs sont des créances de dernier rang, qui ne sont remboursables qu'en cas de désintéressement de l'ensemble des autres créanciers.

Les TP doivent en outre, avoir une partie fixe de 60%, et une partie variable sur un indicateur de performances financières de l'entité émettrice (CA, MBA, RN). L'émetteur peut se réserver la faculté de rembourser les TP au terme d'un délai d'au moins 7ans après l'émission. C'est ainsi que le titre participatif le plus performant du marché, Renault possède deux caractéristiques intéressantes : une indexation sur le chiffre d'affaires et non sur le résultat net ou la valeur ajoutée comme pour les autres titres et une absence de limite à la hausse de la rémunération.

Ces titres ont un caractère de dettes, mais sont considérés comme des quasi-fonds propres.

Utilité

Un autre avantage des titres participatifs pour l'émetteur tient dans la forme de la rémunération, dont le coût ne s'élève que lorsque l'entreprise marche bien.

Pour l'émetteur, les TP permettent d'améliorer les fonds propres sans modifier la structure du capital, la charge financière des TP étant variable en fonction d'un paramètre (CA, Valeur ajoutée, Marge brute d'autofinancement). Ils étaient très utiles pour certaines entreprises dont l'Etat souhaitait garder le contrôle sans investir de nouveaux capitaux. Les privatisations ont freiné l'utilisation de ce produit qui présente encore un réel intérêt pour les sociétés coopératives ou mutualistes, dont le statut juridique ne permet quasiment pas de recourir à des techniques d'augmentation de capital. Dans la même logique les associations peuvent se financer avec des titres associatifs disposant de caractéristiques similaires aux titres participatifs (voir plus loin dans ce chapitre).

Le souscripteur peut également être séduit par une part de rémunération fixe d'au moins 60% pour la sécurité et une partie variable qui permet de suivre la performance de la société et procurer des rémunérations parfois non limitées.

Le souscripteur peut bénéficier quant à lui d'un placement d'une sécurité correcte, et d'une rémunération fort attrayante à condition d'avoir su choisir son émetteur et ses conditions d'indexation

5.3.5 Des titres hybrides confidentiels

Les CCI

Les certificats coopératifs d'investissement sont réservés aux réseaux mutualistes (Crédit Agricole, Crédit mutuel, Banque populaire, Caisse d'épargne). Il s'agit de titres sans droit de vote, dont la rémunération ne peut être inférieure à celle versée aux détenteurs de parts sociales et qui donne un droit sur l'actif net de la société.

Les titres associatifs

Créés en 1985, ils doivent faciliter le financement des associations sans but lucratif. Ils portent intérêt et sont remboursables à initiative de l'émetteur.

Conclusion

De ce vaste panorama des titres à la frontière des actions, on peut parfois se demander ce qui sépare vraiment les obligations et les actions. Les obligations convertibles par exemple sont indiscutablement des obligations, pourtant lorsque le cours de l'action de référence a beaucoup progressé, elles se comportent presque comme l'action de l'émetteur et ont un rendement très faible. Avant d'acheter tel ou tel de ces titres on demandera systématiquement le contrat d'émission (soit à son intermédiaire financier, soit directement au service actionnaires de l'émetteur).

Certificats coopératifs d'investissement

Caisse régionale	Date de première cotation	Nombre total de CCI cotés au 31/05/1998	Capitalisation boursière des CCI en MdEUR
Morbihan	10/02/88	1 796 694	89,8
Toulouse	22/02/88	1 200 809	94,3
Ille-de-France	2/03/88	2 112 867	319
Loire – Haute-Loire	7/03/88	912 000	42,7
Centre Loire	20/10/88	322 207	30,3
Midi	14/12/88	1 232 526	75,6
Gironde	16/12/88	580 000	55,1
Loire-Atlantique	19/12/88	1 455 897	70
Nord	4/04/88	1 132 844	93
Pas-de-Calais	7/06/89	1 616 588	140,6
Brie	14/06/89	1 197 772	71,9
Sud Rhône-Alpes	16/06/89	825 000	46
Somme	18/06/89	1 583 995	86,2
Touraine et Poitou	9/04/91	1 267 501	71,8
Ile-et-Vilaine	18/06/91	1 966 743	95,4
Haute-Normandie	26/06/91	1 322 232	70,2
Oise	23/06/92	2 174 374	137,3
Alpes-Provence	15/12/98	750 000	56,1
Total		**23 541 249**	**1 635,30**

Source : La conjoncture du second marché n° 91 juin 1999

5.4 DES TITRES A LA FRONTIERE DU MONETAIRE

Les obligations françaises ayant une durée minimale de trois ans, les titres à la frontière du marché monétaire sont ceux qui assurent les financements pour une durée comprise entre un jour à trois ans. Il s'agit en fait des Titres de Créance Négociables : les TCN. Concernant les émetteurs du secteur privé, on distingue traditionnellement deux catégories : les titres à un an d'échéance maximum (CD et BT) et les titres d'échéance minimum d'un an (les

BMTN). Sur ce segment de marché, L'Etat est, là encore, un gros émetteur par le biais des Bons du Trésor.

5.4.1 Généralités sur les TCN

Le marché des TCN permet un accès direct au marché monétaire à tous « les agents économiques ».

5.4.1.1 Définition

Il s'agit de titres de créances qui portent intérêt, négociables, mais non cotés en Bourse. Ils ont une échéance fixe (variable selon la catégorie et comprise entre 10 jours et 7 ans), et un montant unitaire de 1 million de francs minimal (pour les émetteurs privés). La loi du 14 décembre 1985 les définit comme «des titres émis en France ou hors de France par un débiteur dont le siège ou le domicile est situé en France, négociables sur un marché réglementé par une disposition législative particulière et non susceptibles d'être cotés ». Cette définition a été légèrement modifiée par la loi du 26 Juillet 1991 : « Les TCN sont des titres émis au gré de l'émetteur, négociables sur un marché réglementé, qui représentent chacun un droit de créance pour une durée déterminée ». Ils sont obligatoirement dématérialisés et peuvent faire l'objet d'une inscription à la SICOVAM.

5.4.1.2 Les caractéristiques communes aux TCN

Ce sont des titres au porteur, dématérialisés (ils sont donc obligatoirement inscrits en compte chez un intermédiaire habilité), d'un montant unitaire minimale de 1 million de francs, (le montant minimal qui était de 5 MF avant 1988 a été abaissé pour faciliter leur émission par les PME), et ayant une échéance fixe. Ce ne sont pas des valeurs mobilières car ils ne sont pas fongibles et pas cotés en Bourse. Leur rémunération est libre. Les rémunérations indexées, ne portant pas sur des indices usuels doivent cependant être signalées à la Banque de France.

La domiciliation auprès d'un établissement de crédit, d'une entreprise d'investissement domiciliée en France ou de la Caisse des Dépôts et Consignation est obligatoire. Les rachats par l'émetteur, et le remboursement anticipé suivi d'annulation sont libres. La notation, auprès d'organismes habilités par le ministère de l'Economie, est facultative, les entreprises notées bénéficiant d'une procédure d'information allégée.

La Banque de France reçoit les informations des émetteurs, en assure la publication, se charge de la surveillance des marchés, et prend toutes les mesures de sanction (suspension ou interdiction d'émettre) qui lui semblent nécessaires.

Les TCN peuvent être garantis soit par un établissement de crédit habilité, soit par une entreprise d'investissement habilitée à émettre des TCN et disposant de 20% au moins du capital de l'émetteur. Ces produits disposent de deux types de garanties D'une part, la nécessité d'un visa de la COB pour les émetteurs non implantés en France et qui ne se sont pas fait noter (ils doivent alors déposer leur dossier de présentation un mois avant la première émission). D'autre part la Banque de France peut prendre des mesures en vue d'assurer le fonctionnement normal du marché : elle peut par exemple suspendre ou interdire d'émission un émetteur qui ne respecte pas les dispositions en vigueur. Les émetteurs sont toutefois contraints de déposer à la Banque de France un dossier de présentation financière 15 jours avant la première émission et de procéder ensuite à une mise à jour annuelle.

Le risque de défaillance sur les TCN n'est toutefois pas purement théorique : en avril 1990, le groupe de distribution CODEC a été incapable d'honorer 350 millions de francs de billets de trésorerie. Ce fut un événement retentissant – et assez traumatisant – sur le marché des TCN.

5.4.1.3 Des produits qui correspondent à une demande

L'encours des TCN a progressé régulièrement depuis leur création, témoignant de l'intérêt économique de ces titres . Il est passé de 395 milliards de francs (CD : 30, BTF 336, BT 3) en 1985 à 1 674 milliards de francs (CD : 863, BTF 550, BT : 159) en 1990, pour atteindre 2 641 milliards de francs au début 1999.

Les émetteurs sont en général, de gros intervenants, l'Etat bien sûr mais aussi des établissements publics comme EDF, SNCF, les grandes banques qui y trouvent un moyen de financement bon marché en période de faibles taux à court terme et qu'elles proposent facilement à leurs gros clients, mais aussi des sociétés industrielles comme Elf, Rhone Poulenc, PSA, CDC, CL,BNP,SG. Les souscripteurs sont en règle générale des investisseurs institutionnels (les OPCVM peuvent détenir 35% de leur actif en titres d'Etat contre 10% pour les autres émetteurs). Toutefois, le marché des TCN est essentiellement un marché primaire, bien que librement négociables, ces titres ne sont pas liquides. Il faut d'ailleurs reconnaître que, compte tenu de leur courte durée, les investisseurs les conservent systématiquement jusqu'à l'échéance.

On recense cinq catégories de TCN : les Certificats de dépôts négociables, les bons des institutions et sociétés financières, les billets de trésorerie.

Titres du marché monétaire

(Encours en milliards de francs – Variations en pourcentage)

	Décembre 1997	Décembre 1998	Variations 1998/1997
Certificat de dépôt (CD)	643,1	646,4	0,5
Bons des institutions et sociétés financières (BISF)	35,4	40,0	13,0
Billet de trésorerie (BT)	219,3	245,0	11,7
Bons à moyen terme négociables(BMTN)	439,7	417,6	- 5,0
Bons du trésor	1 161,8	1 292,0	11,2
Total	**2 499,1**	**2 641,0**	**5,7**

Source et réalisation : Banque de France
Direction des Marchés de capitaux - SIIM

5.4.2. Les certificats de dépôts négociables (CDN)

Ce sont des dépôts à terme représentés par un TCN émis par les établissements de crédit (résident ou non-résident) habilités à recevoir des fonds du public à moins de deux ans (banques, CE, Caisse des crédit municipal, CDC). Lorsqu'ils sont émis par des banques, ils sont soumis au régime des réserves obligatoires au taux de 0,5%. Leur rémunération est légèrement plus faible que le taux du marché interbancaire.

Tous les agents économiques peuvent en détenir. Ces Billets au porteur ont une échéance fixe (de 10 jours à 2 ans), émis en francs ou devises, à taux d'intérêt fixe si leur échéance est inférieure à un an. Au delà d'un an, leur taux peut être variable, à condition de suivre une référence à un taux d'intérêt relatif à des placements d'une durée au moins égale à 1 mois.

5.4.3 Les billets de trésorerie

Emis par des entreprises non financières, le billet de trésorerie est la version française du « commercial paper » apparu aux Etats-Unis dès le XIXe. Ils ont fait leur apparition en 1985 et 90% des billets de trésorerie sont de durée de vie courte (entre 1 mois et 3 mois). Le marché français des BT est le premier d'Europe.

***Exemple** : En novembre 1998, General Electric, qui est logiquement le premier émetteur de billets de Trésorerie aux USA (80 milliards de $) a lancé un programme pouvant aller jusqu'à jusqu'à 60 milliards de francs de billets de trésorerie (entre 10 jours et 6 mois) a des conditions très intéressantes pour l'entreprise : un peu moins que le PIBOR à savoir PIBOR-10 pb.*

Aux conditions de base qui s'appliquent à tous les émetteurs (voir plus haut), il faut ajouter des contraintes propres aux émetteurs de billets de Trésorerie dans la mesure où ces établissements ne sont pas aussi surveillés que les banques.

Théoriquement, le marché des billets de trésorerie est ouvert :

- aux entreprises résidentes et non résidentes ayant au moins deux ans d'existence, constituées sous la forme de sociétés par actions sociétés au capital minimum de 1,5 millions de francs,
- aux entreprises du secteur public, si leurs capitaux propres sont supérieurs à 1,5 MF,
- aux sociétés coopératives si leur chiffre d'affaires est supérieur à 1,5 MF,

- aux GIE ou aux sociétés en nom collectif composés uniquement d'émetteurs cités ci-dessus.

Il faut y ajouter les entreprises d'investissement, les institutions de l'Union européenne et les organisations internationales dont la France est membre.

Leur échéance est d'au moins un an. Ils servent en général un taux d'intérêt fixe, légèrement inférieur aux taux du marché interbancaire pour les grandes signatures, donc très avantageux pour eux. Mais, rien n'interdit d'émettre des BT en devises sans contrainte de durée, de taux et de montant

Exemple *: Air liquide a lancé en 1998, un programme de billets de Trésorerie d'un montant maximal de 7 milliards de francs dans le cadre de l'optimisation de sa dette à court terme (et non pour obtenir des ressources supplémentaires).*

5.4.4 Les Bons à Moyen Terme Négociables (BMTN)

Tous les émetteurs habilités à émettre des BT et des CDN peuvent émettre des BMTN. S'il n'y a pas de limite de durée théorique du BMTN, dans la pratique elle est souvent de 5 ans. Le taux servi est fixe ou variable et dans ce cas l'indice de référence est un taux d'intérêt relatif à des placements d'une durée d'au moins un mois.

5.4.5 Les Bons du trésor

On distingue deux grands types de Bons du Trésor : les BTF à taux fixe et à intérêts précomptés d'une durée inférieure ou égale à un an et les bons du Trésor à taux fixe et intérêts annuels d'une durée comprise entre 2 et 5 ans.

Ils représentent la dette à court terme négociable de l'Etat et bénéficient d'une réglementation beaucoup plus souple que les autres titres de créance négociables concernant leur durée et leur montant minimal. Ces titres sont émis par l'Etat français, dans les conditions prévues par l'Ordonnance du 13 Avril 1945 et l'arrêté du

19 Septembre 1973. Ils sont destinés à « couvrir les besoins infra-annuels de l'Etat » pour reprendre l'irrésistible prose des hommes de Bercy.

Ce sont des bons en compte courant, donc dématérialisés et gérés sur un comptes-titres à la BdF. Leur placement s'effectue sur appel d'offres, à la hollandaise, la BdF assurant pour le compte du trésor le dépouillement des soumissions. Pour plus de détails on se référera au chapitre 4.1 *Le marché primaire en France.* Si leur montant minimal et leur durée d'émission ne sont pas réglementés, il sont actuellement émis pour des durées de 13, 24 à 29 semaines, 40 à 52 semaines, 2 ans et 5 ans. Contrairement aux autres TCN, ils ne sont émis qu'à taux fixe.

Les Bons à taux fixe et intérêts précomptés sont d'un montant minimal d'un million d'euros, ont une durée comprise entre 13 et 52 semaines et versent des intérêt précomptés, payés d'avance. Le souscripteur n'acquitte que la différence entre la valeur minimale et les intérêts précomptés. Leur encours s'élevait, au 31 janvier 1999 à 561 milliards de francs.

Les Bons du Trésor à taux fixe et intérêts annuels sont des valeurs assimilables du Trésor émises pour des durées comprises entre 2 à 5 ans.

Conclusion

Les deux derniers exemples : les BTF 13 semaines et les BTAN 2 à 5 ans, soulignent à merveille la difficulté de tracer une véritable frontière entre le monétaire et l'obligataire. Le BTAN est un titre court (sa durée peut n'être que de deux ans), pourtant son mode de valorisation se fait en employant les techniques propres au marché obligataire (utilisation du taux actuariel et du nombre de jours exact au lieu des intérêts précomptés et de 360 jours pour le monétaire). C'est une preuve supplémentaire du décloisonnement des différents compartiments du marché des capitaux.

5.5 LES OBLIGATIONS DU 3e TYPE

Des produits de plus en plus complexes sont proposés par les entreprises sur les différents marchés financiers. Cette complexité croissante des produits financiers permet de moduler les caractéristiques de l'emprunt selon les besoins de l'entreprise et/ou les contraintes du marché. Ces produits peuvent donc à juste titre être qualifiés d'obligations du 3e type.

Si ces obligations méritent de leur consacrer un chapitre c'est en raison de leur technicité, de leur nouveauté ou de leur originalité. Elles pourraient passer pour marginales, si leur création, leur développement ou leur retour en grâce ne faisait partie intégrante de l'actualité des marchés financiers. On étudiera ici successivement les obligations complexes (leur cadre juridique, puis les plus classiques d'entre elles comme les obligations à durée variable et les obligations à bons de souscription les obligations participantes), les « Pfandbriefe » et enfin, les obligations exotiques.

5.5.1 Les obligations complexes

Leur complexité provient soit de leur mode de rémunération soit de leur mode de remboursement ou d'amortissement. Les dispositions relatives à l'indexation ne sont pas limitées par une réglementation précise, en revanche, en matière d'amortissement ou de remboursement d'une obligation, la COB et le CMF appliquent des dispositions législatives plus draconiennes.

5.5.1.1 Généralités sur les obligations complexes

Définition

Par obligations complexes il faut entendre (d'après la COB) : les produits de nature obligataire, dans la mesure où ils peuvent s'analyser comme un titre représentatif d'un contrat de prêt d'argent remboursable, dont le régime n'est pas expressément défini par les lois ou les règlements, notamment ceux de la COB ou du CMF et qui ont des caractéristiques particulières quant aux modalités de remboursement ou de rémunération du prêt (indexation plus ou moins complexe, faculté d'option à l'initiative du prêteur ou de l'emprunteur). Ces produits sont par définition soumis aux règles applicables aux produits obligataires, quelle que soit la nature de ces règles (lois, règlements, coutumes..).

Le cadre juridique

Deux dispositions d'ordre législatif encadrent les obligations complexes. Il s'agit de l'article 79-3 de l'ordonnance du 30 septembre 1958, en application duquel le taux d'intérêt d'un emprunt obligataire peut être indexé sur un élément ayant un lien direct avec « l'objet du statut ou de la convention ou avec l'activité d'une des parties » et de l'article 339-1 de la loi du 24 Juillet 1966 qui dispose qu'une « société par actions peut émettre des valeurs mobilières donnant droit par conversion, échange, remboursement, présentation d'un bon ou de toute autre manière à l'attribution à tout moment ou à date fixe de titres qui, à cet effet, sont ou seront émis en représentation d'une quotité de capital de la société émettrice ». Ce qui, on en conviendra aisément, laisse aux contractants une grande autonomie. Ces dispositions ont pour conséquence d'effacer la frontière entre les titres représentatifs d'une créance (obligations) et les titres représentatifs d'une quote-part de capital (actions).

Leurs caractéristiques

Les obligations complexes sont, pour reprendre le délicieux jargon des juristes, celles « dont le droit positif n'interdit pas l'émission mais dont le même droit positif n'a pas prévu expressément la possibilité ».

Concernant l'indexation, un régime différent s'applique aux émetteurs selon qu'il s'agit d'établissements de crédit ou de sociétés commerciales.

Un établissement de crédit peut indexer ses emprunts sur tout produit financier de taux, de devises ou d'indice boursier voire sur un contrat à terme de marchandises (à l'exception de l'or) s'il a un haut niveau d'activités sur un tel contrat (notion assez floue).

Les sociétés commerciales ne peuvent indexer la rémunération de leurs emprunts sur des instruments financiers que si ces instruments ont un rapport direct avec leur activité (on parle alors du caractère spécialisé de l'indexation).

L'indexation sur le cours d'une action ne peut porter que sur la propre action de l'émetteur (pour les sociétés commerciales non bancaires). En revanche, rien n'interdit à un établissement de crédit d'indexer ses obligations sur celles d'une société commerciale tierce.

Ces dispositions limitent considérablement les possibilités des sociétés commerciales par rapport aux banques : ainsi seuls les établissements de crédit peuvent indexer la rémunération de leurs titres d'emprunts sur des indices boursiers généraux. Les autres émetteurs peuvent toutefois se référer à des indices sectoriels (qui sont seulement en train de faire leur apparition) ou à des moyennes de rendement d'emprunts obligataires ou encore à un contrat à terme de type notionnel.

Concernant les modalités de remboursement, les obligations complexes ne peuvent avoir pour effet que l'indexation aboutisse à une somme inférieure à la valeur nominale du titre le cas échéant majorée ou minorée d'une prime d'émission, contrairement à ce qui peut se passer lors d'une obligation remboursable en action. Cette disposition a pour but évident de garantir au souscripteur de retrouver au moins son capital.

5.5.1.2 Les obligations complexes à durée variable

Les obligations à durée variable, ou prorogeable, sont celles dont le porteur peut demander le report de l'échéance à une date ultérieure lorsqu'elle arrive à la date normale de remboursement.

Les obligations à fenêtre

Ces obligations apparues en 1982 et qui ont une durée de vie longue (15 à 18 ans) possèdent la double caractéristique de disposer simultanément à un moment donné d'une possibilité de sortie à la fois pour le prêteur et pour l'emprunteur. Cette double possibilité s'appelle une fenêtre. L'emprunt dispose d'autant de fenêtres que de dates auxquelles cette double possibilité peut s'exercer. Cette opportunité de sortir de l'emprunt reste néanmoins exposée à des clauses de pénalités qui augmentent la valeur de remboursement pour l'émetteur souhaitant procéder à un remboursement anticipé, et réduit le montant du dernier coupon pour le porteur utilisant sa faculté de sortie anticipée. En pratique ces clauses de pénalités limitent l'intérêt de l'utilisation de ces options de sortie anticipée aux seuls cas de variations importantes sur les marchés, surtout pour les fenêtres les plus proches de l'échéance du titre.

Les obligations renouvelables du trésor

Créées en 1982, pour remplacer les Bons du Trésor sur formule, elles avaient une échéance de six ans et donnaient la possibilité au détenteur d'échanger les obligations contre une nouvelle série dès la fin de la 3ème année. (avec toutefois un réajustement de taux en fonction du taux du marché).

Les Puts Bonds

Un nouveau type d'obligations connaît un très vif succès aux Etats Unis et se développe aujourd'hui en France, les Put Bonds. Ce titre ne peut pas être assimilé à une obligation à fenêtre puisque seul le souscripteur dispose d'une faculté de sortie qu'il peut en outre exercer à tout moment. Il présente pour l'émetteur, plus nettement encore que pour l'obligation à fenêtre, le risque d'avoir à faire face à des demandes de remboursements sur un marché qui ne permet pas de se refinancer facilement et aux mêmes conditions.

La CADES a émis, en décembre 1997, pour 2,6 milliards de francs de puts bonds, mais un peu plus complexes car à taux progressifs par paliers compris entre 4,63% et 5,94%, d'une durée de 11 ans, et avec une option de remboursement à compter de décembre 2001.

5.5.1.3 Les obligations complexes à taux variable

Les Obligations à Taux Flottant Inversé (OTFI)

Apparues en 1992, les OTFI sont des obligations à coupons variables dépendant négativement d'un taux court terme. Elles disposent de formules de calcul du type : 25% – 2 × Pibor 3 mois. Elles sont intéressantes pour l'investisseur qui joue la baisse des taux : si le cours de l'obligation baisse, l'émetteur doit servir des taux d'intérêt plus élevés afin de soutenir ou racheter des titres.

Une des premières OTFI a été émise par la Société générale en 1992 pour un total de 100 M F. Son échéance était en 1999, son premier coupon rapportait 9,5% (pour les six premiers mois) et ensuite, le coupon était de 23% – 2 × Pibor 3 mois. Ce dernier étant en 1999 de moins de 3%, le coupon a rapporté plus de 17%.

Les obligations à taux échangeables

Appelées parfois obligations optionnelles, elles donnent la possibilité d'échanger une obligation à taux fixe à partir d'une certaine date et dans un délai, contre une obligation à taux variable. Symétriquement, il existe des obligations à taux variables échangeables contre des obligations à taux fixe.

Dans cette catégorie, on mentionnera les Warrants Into Governement Securities (WINGS) de Merill Lynch qui sont des certificats échangeables en valeurs du gouvernement américain. Ainsi, en août 1983, la banque a émis les premiers warrants de ce type à 18,75$ et donnant droit pendant 6 mois à une obligation du trésor US à 10,375%, venant à échéance en 2012, pour un prix de 917,5$.

Une variante de ces produits s'appelle les Bunny bonds : ils offrent au souscripteur des warrants permettant de recevoir la rémunération périodique sous forme d'autres titres de la société emprunteuse.

5.5.1.4 Les obligations complexes à coupon variable

Les Obligations à coupons croissants ou décroissants

Ces obligations à coupon croissant (rising coupon) ou décroissant (falling coupon) n'ont pas rencontré le succès escompté.

Rhone Poulenc a lancé une obligation « rising coupon » en novembre 1986 sous forme de FRAN perpétuelles et pour un montant de 300 millions $. Le taux de l'obligation était indexé sur LIBOR avec une marge initiale (faible) de 0,375% mais augmentant de 0,125% tous les 3 ans, jusqu'à un plafond de 1%, l'entreprise s'étant réservée le droit de rembourser son emprunt en 1989.

Les OROC

Dans la ménagerie obligataire les OROCS pour Obligation à réinvestissement optionnel des coupons ont été introduit par JP Morgan pour le compte du Crédit Local de France (devenu DEXIA) en décembre 1990 et pour une levée de 1 milliards de francs.

Pour chaque obligation, le coupon (sauf le dernier) peut être payé, au choix du souscripteur, en espèces ou en nouvelles obligations du même émetteur émises au pair et assimilables à l'émission obligataire originelle. L'endettement est moins onéreux et le taux de rendement effectif est garanti pour le souscripteur en cas de baisse des taux.

Les PAY IN KIND NOTES

Pour ces titres, le coupon n'est pas payé en espèces mais en obligations nouvelles : on assiste alors à une sorte d'endettement sans fin...Il est étonnant que les Etats n'aient pas développé ce type de produits.

5.5.1.5 Les obligations à bons de souscription

Ces titres datent de 1981 pour les obligations à bons de souscription d'obligations (OBSO) et de 1983 pour les obligations à bons de souscription d'actions (OBSA)[2]. L'émetteur propose au souscripteur une obligation dont le taux est inférieur à ceux pratiqués sur le marché mais qui dispose en contrepartie d'un ou plusieurs bons permettant de souscrire à des conditions déterminées à l'avance aux produits financiers les plus divers (obligations, actions, titres participatifs, certificats d'investissements). Ces titres se composent donc d'une obligation et d'un bon de souscription qui sont cotés séparément sur les marchés financiers. La valeur du bon justifie ainsi le taux plus faible offert par l'obligation. Le souscripteur a alors la possibilité soit de céder son bon soit d'attendre afin de l'exercer.

[2] *Les Obligations à Bons de Souscription d'Actions*, SEFI, 1995.

Parmi les obligations à bons de souscription les plus caractéristiques, nous pouvons notamment citer :

- Les obligations à bons de souscription d'obligation (OBSO) bénéficiant d'un ou plusieurs bons permettant de souscrire à une obligation ou à un titre participatif à des conditions déterminées à l'avance
- Les obligations a bons de souscription d'actions (OBSA) bénéficiant d'un ou plusieurs bons permettant de participer à une augmentation de capital en actions ou en certificats d'investissement (OBSCI)
- Les obligations à bon de souscription remboursables, qui bénéficient de la possibilité d'obtenir le remboursement des bons attachés aux obligations en cas de non exercice de ceux-ci.

Les OBSA (Obligation à Bons de Souscription d'Actions)

Créés par la loi du 3 janvier 1983 (dite loi Delors), les OBSA permettent au détenteur du bon d'obtenir une action (en général jouissance au 1er janvier de l'année de l'exercice, ce qui signifie que l' exercice au 5 janvier 1999 donnera droit à une action qui ne percevra pas le dividende de l'année 1998 versé au milieu de l'année 1999 et qu'elle ne sera fongible avec les autres actions qu'après le détachement du dividende) à un prix déterminé (en général plus élevé que le cours de l'action au moment de l'émission de l'OBSA). Pour l'émetteur, une OBSA est très intéressante car elle permet de proposer un taux plus faible à l'émission d'obligations et de réaliser des augmentations de capital au fur et à mesure de l'exercice des bons et donc de renforcer ses fonds propres.

Les OBSAR

Les obligations à bons de souscriptions d'actions remboursables proposent, en plus d'une obligation, des bons remboursables par la société à l'issue de leur période d'exercice (3 à 5 ans généralement), s'ils n'ont pas été exercés.

La première OBSAR fut celle de BSN en octobre 1988 sous la forme de 210 000 titres. A chaque obligation de 5 000 F nominal étaient attachés 10 bons de souscriptions. Les obligations rapportaient 8% sur 8 ans, leur amortissement était in fine à un prix de remboursement 5 000 F. Chaque bon avait une durée de vie de quatre ans, donnaient droit à une action nouvelle pour 10 bons à un prix d'exercice de 6 400 F et en cas de non exercice avant le 30/9/93, les bons étaient remboursables à 140 F avant le 31/12/93. Le prix d'émission de l'OBSCAR à l'émission était fixé à 6 400 F.

Pour BSN, en cas de non exercice des bons, le coût de revient de l'obligation était exactement de 6,70% soit une sensible décote de 250 points de base par rapport aux obligations classiques de l'époque (9,2%). Bien sûr, dans le cas contraire, si les bons étaient exercés, la société réalisait une excellente affaire en renforçant ses fonds propres.

Les OBSCI

Les obligations à bons de souscription de certificats d'investissement ressemblent à leurs sœurs les OBSA, mais le porteur de l'obligation ne pourra souscrire qu'à un certificat d'investissement et non pas à une action, ce qui présente l'avantage pour les actionnaires majoritaires de ne pas voir leur droits de vote dilués en cas de levée des bons.

Les OBSTP

Les obligations à bons de souscription de titres participatifs sont également une variante des OBSA qui donnent lieu, en cas d'exer-cice des bons, à la création de titres participatifs qui ne diluent ni le capital ni les droits de vote. Rhône-Poulenc en a proposé en 1984

Les OBSO

Les obligations à bons de souscription d'obligation sont des obligations à taux fixe, le bon permet au porteur de souscrire à une obligation de même nature plus tard à un prix fixé d'avance.

Les OCABSA

Il s'agit des obligations convertibles à bons de souscription d'actions. C'est un produit composite (un de plus) formé d'une obligation convertible à laquelle sont attachés un ou plusieurs bons de souscription.

5.5.1.6 Les obligations participantes

Elle procurent des bonifications supplémentaires d'intérêt et du prix de remboursement suivant l'évolution des résultats financiers.

Les obligations à coupon-zéro indexées sur le cours de l'action

Les obligations à coupon zéro indexées sur le cours de l'action constituent une variante des obligations à coupon zéro (voir paragraphe 5.1 *Les obligations à taux fixe*).

Il s'agit d'obligations à coupon zéro dont le remboursement est fonction du cours de l'action à l'échéance de l'obligation.

Le prix de remboursement étant défini par la formule :

$$Pr = \frac{\text{Nominal x accélérateur x (cf} - \text{Ci)}}{\text{Ci}}$$

avec Pr : Prix de remboursement
Cf : cours final de l'action à l'échéance

Ci : cours initial de l'action
Accélérateur : coefficient supérieur à 1

Il est fréquent qu'une clause du contrat d'émission plafonne le prix de remboursement.

Le souscripteur profite à plein de l'effet de levier en fonction de la hausse de l'action. L'émetteur peut emprunter à un taux plus bas à l'émission, sans pour autant créer de nouvelles actions nouvelles (ce qui n'est pas le cas des obligations convertibles) tout en bénéficiant de l'image d'un produit novateur.

La première obligation de ce type est due à Lafarge en juin 1992. Elle portait sur 500 millions de francs. De nombreuses sociétés se sont engouffrées dans la brèche depuis : LVMH, Pernod-Ricard, Carrefour, Rhone-Poulenc...

Les obligations zéro-coupon échangeables, au gré du porteur, en actions d'une autre société

On a vu en mars 1999 la société Financière Agache, une des

holdings de tête du groupe LVMH, émettre un emprunt d'un montant de 500 millions d'euros en obligations zéro coupon d'une durée de 5 ans qui rapporte 2,25% et échangeables en actions LVMH.

Les obligations EVEREST

Le 18 juin 1999, la Société générale a lancé une obligation d'un nouveau type, très alléchante et très risquée. Le coupon de 10% par an est susceptible d'entraîner une certaine euphorie sur l'investisseur non averti, mais le montant du remboursement peut causer une sensation assez différente de l'ivresse des sommets. Le capital n'est, en effet, nullement garanti : il est indexé sur la performance d'un panier de plusieurs valeurs européennes. A l'échéance, le détenteur reçoit le nominal multiplié par un coefficient correspondant à l'évolution des deux plus mauvais indices. Pour toutes ces raisons, on les qualifie d'obligations Everest.

5.5.2 Les obligations foncières

Nouvelles en France (fin 98), mais connues depuis des lustres en Allemagne sous le nom de *Pfandbriefe*, les obligations foncières sont gagées sur des crédits immobiliers ou des crédits aux collectivités locales. Pour comprendre l'importance des *Pfandbriefe*, il faut savoir qu'elles représentent 18% des nouvelles émissions en euros au premier semestre 1999. Dexia levait d'ailleurs déjà plusieurs dizaines de milliards francs en Allemagne sous cette forme avant leur arrivée en France.

Le principal intérêt, pour un émetteur de gager (ou sécuriser dans le jargon) des emprunts est d'obtenir une meilleure note et, en France, de rendre éligibles les titres aux mises en pension par la BDF et d'améliorer le ratio de solvabilité des banques émettrices.

La mise en place de ce marché était très attendue par la place bancaire française qui a longtemps considéré que son absence constituait un désavantage concurrentiel considérable par rapport aux banques allemandes.

Signalons enfin que le premier « pfandbrief » coté à PARIS a concerné, avant le vote de la loi en France, un emprunt allemand d'un montant d'un milliard d'euros à 4,25% sur 15 ans qui a été coté au comptant à compter du 26 avril 1999 (code 49459).

Les obligations foncières à la française

Les obligations foncières ont été créées par l'article 93 et suivants de la loi du 17 juin 1999 relative à la sécurité de l'épargne, loi qui a créé les sociétés foncières à la française.

5.5.2.2 Le cadre juridique

Le mécanisme mis en place par la loi consiste à permettre aux établissements bancaires de créer des filiales, les sociétés de crédits fonciers (SCF), vers lesquelles ils pourront transférer leurs prêts immobiliers ou hypothécaires et leurs crédits à des collectivités locales.

Compte tenu de l'importance des enjeux, (le marché des « pfandbriefe » représente 36% du marché obligataire allemand pour un montant de 700 milliards d'euros), le législateur a voulu mettre au point un produit d'une très grande sécurité pour le porteur, afin que les obligations obtiennent la meilleure note possible de la part des agences de rating.

5.5.2.3 Mécanisme des obligations foncières

Les Sociétés de Crédit Foncier (SCF)

Ces Sociétés de Crédit Foncier doivent se refinancer ensuite en émettant des obligations foncières adossées aux crédits transférés.

La notation est un élément fondamental de la réussite de ce projet, car elle détermine le taux auquel les Sociétés de Crédit Foncier pourront émettre. Ce taux représentant en fait le coût de refinancement des établissements bancaires, son niveau joue un rôle décisif pour établir la compétitivité des différents établissements bancaires.

Le dispositif prévoit ainsi que les porteurs d'obligations seront dédommagés avant tout autre créancier en cas de faillite de la Société de Crédit Foncier et que la faillite de la banque société mère, ne pourra entraîner celle de la SCF.

immobiliers assortis d'une hypothèque de premier rang seront transférables aux SCF.

Le seul problème vraiment sérieux qui se pose encore aux obligations foncières françaises provient de l'existence des dispositions de la loi Scrivener limitant à 3% les pénalités en cas de remboursement anticipé. Cette protection de l'emprunteur, que le législateur n'a pas voulu remettre en cause, incite ces emprunteurs à recourir assez fréquemment à des procédures de remboursements anticipés rendant la gestion d'un portefeuille de créances plus complexe et surtout - un peu - plus risquée.

On trouvera ci-dessous, le mécanisme de la première SCF française.

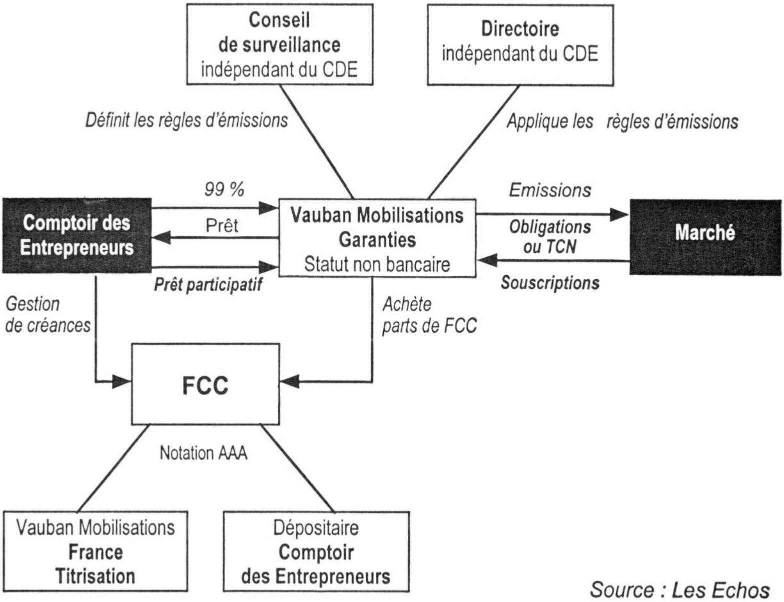

Source : Les Echos

5.5.3 Les obligations exotiques

Cette « nouvelle » « nouvelle frontière » du marché obligataire, est, comme le lecteur le découvrira bientôt avec étonnement, peuplée d'étranges créatures. En voici quelques exemples.

5.5.3.1 Les obligations « AVE MARIA ».

Cette dénomination quelque peu mystique trouve ses origines dans la liturgie chrétienne autant que dans le football américain. Les footballeurs américains très inspirés par les Evangiles, comme chacun le sait, inventèrent une technique dite de la passe « Ave Maria ». Cette stratégie, un rien suicidaire, consiste, après avoir placé ses partenaires à peu près n'importe comment sur le terrain, à expédier le ballon n'importe ou pourvu que ce soit le plus loin possible, en priant le ciel (d'où l'étymologie) que ce ballon retombe dans des mains amies. Les plus éminents spécialistes de ce noble sport qu'est le football américain vous le certifieront tous : il arrive parfois que cela marche. De quoi nous faire regretter que cet aimable passe temps n'ait pas traversé l'Atlantique.

Il semble même que ce soit l'adoption de cette stratégie audacieuse, faisant appel pour partie à l'aide du ciel et pour le reste à sa propre inconscience, qui préside à l'émission et surtout à la souscription de toute une série d'obligations particulièrement originales apparues ces derniers temps sur différents marchés.

Les obligations liées aux catastrophes naturelles

Les compagnies d'assurance américaines, japonaises, suisses, allemandes ou, anglaises, commencent à proposer des obligations dont les conditions de rémunération et de remboursement peuvent être influencées par l'irruption de catastrophes naturelles.

La compagnie américaine USAA, a ainsi émis récemment par l'intermédiaire du courtier Goldman Sachs 470 millions de $ d'obligations pour lesquelles le porteur commence à perdre une partie de son capital dès que la compagnie a payé son premier milliard de $ pour sinistre d'ouragan.

Tokyo Marine a mis en place un système comparable à partir du risque de tremblement de terre à Tokyo (l'indexation porte sur pour des montants dépassant rarement 50 millions de $. L'offre sur ce marché est également assez faible, les grandes stars étant en général assez riches, ce sont plutôt les artistes passés de mode (donc à plus haut risque) qui sont intéressés. De plus, l'émission d'obligation pour financer l'emprunt d'une personne physique est très intéressant fiscalement, mais uniquement dans le système fiscal des Etats Unis.

Malgré toutes ces difficultés, la veine ne s'est pas encore tout à fait tarie. Daiwa securities ayant dernièrement émis une obligation de 30 millions de dollars d'une durée de 20 ans et d'un rendement de 8% pour le compte du groupe Iron-Maiden.

Conclusion

L'innovation en matière obligataire étant sans limite, on voit fleurir des types d'obligations très diverses qui, si elles correspondent à un besoin du public, peuvent faire une belle carrière. Dans le cas contraire, elles iront encombrer les archives des brillantes idées sans lendemain.

5.6 LES PRODUITS DERIVES DES OBLIGATIONS

Les deux dernières décennies ont été fertiles en innovation et on a vu apparaître des produits dérivés, de deux types, les warrants et les marchés à terme obligataires.

5.6.1 Les WARRANTS

« Tout le monde, j'en suis sûr, est conscient que l'effet de levier, en matière financière, consiste à utiliser l'argent des autres pour essayer de s'enrichir davantage qu'en se contentant d'utiliser ses propres capitaux »

SARNOFF

5.6.1.1 Principes de base

L'origine des Warrants

Les warrants financiers sont apparus dès les années 70. Ce terme d'origine française, emprunté de l'ancien droit germanique, est utilisé en langage commercial depuis belle lurette. D'après le code commercial, un warrant est un billet au porteur permettant contre la remise de prendre livraison d'une marchandise à un prix déterminé. Aujourd'hui la transposition des warrants commerciaux aux marchés financiers suit le même principe. Un warrant donne le droit d'acquérir un sous-jacent coté sur un marché financier à des conditions déterminées.

C'est en 1985, que les *covered warrants* émis par des établissements financiers proposent pour la première fois au marché des bons d'acquisition d'actions sur des sociétés tierces. Ces premières opérations étaient assorties d'un gage (d'où le terme) représenté par les titres sous-jacents à l'émission. Pour le spéculateur, l'achat d'un warrant permettait de jouer la hausse d'une action en limitant le risque, et présentait de nombreuses similitudes avec les options.

Ces nouveaux instruments financiers qui connaissent un grand succès en Allemagne et en Suisse puisqu'en 1997 on a traité environ 11 milliards de francs en France (deux grands établissements se partageant le marché : la Société générale et la Citibank) tous warrants confondus contre l'équivalent de 350 milliards de francs en Allemagne. Il permettent donc de spéculer (ou de se couvrir) sur les actifs les plus divers : actions, indices, taux d'intérêts, Notionnel, devises. Dans ce chapitre, on n'abordera toutefois que les warrants sur les obligations, sur le notionnel et les warrants de taux d'intérêt (sur notionnel).

Définition

Le warrant se situe à mi-chemin du bon de souscription et de l'option. Il s'agit d'une valeur mobilière (donc cotée en bourse) émise par un établissement financier et qui donne le droit à son détenteur d'acheter (call warrant) ou de vendre (put warrant) un actif à un prix déterminé pendant une durée déterminée. Le fisc les qualifie, pour sa part, de bons d'options.

Remarques importantes :

1. *Contrairement aux options qui sont des contrats, les warrants sont des valeurs mobilières (donc émises en quantité limitée) qui se traitent au comptant : un intervenant ne peut vendre un warrant en ouverture de position.*
2. *Contrairement aux bons de souscriptions, l'exercice d'un warrant ne permet pas la création de titres nouveaux, c'est l'émetteur du warrant qui fournira au souscripteur un actif préexistant qu'il détient en portefeuille.*
3. *Les établissements financiers sont les émetteurs des warrants qui peuvent porter sur de nombreux actifs.*

Conditions d'émission des Warrants

Les « Principes généraux relatifs à l'émission en France ou sur le marché international et à l'admission à la cote officielle de warrants et d'obligations complexes » sont définies par des instructions de la COB et CBV en date du 19/11/1991 et actualisées par des instructions de la COB de juin 1996 et du 13 novembre 1998.

Deux conditions sont à remplir pour émettre des warrants :

seuls peuvent le faire les établissements de crédit et une autorisation de la COB est indispensable pour l'émission et le placement.

Modes de cotation

L'originalité du warrant réside dans un système de double cotation. S'agissant de valeurs mobilières, ils possèdent un code SICOVAM et peuvent être échangés en Bourse. Emis par un grand établissement financier, ce dernier assure la liquidité du marché et propose en permanence une fourchette acheteur/ vendeur (en général pour 5 000 warrants ou 50 000). Dans la pratique, il faut savoir que l'émetteur est la seule contrepartie sérieuse.

Il existe souvent une quotité minimum à l'achat qui peut être de 100, de 1 000 ou de 10 000 : il est donc utile de bien demander à son intermédiaire les conditions d'intervention.

Exemple : *Le 14 septembre 1999, le call warrant OAT 5,25% 2008 connu sous le code 25464 permettait d'acheter une OAT 5,25% 20008 à 110 avant le 15 décembre 1999. Le dernier cours de ce warrant était de 0,06 euros et les fourchettes de cotations étaient :*

A l'offre	***A la demande***
400 warrants à 0,08	*7 000 warrants à 0,03*
10 000 warrants à 0,32	*10 000 warrants à 0,02*

Dans cet exemple, les 10 000 warrants offerts à 0,32 et les 10 000 warrants demandés à 0,02 représentent la fourchette acheteur/ vendeur de la Société générale sur le marché.
Ici, la quotité minimale d'intervention est de 500 warrants.

5.6.1.2 Les paramètres d'évaluation des Warrants

On distingue le ratio, qui est la quantité d'actif sous-jacent qu'un warrant permet d'acheter ou de vendre du gearing (le nombre de warrants pouvant être achetés pour le prix du sous-jacent d'un warrant, ou le ratio : cours du sous-jacent/cours du warrant) qui mesure l'effet de levier du warrant. Le prémium, ou prime est le surcoût en % de l'achat du sous-jacent par le biais du warrant. Il est défini par la formule (en %) :

$$\left[\frac{(\text{Prix du warrant + prix d'exercice})}{\text{Cours du sous-jacent}}\right] - 1$$

***Remarque** : le ratio Gearing / prémium est considéré comme intéressant s'il est supérieur à 1.*

5.6.1.3 Les Warrants sur obligations

En France les principaux warrants sur obligations permettent de jouer la hausse ou la baisse des OAT, mais il existe de warrants sur les T-bonds américains, sur les Bunds, les obligations japonaises, les gilts anglais…

Il s'agit de warrants qui ont pour actif sous-jacent une obligation. On distingue les calls warrants (qui permettent de jouer la hausse du cours des obligations sous-jacentes) et les puts warrants (qui permettent de jouer la baisse des cours des obligations).

***Exemple** : Le call warrant émis par la société générale ayant le code SICOVAM 26342 permet à son détenteur d'acquérir une OAT 4% octobre 2 009 à un cours de 98 % de sa valeur nominale (1 euro). Le 14 septembre 1999, cette OAT (code 22156) cotait 90,60 % et le warrant cotait 0,29 euros pour une quantité minimale de 500 warrants.*

On trouvera ci-joint, à titre d'exemple, la liste des warrants sur obligations proposé par une banque active dans ce domaine : la Société générale.

5.6.1.4 Les autres types de Warrants

- Les warrants sur notionnel :
  Il s'agit de warrants dont le sous-jacent est le contrat notionnel et non pas une obligation réelle.

- Les warrants de taux :
  A la différence des warrants sur obligations, le sous-jacent est un taux d'intérêt.

Prix indicatif sur Warrants OAT

Code (1)	Sous-jacent (2)	Cours (3)	Type (4)	Strike (5)	Maturité (6)	Bid (7)	Ask (8)	Delta% (9)
25464	OAT 5,25 % 04/2008	101,01	CA	110,00	15/12/99	**0,02**	**0,32**	0
25465	OAT 5,25 % 04/2008	101,01	CA	112,00	15/12/99	**0,01**	**0,31**	0
25466	OAT 5,25 % 04/2008	101,01	PA	108,00	15/12/99	**23,01**	**23,31**	98
25467	OAT 5,25 % 04/2008	101,01	PA	106,00	15/12/99	**17,08**	**17,38**	95
25468	OAT 7,25 % 04/2008	114,37	PA	118,00	15/12/99	**14,60**	**14,90**	90
25469	OAT 7,25 % 04/2008	114,37	PA	116,00	15/12/99	**9,46**	**9,76**	77
26341	OAT 4,00 % 04/2008	90,55	CA	100,00	04/09/00	**0,08**	**0,18**	5
26342	OAT 4,00 % 04/2008	90,55	CA	98,00	04/09/00	**0,25**	**0,35**	10
26343	OAT 4,00 % 04/2008	90,55	CA	96,00	04/09/00	**6,80**	**6,90**	83
26344	OAT 4,00 % 04/2008	90,55	CA	94,00	04/09/00	**5,25**	**5,35**	74

(1) Code valeur : code Sicovam
(2) OAT référence
(3) Valeur du cours
(4) CA : Call / PA : Put
(5) Prix de l'exercice exprimé en pourcentage
(6) Echéance du warrant
(7) Meilleure demande en %
(8) Meilleure offre en %
(9) Delta du warrant

- Parité : 1 warrant / 304,90 euros. Excepté pour les warrants échéance 4 septembre 2000 qui ont une parité de 100 euros
- Quotité minimum de négociation : 100 warrants. Excepté pour les warrants 4 septembre 2000 qui ont une quotité minimum de négociation de 500 warrants
- Devise de règlement : euro (règlement livraison : date de transaction + 3)
- Place de cotation : Paris

Source Mise à jour du 9 septembre 1999

5.6.2 Les marchés à terme

« Dans l'avenir, il n'y aura que deux marchés, un marché primaire concentré entre de grosses maisons disposant d'importants fonds propres, et un marché dérivé hypertrophié »

PFAUWADEL, ancien président de MATIF SA

Innovation essentielle des années 70 (aux Etats-Unis) et des années 80 (en Europe), les marchés à terme obligataires permettent de se couvrir et de spéculer sur l'évolution des taux à long terme (sur le contrat Notionnel du MATIF, sur le contrat Bund à Francfort ou sur les T-bonds à Chicago) ainsi que sur les taux à court terme.

On étudiera ici le marché parisien qui a connu, en 1999, une grave crise face à la concurrence de son homologue allemand, puis les marchés européens et enfin les autres marchés dans le monde (essentiellement le marché américain qui joue le rôle de marché directeur sur les taux à long terme. Les intervenants (le particulier, comme l'institutionnel) peuvent également facilement intervenir sur les grands marchés mondiaux grâce au développement des courtiers en ligne et à des coûts raisonnables (moins de 100 F pour prendre position sur un contrat d'une valeur nominale de 100 000 $). Et ce d'autant plus que l'innovation technologique de ces dernières années sur ces marchés a été le passage progressif d'un mode de cotation à la criée à un mode de cotation électronique. Sujet de conversation qui alimente régulièrement les débats des professionnels des marchés dérivés lors de leur grand-messe annuelle à Boca-Raton (Floride).

5.6.2.1 Le MATIF

Créé en 1986, MATIF SA a lancé son produit phare, le Notionnel, en février 1986. Depuis son absorption par la SBF, MATIF SA a connu quelques évolutions. La principale est sans conteste l'abandon définitif de la criée (le 6 novembre 1998) après une courte période de double cotation (criée et électronique) et l'informatisation de toutes les transactions par le biais d'un réseau d'ordinateurs. Au mois de septembre 1999 le MATIF semblait bien être sur le point de couler corps et biens : au mois d'août 1999, il s'est traité près de 10 000 lots par jours sur le notionnel (plus de 200 000 à la belle époque), alors même que son concurrent allemand l'Eurex traitait plus de 250 000 lots par jour sur le contrat euro-bund. L'écart est moins marqué sur les contrats de taux à court terme avec un peu mois de 10 000 lots par jour pour l'Euribor-3 mois à PARIS et un peu plus pour l'Euribor-3 mois à Francfort.

Il n'est pas possible, dans le cadre de ce guide, de développer en détails tous les produits du MATIF[3] : je ne présenterai donc que le contrat euronotionnel.

Sur le MATIF, il s'agit du contrat euronotionnel.

Les caractéristiques du contrat euronotionnel

C'est le contrat le plus connu du MATIF. Il s'agit d'un contrat à terme dont les caractéristiques sont les suivantes :

- Emprunt d'Etat fictif in fine
- D'un nominal de 100 000 euros
- De durée de vie comprise entre 7 et 10 ans
- A taux fixe de 3,5% par an

Les échéances du contrat notionnel sont trimestrielles (mars, juin, septembre, décembre). Les cotations se font en pourcentage du nominal et les horaires d'ouverture du marché sont de 9H à 17H.

Le gisement

Enfin, le notionnel étant une obligation fictive (d'où son appellation), en cas de demande de livraison, le vendeur va choisir dans un gisement de titres (tous des OAT de durée de vie comprises entre 7 et 10 ans), l'obligation qui, après application d'un facteur de concordance, sera la moins chère à livrer.

Le deposit

S'agissant d'un contrat à terme, chaque intervention nouvelle sur le marché (en ouverture de position) nécessite un dépôt de

---

[3] *Guide pratique des Marchés à Terme et du Matif*, SEFI, 3e édition en cours.

garantie (ou deposit).

Exemple : *Le 19 août 1999, le contrat notionnel échéance septembre cotait 88,68. Dans ces conditions, un intervenant qui anticipe une baisse des taux à 10 ans entre le 19 août 1999 et l'échéance septembre, va jouer la hausse du cours des obligations à taux fixe (lorsque les taux à long terme baissent, le cours des obligations à taux fixe monte, voir Chapitre 5.1 Les obligations à taux fixe). En conséquence, il va passer un ordre d'achat sur le MATIF. Par exemple, j'achète un contrat notionnel septembre au marché. Une fois son ordre exécuté (supposons qu'il le soit à 88,70), il aura une position à terme de 88,70% de 100 000 euros soit un encours de 88 700 euros, le tout avec un deposit fixé à 1 750 euros au début 2000 (le montant peut être modifié sans préavis).*

Pour maîtriser les risques des intervenants, les marchés à terme ont mis en place un mécanisme d'appel de marge. Celui-ci fait appel à la notion de cours de compensation. Il s'agit tout simplement de solder fictivement les positions des intervenants sur le marché à la fin de chaque séance de Bourse, sur la base d'un cours appelé cours de compensation qui reflète le plus fidèlement possible les dernières transactions (dans la pratique, il s'agit très fréquemment du derniers cours coté).

Exemple : *Notre acheteur du 19 août 1999 a acheté son contrat notionnel à 88,70 dans la journée. Il garde sa position à la clôture de la séance puisqu'il escompte une baisse des taux d'ici le 30 août. Or, l'état des dernières transactions de la journée du 19 août est tel que le cours de compensation est fixé à 88,55. Dans ce cas, l'acheteur va voir sa position fictivement liquidée, pour la journée du 19 août à 88,55 et va repartira le jour de Bourse suivant (le 20 août en l'occurrence) comme s'il se trouvait acheteur d'un contrat à 88,55. Pour équilibrer sa position, MATIF SA va débiter son compte chez son intermédiaire, de 88,70-88,55 soit 0,15% de 100 000 ou encore 150 euros.*

5.6.2.2 Les marchés à terme obligataires en Europe

Panorama des différents marchés

Depuis l'arrivée de l'euro, une lutte acharnée oppose les trois grands marchés allemand, anglais et français pour le leadership européen. Pour l'heure, c'est l'EUREX, le marché allemand, qui l'emporte haut la main et les bunds (les obligations de l'Etat allemand) sont devenus la référence en matière de taux à long terme dans l'Euroland.

L'EUREX est le nouveau nom du Deutshe Termin Borse (DTB), le marché à terme des obligations de Francfort qui a su profiter à plein de l'implantation de la BCE dans la capitale financière allemande et de son avance technologique : l'EUREX a joué la carte du tout électronique bien avant le MATIF et en mars 1999, on comptait quelques 3 000 écrans de transaction installés chez les professionnels contre seulement 700 pour le MATIF. Résultat sans appel du bras de fer : 850 000 lots échangés sur le contrat phare du MATIF en mars 1999 contre 14 millions de lots sur le bund allemand. La liquidité appelant la liquidité, les intervenants qui jouent l'évolution des taux longs (en spéculation ou en couverture) passent de plus en plus par Francfort.

La fulgurante progression du marché allemand ne s'est d'ailleurs pas déroulée sans heurts, et le risque de squezze s'est présenté en septembre 98 à un moment où la position ouverte (le nombre de contrats en jeu un jour donné) était telle qu'elle représentait trois fois le nombre d'obligations disponibles pour être livrée dans le gisement.

Le LIFFE, London international financial futures and options exchange est le marché londonien. Il a perdu très vite sa suprématie sur le marché des bunds et souffre du refus britannique de rejoindre l'euro. La référence monétaire à court terme avec l'eurolibor a été un échec complet, renforçant la prédominance de l'Euribor comme seul référence des taux à court terme dans la zone euro. Le LIFFE a été un des derniers marchés à terme européeens à adopter la cotation électronique puisque les produits obligataires se traitent ainsi depuis mai 1999. Prenant acte de l'échec de sa référence court terme, il a lancé un contrat Euribor 3 mois en septembre 1999.

Parmi les marchés secondaires, on notera à Barcelone le MERFFRF pour Mercado de futuros financieros Renta Fija et à Stockolm l'OM ou optionsmarnad.

5.6.2.3 Les autres marchés à terme d'obligations dans le monde

Les grands marchés mondiaux sont les deux géants de CHICAGO, le CBOT pour Chicago Board of Trade et le MERC pour Chicago Mercantile Exchange. Ces deux marchés hésitent encore à passer à l'ère du tout électronique et ce d'autant plus que le CBOT a fait construire, il y a quelques années, une gigantesque salle de marché grande comme un terrain de football et qui a coûté plus d'un milliard de francs.

Au Japon, on trouve également deux grands marché, le TSE pour Tokyo stock exchange et le TIFFE pour Tokyo international financial futures exchange.

En Asie, le SFE ou Sydney futures exchange et le SIMEX ou Singapore international monetary exchange.

CHAPITRE 6

Les stratégies sur les obligations

6.1 LES STRATEGIES DES INVESTISSEURS

Tous ceux qui doivent gérer leur argent mettent en place des stratégies, conscientes ou pas, voulues ou pas. En effet, le simple fait d'acheter une OAT Alphandéry auprès de sa banque revient à assumer un risque de hausse des taux à long terme (la hausse des taux longs entraînant une dépréciation des cours des obligations à taux fixe). C'est pourquoi il n'est pas absurde d'affirmer que « ne rien faire c'est déjà spéculer ».

On classe habituellement les investisseurs en trois grands types : les particuliers, les OPCVM et les non-résidents.

On pourrait brosser une typologie des investisseurs modernes en leur reconnaissant cinq caractéristiques :

1. Ils sont techniques, disposent de nombreux outils de suivi des marchés et de logiciels d'évaluation performants.
2. Ils sont conformistes et suivent des modes.
3. Ils aiment les nouveautés.
4. Ils aiment la régularité et se méfient des résultats volatiles, demandeur de plus informations.
5. Ils sont attentifs à ce qui se passent dans les sociétés émettrices.

6.1.1 Les stratégies simples du marché obligataire

Voici une liste – non-exhaustive – des stratégies simples proposées sur le marché obligataire. La présentation se fera en allant de la plus sûre à la plus risquée.

6.1.1.1 Le placement des liquidités

Il existe quatre véhicules d'investissement à court terme qui peuvent vous aider à faire au moins aussi bien que l'inflation. Il s'agit (1) des fonds et sicav de trésorerie, (2) des certificats de dépôts, et (3) des comptes de dépôts rémunérés au taux du marché.

Les fonds et SICAV de trésorerie

Le principal avantage des OPCVM de trésorerie réside dans la modicité de l'investissement : de nombreux établissements proposent des parts à moins de 5 000 F. De plus on peut les vendre du jour au lendemain sans subir – au moins en théorie – de pertes en capital.

Il faut impérativement choisir des OPCVM sans frais d'entrée et de sortie. Privilégier les produits avec des frais de gestion très faibles (moins de 0,2% par an). En effet, avec des taux de rendements en base annuelle de l'ordre de 2,3% observés en août 1999, et avant fiscalité, des frais de gestion de plus de 0,2% par an ampute la performance de 10%. De même des frais d'entrée de 0,5% signifient concrètement qu'il faut laisser l'argent investi pendant au moins un trimestre pour retrouver simplement sa mise, ce qui n'a aucun intérêt pour un placement destiné à être liquide à tout moment. Quant au rendement après fiscalité, il s'élève non pas à 2,3% mais (dans l'hypothèse du prélèvement obligatoire de 25%), à moins de 1,8%.

Les titres de créance négociables

Voir avec sa banque ou son établissement financier. Outre ses propres produits (des certificats de dépôts), la banque peut proposer des billets de trésorerie ou des BTF. Le seul problème réside dans le montant minimum à investir : 1 MF pour le Certificat de Dépôt (CD) et les BT (Bons du Trésor) et 5 MF pour les (BTF) (Bons du trésor à taux fixe et à intérêts précomptés). Autre inconvénient, théoriquement négociables, ses titres le sont en réalité fort peu.

Les comptes de dépôts rémunérés au taux du marché

Même s'il ne s'agit pas là de titres, ces comptes de dépôts proposent des taux proches des OPCVM de trésorerie.

6.1.1.2 Les stratégies du rentier

Il est souvent plus intéressant de se constituer soi-même sa rente plutôt que de passer par un organisme qui va prélever des frais importants. Seules exceptions de taille : les enveloppes fiscales de l'assurance-vie et du PEP qui nécessitent de passer par un établissement bancaire ou une compagnie d'assurance.

Acheter à l'émission des obligations à taux fixe et les conserver

Elle consiste à acquérir des obligations à l'émission et à les porter jusqu'au remboursement. Il s'agit d'une stratégie de gestion passive, fréquemment appliquée par le particulier (voir emprunt Balladur) et par les Compagnies d'assurance. C'est apparemment la stratégie la plus usitée par les particuliers détenteurs d'obligations en direct, puisque selon les statistiques de la banque de France, la durée de leur placement est de huit ans.

Deux variantes étant alors possibles : le détenteur consomme les coupons (stratégie du rentier) ou les réinvestit. Le principal avantage de cette stratégie réside dans l'absence de frais à l'émission et au remboursement.

En privilégiant systématiquement les obligations privées, on gagne le spread et on réalise ce que les professionnels de la gestion appellent un alpha, à savoir un différentiel de performance par rapport à la référence qu'est le taux de rendement de l'OAT. Bien entendu, le risque de signature est plus grand et il faut alors privilégier les sociétés de très bonne qualité. Pour les épargnants totalement averses au risque, on peut acheter des OAT à l'émission auprès de sa banque, mais dans ce cas les frais sont de 2%.

Acheter des obligations en Bourse

Il est toujours possible d'acheter en Bourse, c'est moins cher (les frais sont de l'ordre de 0,5%). Bien fixer un cours limite surtout sur des lignes peu liquides.

Souscrire à des OPCVM obligataires à revenu régulier

Trois grands types d'OPCVM sont à la disposition de l'investisseur : les OPCVM obligataires de revenus, les OPCVM obligataires de capitalisation, les OPCVM obligataires avec garantie du capital

Il est important de toujours garder à l'esprit qu'il n'existe aucune corrélation entre le montant des frais perçus et le niveau de performance. Attention donc aux frais d'entrée, qui modifient complètement les performances. Ainsi, au 27/08/99, le classement des meilleurs SICAV et FCP obligataires dans la catégorie des obligations à revenu régulier plaçait parmi les meilleurs produits les revenus trimestriels de la Poste avec une performance sur 1 an de seulement 2,77% (dû en grande partie à la forte hausse des taux du premier semestre 1999) et une performance cumulée sur 3 ans de 16,73%. Les droits d'entrée sont de 1% et la volatilité de la SICAV est de 2% sur un an

6.1.1.3 Les stratégies antihausse des taux

L'achat d'obligation à taux variable

On peut acheter des OAT TEC. Certes le rendement est moins bon que celui des OAT à taux fixe (100 pb de moins), en revanche, le rendement suit l'évolution des taux ce qui très avantageux en période de hausse des taux, comme celle qui a prévalu au premier semestre 1999.

Une autre astuce : traquer les OAT TEC des émetteurs privés de qualité irréprochable qui proposent des rendements supérieurs à l'OAT TEC échéance 2006 (code 57054). De ce point de vue, l'emprunt TEC de Paribas échéance 2006 (code 20729) rapporte nettement plus. Le 31 août 1999 elle procurait un rendement actuariel de 4,57% contre 3,99% pour l'OAT TEC, soit 58pb de plus. Attention, il s'agit d'une rentabilité estimée qui est purement théorique puisqu'elle présuppose une parfaite stabilité des taux longs jusqu'à l'échéance. Quoiqu'il en soit, le porteur de l'emprunt TEC de Paribas obtiendra au moins un rendement supérieur de 0,50% à celui de l'OAT TEC, ce qui est élevé lorsque les taux sont à 4%.

L'achat d'obligations zéro coupon

Supposez que l'on vous propose d'investir 10 000 euros maintenant et d'avoir l'engagement du gouvernement que vous récupérerez plus de cinq fois votre mise dans 20 ou 25 ans. Eh bien , cette possibilité d'accumuler plus de 50 000 euros existe bel et bien par l'intermédiaire d'actifs zéro-coupon.

Ces actifs sont appelés « zéro-coupon » ou simplement « zéro » parce qu'ils ne rapportent aucun intérêt, contrairement aux autres obligations. En contrepartie, ces actifs s'achètent avec des rabais considérables par rapport à leur valeur faciale (par exemple 0,20 euros pour un euro) et voient leur cours progresser graduellement pour atteindre le pair à l'échéance. S'il les garde jusque là, le détenteur touchera la valeur nominale de l'obligation. Ces actifs sont disponibles sur des maturités comprises entre quelques mois et presque 30 ans

La principale qualité des « zéros » est que l'acheteur ne supporte pas le risque de réemploi. Une obligation à zéro-coupon garantit donc à un investisseur que ses fonds seront toujours réinvestis au même taux de rendement jusqu'à l'échéance de l'obligation. C'est la raison pour laquelle les zéro-coupon offrent un moyen commode de bloquer des rendements élevés pour les années à venir.

6.1.1.4 Les stratégies anti-inflationnistes

Pour se protéger de l'inflation, il faut acheter des OATi. On a vu au chapitre 5.2 *Les obligations à taux variable*, que l'OATi si elle rapporte moins qu'une OAT à taux fixe puisque son coupon n'est que de 3% offre au rentier la garantie d'un maintien du pouvoir d'achat du coupon et du capital.

En outre, l'OATi semble rapporter, au premier semestre 1999, beaucoup plus que ses consoeurs anglaises. Ainsi en avril 1999, le produit britannique rapportait, sur la base du cours de Bourse, un rendement réel de 1,61% contre 2,91% pour l'OATi.

De nombreux analystes estiment que ce type de produit doit être évalué pour rapporter autant que l'évolution du revenu national soit environ 2,5% par an. Au dessus de ce rendement, l'OATi est donc une bonne affaire.

Comme pour les obligations TEC, il est habile de rechercher des titres d'autres émetteurs qui rapportent (un peu) plus. De ce point de vue, la CADES, dont la signature est excellente, a émis 1,5 milliards d'euros d'obligations indexées sur l'inflation appelé CADESi dont l'échéance est fixée au mois de juillet 2013 et dont le coupon est de 3,15%. L'investisseur est donc certain de toucher, quelque soit le niveau de l'inflation, 15 pb de plus que l'OATi.

6.1.1.5 A la recherche de plus-values sans trop de risque : Les obligations convertibles

Le secteur des obligations convertibles recèle des valeurs qui permettent, moyennant une prise de risque raisonnable, d'obtenir un rendement intermédiaire entre celui des obligations (entre 4 et 5% par an) et celui des actions (en moyenne 10% par an sur longue durée mais avec des fortes fluctuations).

On a présenté au paragraphe 5.3 *Des obligations à la lisière des actions* les différents types d'obligations convertibles et notamment les OC de type actions ou obligations ou les OC dites mixtes qui ont un rendement honorable tout en laissant au porteur des possibilités de plus-values en cas de hausse de l'action.

Dans le même style, on peut regarder du coté des Titres participatifs.

6.1.1.6 La recherche de hauts rendements : un sport risqué

Certains particuliers, estimant que les taux offerts par les emprunts sans risque (autour de 4% au début 1999 et autour de 5% en juillet 1999 pour des OAT d'une durée de 10 ans) sont insuffisants, traquent dans la cote officielle les obligations à hauts rendements qui leur rapporteront beaucoup plus. Bien entendu, des rendements plus élevés sont la contrepartie de l'acceptation d'un risque plus grand, conformément à l'adage financier bien connu selon lequel « il n'y a pas de repas gratuit ».

***Exemple** : Le Journal des Finances, a publié dans son édition du 21 août 1999, un article fort intéressant sur les « junks bonds « à la française. Et de citer l'exemple des obligations convertibles GEL 2000 (code 9488), dont le nominal est de 24,39 euros, émises en 1996 et qui rapportent, sur la base d'un cours de 6,6 euros, un taux de rendement actuariel de 68,36% ! La date de remboursement est prévue 1er janvier 2003.*

Nettement moins risquée, mais très rémunératrice, apparaît l'obligation Rémy Cointreau qui affichait, à un moment un spread de 1000 points de base (c'est à dire qu'elle procurait un rendement de 14% au lieu de 4% pour l'OAT de même durée).

6.1.2 Les stratégies complexes du marché obligataire

La globalisation des marchés secondaires répond à une sophis-tication. La continuité des actifs financiers, du marché monétaire au marché obligataire, a démultiplié les possibilités de prises de positions. Le champ de vision du gérant obligataire est celui d'un ensemble mondial d'actifs financiers qui, à la différence de la maturité ou de la devise de libellé est relativement homogène. L'élargissement du domaine d'action consiste aussi à intégrer systématiquement dans ses choix les marchés à terme et d'options sur taux d'intérêt ou sur taux de change.

6.1.2.1 Les stratégies à la hausse des taux

Pour jouer (ou se prémunir contre) la hausse des taux, il est toujours possible de mettre en place des stratégies simples comme l'achat d'obligations TEC ou d'OATi.

L'immunisation du portefeuille

A la différence de la technique anti-inflationniste ; celle-ci est destinée à se protéger temporairement, lorsqu'on détient un portefeuille d'obligations à taux fixe, contre une remontée des taux.

Le notionnel permet d'anticiper la hausse des taux long (en

achetant du notionnel), la baisse des taux long (en vendant à terme du notionnel et en rachetant le contrat plus tard). Il permet également à un détenteur d'obligations à taux fixe de couvrir sa position. Cette stratégie est connue sous le nom de « stratégie d'immunisation de portefeuille ».

Pour immuniser son portefeuille, il faut d'abord calculer le nombre de contrats qu'il devra vendre selon la formule suivante :

$$N = \frac{\text{A x sensibilité de l'actif à couvrir}}{\text{100 000 x C x sensibilité du notionnel}}$$

Avec N : nombre de contrats notionnel à vendre
A : montant de l'actif à couvrir en euros
C : cours du notionnel

***Exemple** : Vous détenez en portefeuille pour environ 100 000 euros d'obligations à taux fixe au 1° janvier 1999, les taux sont alors de moins de 4% sur les OAT à 10 ans et le contrat notionnel septembre 1999 cote 96. Vous craignez une hausse des taux long et décidez de couvrir votre portefeuille en vendant un contrat Notionnel.*

6.1.2.2 Stratégies à la baisse des taux

Il faut déjà noter que le simple fait d'acheter des OAT ou tout autre titre à taux fixe est une stratégie (simple) qui anticipe ou qui tire profit de la baisse des taux.

Stratégies impliquant des contrats à terme

Les personnes qui anticipent une baisse des taux peuvent acheter des obligations à taux fixe(dont le cours progressera avec la baisse des taux) ou acheter des contrats à terme sur l'euronotionnel ou sur le bund .

***Exemple** : Spéculation à la baisse sur les taux longs*

Si le cours de l'obligation est de 88,70% et non pas de 100% (le pair), c'est tout simplement parce que le notionnel rapporte 3,5%

et que les taux à 10 ans le 19 août 1999 sont à un niveau de 4,95% : une OAT émise ce jour là rapporterait 4,95%, les acheteurs n'accepteront de payer une OAT qui rapporte que 3,5% moins cher que sa valeur nominale pour compenser le différentiel de taux.

Si l'anticipation de l'acheteur est bonne et que les taux à 10 ans passent de 4,95% le 19 août à 4,75% le 30 août, le contrat Notionnel vaudra à peu près 89,70. Souhaitant prendre son bénéfice, l'acheteur passera un ordre de vente, le 30 août. Par exemple, je vends un contrat notionnel septembre à 89,70 valable jour. Une fois l'ordre exécuté sa plus-value est facile à calculer : il a vendu à 89,70% de 100 000 ce qu'il a acheté à 88,70% de 100 000 euros et réalise donc une plus-value (hors frais de courtages) de 1 000 euros, le tout avec un deposit de .

Stratégies impliquant des options sur contrats à terme

De la même manière, les personnes qui maîtrisent les options[4] peuvent acheter des calls sur les contrats à terme Notionnel et bunds.

6.1.2.3 La spéculation sur les spreads ou écarts de taux

Ce sont des stratégies très complexes qui anticipent l'évolution du rating des différentes obligations.

Exemple : *Un investisseur dispose d'une grosse ligne d'obligations à taux fixe sur un Etat dont la notation risque de se dégrader (par exemple un Etat pétrolier comme la Norvége en période de forte baisse des cours). Il souhaite garder sa ligne pour profiter d'une baisse des taux qu'il anticipe. En revanche il craint un abaissement de la note du débiteur qui entraînera mécaniquement une baisse des cours de ses obligations. Il peut mettre en place une stratégie à base de dérivé de crédit comme l'achat d'options sur spread de signature, voire même des « credit default swaps ».*

---

[4] *Guide pratique des Options et du Monep*, SEFI, 4e édition.

6.1.3 Les stratégies complexes du marché monétaire

Ces stratégies sont réservées aux institutionnels. Elles sont basées sur la technique dite du prêt de titres.

Ce marché provient d'un besoin de détenteurs de TCN de s'assurer des liquidités. Du coté de la demande de titres, on trouve des investisseurs qui souhaitent placer leurs liquidités à court terme en connaissant précisément le taux de placement indépendamment de la variation des taux, ou encore des investisseurs qui, pour des raisons réglementaires par exemple, doivent détenir des titres (ratios comptables notamment). Du coté de l'offre, on trouve des établissements qui ont besoin de trésorerie à court terme.

6.1.3.1 Le réméré

Appliqué aux titres monétaires et obligataires, le réméré est un contrat entre un acquéreur d'obligations en échange d'une option de rachat exerçable jusqu'à une certaine échéance et à un prix convenu à l'avance, supérieur au prix d'achat et dont la rémunération est proche de celle du marché monétaire. Le seul risque pour l'acheteur est le refus du vendeur de reprendre ses titres en cas de fortes baisses des cours (puisque le niveau de rachat a été fixé au début). Le réméré est régi par les articles 1659 à 1673 du code civil, « le réméré est un pacte par lequel le vendeur se réserve de reprendre la chose vendue, moyennant la restitution du prix et le remboursement des frais et loyaux coûts de la vente ». Il s'agit d'une vieille technique financière qui a été adaptée aux besoins modernes.

6.1.3.2 La pension livrée

La pension est « l'opération par laquelle une personne (le cédant) cède en propriété à une autre personne (le cessionnaire) des effets publics ou privés, des valeurs mobilières ou des TCN, et par laquelle le cédant et le cessionnaire s'engagent respectivement et irrévocablement, le premier à reprendre, le second à les rétrocéder, pour un prix et à une date convenus ». En général, il s'agit d'échange de titres contre liquidités sur 1 à 10 jours, apporteur de titres s'engagent à les reprendre. En fait, les deux parties s'engagent irrévocablement, le vendeur à reprendre les titres et l'acheteur à les lui revendre.

La pension est dite livrée si les titres font l'objet d'un virement au compte du cessionnaire.

6.1.3.3 Le prêt de titres

Dans le cas de prêts de titres, ce n'est pas le code civil qui s'applique mais les lois du 17 juin 1987 et de 1988. Ils sont réservés aux établissements financiers et aux OPCVM et limités à 1 an. Les prêteurs de titres touche une rémunération fixée à l'avance pour ses titres. L'emprunteur doit être une personne morale, OPCVM, ou un non-résident. Le prêt doit porter sur des valeurs mobilières ou sur des TCN, être d'une durée inférieure à 1 an et ne pas détacher de paiement dans la période du prêt. Les transferts se font par l'intermédiaire de la SICOVAM pour les valeurs mobilières et de la Banque de France pour les TCN.

Il n'y a pas de versement d'espèces, uniquement le versement d'une rémunération à l'échéance du prêt.

6.1.3.4 Les autres techniques.

On citera le prêt contre espèces, qui est une variante du prêt de titres dans laquelle l'emprunteur verse au prêteur un gage-espèces à titre de garantie, le Repo, contrat selon lequel un emprunteur dépose un titre en pension et le reverse, qui est l'opération inverse.

6.2. LES STRATEGIES DES EMETTEURS

Il faut distinguer selon que l'emprunteur est public ou privé. Certaines parties de ce chapitre ne s'appliqueront qu'aux sociétés privées, notamment la question de savoir s'il vaut mieux émettre des actions ou des obligations. D'autres s'appliquent uniquement aux obligations d'Etat, mais de nombreuses techniques sont communes, comme le choix de la durée d'émission

6.2.1 Pourquoi émettre des obligations ?

On peut recenser au moins huit raisons d'émettre des obligations pour une société et une spécifique à l'Etat.

6.2.1.1 Pour diversifier son financement

La diversification de son financement est une alternative aux emprunts bancaires, car les banques prêtent à certaines périodes sans retenue et à d'autres périodes avec une grande parcimonie. Le cycle bancaire ne correspond pas forcément aux besoins de l'entreprise. Il est même assez souvent en opposition de phases. La diversification peut également être géographique : elle peut être délibérée. Dans ce cas, l'entreprise aura recours à des contrats de swaps. Lorsque la SNCF émet des obligations en yens à taux variable, elle réalise un swap et se retrouve in fine avec des francs à taux fixe. La diversification permet de tirer profit des anticipations de marché sur taux d'intérêt et taux de change et des différences de taux sur les différents marchés.

6.2.1.2 Pour accéder à des capitaux plus importants

Depuis le début de l'année 99, on assiste à l'émission de très grosses émissions. Le marché des capitaux est de plus en plus vaste et les grandes entreprises peuvent beaucoup plus facilement qu'avant émettre des obligations d'une taille supérieure au milliard d'euros : perspective alléchante pour les grands émetteurs.

6.2.1.3 Pour accéder à des financements long terme, voire très long terme

Sur les marchés obligataires, il est possible d'émettre des obligations sur 10 ans, 30 ans voire même 1001 ans comme l'a fait IBM il y a quelques années. En période de faibles taux d'intérêt, les émetteurs peuvent souhaiter allonger la maturité de leur dette.

6.2.1.4 Pour se financer moins cher

Il arrive fréquemment que les marchés offrent des conditions d'emprunts plus intéressantes que le secteur bancaire. Les directions financières observent attentivement les conditions de marché pour bénéficier « des fenêtres d'opportunités ».

6.2.1.5 Pour accroître sa notoriété.

Pour les mêmes conditions d'emprunts, la levée d'obligations accroît la notoriété de l'émetteur. On l'a vu il y a quelques années avec l'émission obligataire du département de la Marne.

6.2.1.6 Pour s'évaluer

Rien de telle qu'une émission pour mesurer sa cote d'amour et suivre l'évolution de sa notation.

6.2.1.7 Pour gérer sa dette

Il est facile à un émetteur de racheter sa dette sur le marché lorsqu'elle est sous-cotée, comme l'a fait Eurotunnel en 1998. Il lui suffit de passer des ordres en Bourse. Il est également possible de pratiquer des « adjudications à l'envers » pour racheter massivement certains titres, c'est la méthode employée par le Trésor américain pour utiliser ses excédents budgétaires.

6.2.1.8 Pour l'Etat, l'émission est une obligation légale

En effet, les dépenses budgétaires doivent être couvertes par l'impôt ou par l'emprunt.

6.2.2. Emissions d'actions ou d'obligations

6.2.2.1 Une équivalence théorique

On connaît la fameuse théorie de Modigliani-Miller (1958), selon laquelle la valeur de la firme (la valeur de la société) est indépendante de son mode de financement. Elle ne dépend que de la valeur de ses cash-flows courants et futurs. Une entreprise endettée à 100% aura une valeur identique à celle qui finance ses investissements exclusivement par actions.

6.2.2.2 Le problème de la dilution

Au début des années 80, un appel au marché en France s'effectuait assez classiquement sous forme d'une émission d'actions.

A la fin des années 90, les entreprises disposent d'une large palette de produits complexes à double ou triple détente, à la frontière entre fonds propres et obligations (TP, OC, CI,...).

L'émission d'obligations permet d'éviter le risque de dilution, à savoir le risque d'une réduction du résultat par action consécutive à la création effective ou potentielle d'actions. Cette dilution provient d'une distorsion entre la progression du bénéfice net courant liée à la rentabilisation des fonds reçus, et l'évolution corrélative du nombre de titres.

6.2.2.3 Des effets de mode indéniable

Depuis le début de l'année 98, les grands émetteurs privés (ceux-là même qui ont le choix entre les actions et les obligations) privilégient ces dernières. Lafarge, Casino, Pinault. Cela peut paraître paradoxal au regard du cours des actions qui sont élevés et qui devraient donc faciliter l'émission de capital en actions (peu dilutive). La mode actuelle étant à « la création de valeur actionnarial » et les taux d'intérêt étant bas, les sociétés ne souhaitent pas émettre de nouvelles actions ce qui aurait un effet dilutif.

6.2.2.4 L'impact de la fiscalité

Modigliani-Miller ont modifié en 1963 leur théorie (voir 6.4) pour prendre en compte l'impact de la fiscalité. En effet, les intérêts étant déductibles du bénéfice imposable, les sociétés peuvent préférer une émission d'obligations plutôt qu'une émission d'actions.

Toutefois, en 1977, Miller prend en considération l'impact de la fiscalité à la fois sur les sociétés et sur les personnes physiques qui perçoivent les revenus et conclut à une détermination aléatoire.

En fin de compte, Le choix dépend aussi des conflits d'intérêts entre dirigeants, actionnaires et obligataires. Pour Myers, l'entreprise a une stratégie de financement hiérarchique et privilégie par ordre décroissant, le financement interne, le financement par endettement et le financement par émission d'action nouvelles.

6.2.3 La gestion de l'émission

Une fois arrêté le principe de l'appel au marché sous forme d'emprunt obligataire, la société émettrice doit gérer son émission au mieux en surveillant attentivement ce que les professionnels appellent "les conditions de marché".

6.2.3.1 Le choix de la date d'émission

« Quand les canards cancanent, nourrissez les »
Adage de Wall Street

« Pour une société privée, il faut émettre sur les marchés lorsque la demande est forte et non pas lorsque le besoin de capitaux est fort ». Plutôt que de devoir payer une prime que les émetteurs jugent prohibitive, ils attendent que les marchés se calment. On lève des capitaux, non pas quand on en a besoin, mais quand cela est possible

6.2.3.2 Le choix de la durée de l'émission

L'Etat, comme les sociétés peuvent vouloir profiter de taux d'intérêt à court terme plus bas pour raccourcir leur durée d'endettement (comme c'est le cas lorsque la courbe des taux est classique).

Inversement, ils peuvent souhaiter allonger la durée moyenne de leur dette pour disposer d'une meilleure visibilité. On parle alors de consolidation de la dette.

6.2.3.3 Le choix du marché d'émission

On sait que, pour des raisons d'indépendance nationale, la République française n'émet que dans sa devise ; C'est aussi une survivance de l'époque où l'Etat pouvait compter en dernier recours sur l'inflation pour alléger la charge de ses intérêts, et ce d'autant plus facilement que la banque de France n'était pas indépendante de l'exécutif. Tous les Etats n'agissent pas de la même manière, l'Italie s'est faite une spécialité, au début des années 90, des emprunts en devises étrangères proches (qui sont devenues depuis sa monnaie avec l'euro).

6.2.3.4 Le réhaussement de crédit

Il s'agit d'une technique ancienne (1817 aux Etats-Unis) destinée à porter au niveau de qualité la plus élevée possible, le crédit d'un emprunteur. La qualité de crédit se mesure par la note accordée par les agences de rating et se traduit par un coût d'émission plus faible, ce qui signifie des charges financières plus faibles. En pratique, l'emprunteur est une institution financière, un Etat ou une collectivité locale. L'entité qui rehausse l'emprunteur est une compagnie d'assurance monoline (compagnie d'assurance spécialisée dans les garanties financières contrairement aux compagnies multilines qui couvrent toute sorte de risques). Cette compagnie d'assurance doit être notée par deux agences de notation et obtenir la meilleure note possible. En rehaussant le crédit d'un emprunteur, le rehausseur assure aux investisseurs qu'en cas de défaut de paiement, il se substituera à l'entité défaillante pour payer l'échéance du capital ou d'intérêts à la bonne date.

***Exemple** : Une collectivité locale peut emprunter à 7% sous sa propre signature, avec un rehaussement le taux passe à 6,70%, si la prime d'assurance est de 0,18%, alors la collectivité locale économise 0,12%.*

6.2.4 Les techniques de gestion des obligations émises

6.2.4.1 L'amortissement par rachat en Bourse

La société émettrice dispose toujours de la possibilité de racheter ses titres sur le marché. Elle peut alors procéder par ramassages en Bourse, par rachats de blocs, par offres publiques ou par adjudications.

Cette stratégie de rachat par l'émetteur présente divers avantages :

- L'émetteur peut de cette façon diminuer le montant des intérêts à verser, et atténuer sensiblement le montant des remboursements prévus à l'échéance.
- Si le titre cote un cours inférieur au nominal l'émetteur en rachetant toute ou partie de sa dette pourra retirer celle-ci de ses comptes pour sa valeur nominale et améliorera ainsi à moindre coût la structure de son bilan.
- Elle ne présente d'autre part aucune espèce d'inconvénients pour le souscripteur lui permettant même de bénéficier d'une liquidité accrue pour les titres qu'il détient en portefeuille.

6.2.4.2 Le remboursement anticipé d'emprunts

L'Etat procède parfois à des adjudications à l'envers. Il s'agit alors de racheter des obligations émises précédemment. Les Etats-Unis, qui se retrouvent en situation d'excédent budgétaire, pratiquent ce mode de remboursement en 2000.

6.2.4.3 La restructuration de la dette

L'Etat a réalisé deux grosses opérations à la fin des années 80. De février 1987 à Janvier 1988, les souscripteurs OAT ont pu régler leurs soumissions dans la limite de 50% de chaque adjudication avec des emprunts 7% 1973. Il en est de même pour les ORT émises en 1983 pour une durée de 6 ans avant leur amortissement. Fin aout 1990, la procédure d'échange aura permis de refinancer en 2 ans, par l'émission d'OAT, 47,7 milliards de francs venant à échéance en 1989, 1990, 1991 et 1994.

6.2.5. La titrisation des créances

Le ratio COOKE oblige les établissements de crédit de l'Union Européenne à partir du 1/1/1993 à respecter un ratio de solvabilité minimum de 8% entre les fonds propres et les engagements pondérés. Au numérateur de ce ratio on trouve les fonds propres (capital et réserves) + Quasi fonds propres (comme les TSDI) et au dénominateur : Actif du bilan ou hors bilan, pondérés d'un coefficient de 0% à 100% selon le risque. Pour le calcul, les créances sur Etats sont pondérés à 0%, les prêts hypothécaires habitation à 50%, et les prêts à la consommation ou aux entreprises à 100%

Il existe deux grandes manières d'améliorer son ration COOKE, soit accroître le numérateur (par émission de TSDI par exemple), soit de diminuer le dénominateur : par titrisation de créances notamment.

Les fonds communs de créances (FCC) ont été créés par la loi du 23/12/1988 pour favoriser le développement des opérations de titrisation de créances. Leur encours était de 32 milliards de francs en 1992 et ils représentaient alors 0,5% du total des crédits bancaires.

6.2.5.1 Définition

Le FCC est une « copropriété qui a pour objet exclusif d'acquérir des créances détenues par les établissements de crédit, la CDC ou les entreprises d'assurance et d'émettre des parts représentatives de ces créances », sans personnalité morale. Créé par une société de gestion (agréée par COB) et un dépositaire chargé de la conservation et du contrôle des règles, un FCC, à la différence du FCP, ne peut émettre de parts qu'à sa création.

Le mécanisme de transfert est le suivant : le FCC achète un portefeuille de créances avec les sûretés qui y sont rattachées.

Pas besoin d'accord des débiteurs cédés (sauf si l'établissement n'est pas chargé du recouvrement).

Les types de créances doivent être exclusivement de même nature, non immobilisées, non douteuses et non litigieuses. D'autre part, le FCC peut acquérir des créances nouvelles (on parle alors de rechargement du FCC).

La protection des porteurs est assurée par la notation par une agence de rating agréée et une garantie contre risque de défaillance selon un des 3 procédés :

1. L'émission de parts spécifiques (subordonnées) qui supporte un risque de premier rang et souscrites ni par des personnes physiques ni par des OPCVM.
2. Surdimensionnement, cession au FCC d'un montant de créances supérieur aux parts émises.
3. Octroi de garantie par un établissement, CDC, Cie assurances...

6.3 LES 10 COMMANDEMENTS DE L'INVESTISSEUR EN OBLIGATIONS

6.3.1 D'abord se connaître

« L'expérience est le nom que chacun donne à ses erreurs »
Oscar Wilde

Pour intervenir sur le marché obligataire il est impératif de connaître à la fois ses besoins et le niveau de risque à prendre.

Deux choses vont déterminer le niveau de risque que vous pouvez prendre à savoir votre aptitude à supporter des risques et votre capacité à le faire. Ce n'est pas du tout la même chose.

La première analyse à faire est de vous demander si vous avez les moyens de prendre des risques. Une retraitée qui a absolument besoin de revenus réguliers pour payer le loyer de sa maison de retraite ne se posera pas la question de son goût pour le risque : elle ne peut tout simplement pas se permettre le moindre risque. Elle choisira donc des obligations de tout premier ordre et sans risque qui lui assureront les revenus nécessaires.

En second lieu, il faut se demander quel est le niveau de risque que l'on est capable de supporter. Bref, sur le marché obligataire, comme pour d'autres compartiments de la Bourse, il faut choisir entre « bien manger et bien dormir ». Si vous ne supportez pas l'idée de voir le cours de vos actifs baisser, il faut privilégier des obligations à taux variable ou des OATi. Si vous êtes prêts à prendre des risques pour une rémunération supérieure, vous pouvez investir dans des obligations convertibles ou dans des « junks bonds », ces obligations à hauts rendements émises par des émetteurs à risque.

6.3.2 Lire les contrats obligataires

« pacta sunt servanda »

Aussi étonnant que cela puisse paraître, la plupart des investisseurs –particuliers ou institutionnels- ne prennent pas la peine de lire attentivement les contrats obligataires. L'époque ou les obligations étaient des titres-papiers avec des clauses écrites en toutes lettres sur le corps du titre est révolu –au moins pour ce qui est du marché domestique, car de nombreuses émissions internationales sont encore en papier.

L'investisseur curieux (ou prudent, ce qui n'est pas antinomique) peut donc se procurer les conditions de contrat au BALO ou en contactant l'émetteur qui le renverra parfois vers les services titres de la banque chef de file, chargée de gérer le suivi de l'émission.

6.3.3 Maîtriser parfaitement la notion centrale d'intérêt

Ne jamais oublier que le taux d'intérêt est le résultat d'un rapport de forces. Forces au pluriel, car sur les marchés des milliers de décisions individuelles contribuent à la fixation du taux.

Du coté de l 'offre, Etats et entreprises empruntent en fonction de leurs besoins et il faut bien comprendre que les besoins de l'Etat sont insensibles aux taux.

Quant à la demande, les investisseurs sont sensibles au niveau des taux d'intérêt et au risque dit « de signature » donc à la solidité de l'émetteur. C'est pourquoi, en période de crise, on assiste à une fuite vers la qualité et à une ruée des investisseurs vers les titres d'Etat.

6.3.4 Garder à l'esprit le risque de signature et évaluer correctement la prime de risque.

« Il n'y a pas de déjeuners gratuits »
La sagesse des marchés

La difficulté de l'investissement obligataire est de maîtriser le risque de défaillance de l'émetteur, mais aussi le risque de voir la prime de risque d'une obligation augmenter brutalement (et donc de voir le cours de cette obligation baisser brutalement) sur le marché secondaire. Ce risque de chute des cours n'est pas théorique : en 1998, après la crise russe, on a vu les obligations de pays du Sud Est asiatique et d'Amérique baisser fortement sur l'euromarché alors même que les coupons étaient payés en temps et en heure. Mais le marché nourrissait alors des doutes sur le paiement des coupons à venir. Dans cette situation, un investisseur contraint de vendre ses titres subira une lourde perte en capital.

Autre conseil : évitez d'acheter à l'émission, sauf si vous ne supportez pas de frais d'achat. Laissez traîner des ordres d'achat en Bourse.

6.3.5 Faire du temps son allié

« Tout vient à point à qui peut attendre »
Rabelais, *le Quart livre.*

C'est le principal enseignement des stratégies de M. Vidal-Madjar (voir introduction) ou de Warren Buffet qui expliquait que pour gagner en Bourse, il ne faut jamais se trouver à la merci des cours à un moment donné et être capable de tenir sa position.

6.3.6 Connaître parfaitement les ordres de Bourse

On se référera au chapitre sur le marché secondaire pour bien maîtriser les différents libellés des ordres de Bourse.

6.3.7 Bien choisir son intermédiaire

« Avec un manteau du soir et une cravate blanche, même un agent de change peut avoir l'air civilisé »
O. WILDE

Selon vos besoins, vous privilégerez les frais de courtage les plus bas, la rapidité d'exécution ou les conseils.

6.3.8 Définir son horizon de placement

La durée pendant laquelle vous détiendrez votre investissement, et donc votre « capacité à tenir », joue un rôle essentiel dans le véritable risque que vous assumez. C'est ce facteur important qui va faire de votre position dans le cycle de vie un élément décisif pour l'allocation de vos actifs. Voyons pourquoi la durée de votre période de détention est si importante en déterminant votre capacité à assumer le risque.

6.3.9 Intégrer la fiscalité obligataire

En règle générale, les investisseurs sur le marché obligataire privilégie les revenus aux plus-values. Une des questions à régler est donc de savoir s'il est plus avantageux d'opter pour le prélèvement libératoire ou pour l'intégration de ces revenus au barème progressif de l'IR. Il faut donc connaître le taux de sa tranche marginale d'imposition. Si celle-ci est égale ou supérieure à la tranche à 24%, il faut opter pour le prélèvement libératoire à 25%.

Pour plus de détails, on se référera à l'annexe 1 *La fiscalité obligataire*.

6.3.10 S'adapter aux circonstances

« En Bourse, chaque fois qu'on évite une erreur, c'est qu'on l'a déjà commise »

E. MEESCHAERT

Un des principaux risques qui guettent l'investisseur obligataire est de croire que le marché obligataire est une rue à sens unique, sans le moindre risque de baisse. S'il est évident que les obligations sont beaucoup moins risquées que les actions, il arrive régulièrement de voir leurs cours baisser. Ainsi en 1994, un épargnant qui aurait acheté des obligations à taux fixe au début de l'année aurait vu la valeur de son portefeuille obligataire baisser en fin d'année (en prenant en compte les coupons courus). Il en a été de même en 1999.

6.4 COMMENT DETERMINER L'EVOLUTION DU TAUX D'INTERET ?

6.4.1 Les grandes théories explicatives du taux d'intérêt

6.4.1.1 La théorie de la préférence pour le présent

Le premier théoricien moderne de l'intérêt est Eugen Von Böhm Baweck (1851-1914). Il a mis l'accent sur les facteurs réels qui expliquent la préférence des agents économiques pour le présent et leur dépréciation psychologique de l'avenir. L'intérêt n'existe que parce que l'avenir est incertain et parce que la productivité du capital est croissante. Si, par exemple, avec 10 000 F on peut acheter 10 produits manufacturés aujourd'hui et que dans 1 an ou puisse (compte tenu de l'amélioration de la productivité) en acheter 11, alors l'intérêt sera de (11-10)/10 soit 10% .

6.4.1.2 La théorie classique : la loi de l'offre et de la demande

Pour la théorie financière classique, le taux d'intérêt est le résultat d'un équilibre entre épargne et investissement. Dans les périodes d'expansion économique, les entreprises ont besoin d'argent pour financer leur développement ce qui pousse les taux à la hausse, inversement, dans les périodes de récession, les besoins de financement des entreprises étant beaucoup plus faibles, les taux d'intérêt baissent.

Cette théorie, valable dans une économie libérale dans laquelle l'Etat n'aurait qu'un rôle marginal, ne s'applique pas toujours dans nos économies où l'Etat joue un rôle central et où ses appels au marché sont d'autant plus importants que les périodes de récession diminuent ses recettes fiscales. En pompant sur le marché financier une grande partie de l'épargne des ménages au détriment des entreprises, l'Etat peut contrecarrer la baisse des taux en période de récession, voire même les faire monter si ses besoins sont trop important : il évince alors les entreprises du marché obligataire par le maintien des taux élevés et par le fait que les ménages préfèrent prêter à l'Etat - qui est réputé plus fiable- qu'aux entreprises : c'est le mécanisme de l'effet d'éviction.

6.4.1.3 La théorie quantitative de la monnaie

Irving Fischer (1867-1947) a élaboré sa théorie quantitative de la monnaie en 1930 dans « The theory of interest » qui peut se résumer à l'équation suivante :

$$M \times V = P \times Q$$

M : masse monétaire
V : vitesse de circulation de la monnaie
P : prix
Q : quantité de transaction

Pour lui, le taux d'intérêt est le prix de renonciation entre la liquidité et les titres. Il existe une différence de comportement entre les agents économiques (certains préfèrent épargner, d'autres emprunter)..

Il fut le premier à résoudre le paradoxe de Gibson (1923) selon lequel il y a une corrélation positive entre le niveau général des prix et le taux d'intérêt nominal (ce qui nous semble à nous évident), en distinguant la notion de taux d'intérêt réel et de taux d'intérêt nominal.

La quantité de monnaie disponible dans une économie influence le niveau général des prix. C'est l'origine de l'Ecole monétariste.

6.4.1.4 La théorie de WICKSELL

Le Suédois Knut Wicksell (1859-1926) reprend dans son livre « Geldzins and Guterpreise »(1898) la loi de l'offre et de la demande appliquée à l'argent.

Pour lui, il faut distinguer trois types d'agents économiques (les ménages, les entreprises et le système bancaire) et trois marchés (les biens, le travail et la monnaie). Toute hausse de la quantité de monnaie se traduit immédiatement par une hausse des prix. Il distingue deux taux d'intérêt : un taux naturel et un taux monétaire.

Le taux d'intérêt naturel est égal à la productivité marginale anticipée du capital, c'est-à-dire l'augmentation de production provenant de l'utilisation d'une unité supplémentaire de capital. Ce taux détermine largement la demande de fonds par les entreprises. Mais il n'est pas observable concrètement, d'où la nécessité de définir un autre taux, le taux d'intérêt monétaire.

Le taux d'intérêt monétaire ou taux de marché résulte de la confrontation entre l'offre et la demande de fonds prêtables. L'offre de fonds prêtables provient des ménages et des banques. le taux monétaire est le taux payé par les emprunteurs de monnaie. les banques peuvent modifier le niveau des taux par leurs capacités à prêter.

- Si le taux naturel est supérieur au taux monétaire, la productivité marginale du capital est supérieure au coût de l'emprunt. Les entreprises vont donc investir et la demande de fonds prêtables va s'accroître tant que les banques (pour des raisons réglementaires ou autres) pourront prêter.
- Si le taux naturel est inférieur au taux monétaire alors le taux baisse. Si le taux naturel égale le taux monétaire, le système est en équilibre.

- Dans la théorie des fonds prêtables, la variation de la demande sur l'offre de fonds prêtables dépend de l'évolution des taux.

6.4.1.5 La théorie KEYNESIENNE

« La théorie générale de l'Emploi, de l'intérêt et de la monnaie » publiée en 1936, insiste sur l'aspect monétaire du taux d'intérêt.

Pour Keynes, on doit distinguer trois marchés, les biens et les services, le travail et la monnaie, et trois agents : les ménages, les entreprises et l'Etat.

C'est l'existence d'une demande spécifique d'encaisses monétaires qui explique l'intérêt qui est la rémunération du service de prêt de la monnaie et qui ne dépend que de la monnaie.

- Keynes analyse ensuite les déterminants de l'offre et de la demande de monnaie. Du coté de l'offre, c'est la banque centrale qui est maîtresse du jeu. Du coté de la demande, la préférence des agents pour la liquidité provient de deux variables explicatives : l'activité économique et la prévision des taux d'intérêt. Trois motifs expliquent la demande :
- Le motif de transaction (réalisation des échanges courants)
- Le motif de précaution (les dépenses)
- Le motif de spéculation (arbitrage entre les monnaies et les actifs financiers).

Ce qui est fondamental pour Keynes, c'est que le taux d'intérêt n'influence pas le niveau de l'Epargne, mais uniquement sa répartition entre titres et monnaie et que le niveau actuel des taux correspondant aux anticipations des intervenants (vision étonnamment moderne).

Pour Keynes, les taux longs sont au moins égaux aux taux à CT plus une prime qu'il appelle la prime de liquidité. Cette dernière se justifie par l'incertitude quant au réinvestissement à la date d'échéance des titres d'emprunts. Le taux d'intérêt s'analyse alors tout simplement en ce qu'il faut donner aux investisseurs pour abandonner la liquidité.

En conclusion, pour lui et toutes choses égales par ailleurs, l'augmentation de l'offre de monnaie entraîne une baisse des taux d'intérêts et accroît l'investissement. C'est la vision actuelle de l'influence des taux d'intérêts dans l'économie.

6.4.1.6 La théorie de la préférence pour la liquidité

Pour Hicks dans « Valeurs et capital » 1939, les investisseurs sont averses au risque. Ils veulent pouvoir liquider à tout moment leur position, leur risque étant de devoir le faire à un mauvais moment. S'ils sont investis dans des obligations à durée de vie longue, alors ils craignent la hausse des taux. C'est pourquoi, pour attirer les investisseurs, les taux longs doivent être plus élevés que les taux courts. C'est le principe de la prime de liquidité : différence entre le taux à terme implicite contenu dans la gamme des taux au comptant et le taux comptant futur anticipé.

$$Ti_1 = Ta_1 + L_1$$

avec Ti_1 : taux à un an dans un an
Ta_1 : taux anticipé à un an dans un an
L_1 : prime de liquidité pour un prêt de un an dans un an.

6.4.1.7 La théorie des anticipations

Cette théorie s'oppose à celle de la préférence pour le liquidité. Elle a été élaborée par Lutz en 1940 : tout part de la structure des taux. Pour Lutz les taux longs sont fonctions des taux courts anticipés par les opérateurs. Ses hypothèses de base sont les suivantes :

- Les investisseurs sont capables de faire des anticipations exactes sur les taux courts futurs.
- Les investisseurs sont indifférents au risque relatif à leurs opérations.
- Les transactions se font sur des obligations zéro-coupon sans risque de signature.
- Il n'y a pas de frais de courtage.

Sa théorie des anticipations révèle les anticipations des investisseurs : une structure de taux décroissante est donc annonciatrice d'une baisse des taux.

Le taux de rendement anticipé d'un même titre sur des durées différentes dépend des anticipations des investisseurs sur les taux d'intérêts futurs. Si l'investisseur anticipe une augmentation des taux futurs par rapport aux taux actuels, on constate alors une courbe des taux croissante. Les taux à LT sont une moyenne géométrique des taux à CT observé et des taux à CT attendus dans le futur.

6.4.1.8 La théorie de la segmentation des marchés

Culbertson part de l'idée que les opérateurs sont spé-cialisés chacun dans des placements aux maturités différentes. Les banques et établissements de crédit interviennent surtout dans des maturités courtes ou moyennes, les Compagnies d'assurance surtout dans des maturités longues. Sur chaque marché, l'ajustement entre offre et demande se fait par les taux d'intérêt, mais il n'existe pas de relation entre les taux courts et taux longs et la structure de la courbe des taux ne dépend pas des anticipations de taux futurs.

Modigliani et Sutch ont repris cette théorie et créé la notion de « habitat préféré ». Les investisseurs ont des segments préférés (leur habitat préféré) mais ils acceptent de sortir contre une prime de risque.

Conclusion

« Les optimistes voient dans les catastrophes des opportunités et les pessimistes dans les opportunités des catastrophes »

Churchill

Dans les dernières années du XXe siècle, deux tendances se dégagent : une meilleure prise en compte des droits des détenteurs dans leur face à face avec les Etats émetteurs et une sophistication croissante des produits obligataires sous l'avalanche de nouveaux produits obligataires. Enfin, il ne faut pas perdre de vue que le grand mouvement de modernisation des marchés obligataires a été mis en place par l'Etat législateur pour faciliter l'écoulement des titres de l'Etat émetteur.

ANNEXE 1

La fiscalité des obligations

LA FISCALITE DES PERSONNES PHYSIQUES RESIDENTES EN FRANCE

Rappelons qu'aux termes de l'article 4 du CGI, sont considérées comme résidentes :

- Les personnes qui ont en France leur foyer ou le siège de leur séjour principal ;
- Les personnes qui exercent en France une activité professionnelle, salariée ou non, à moins qu'elles ne justifient que cette activité y est exercée à titre accessoire.
- Les personnes qui ont en France le centre de leurs intérêts économiques. »

fiscalité des revenus de titres obligataires

Les revenus de titres obligataires font l'objet soit d'un prélèvement libératoire d'une intégration au barème progressif de l'IR. Par revenus, il faut entendre les intérêts et les primes de remboursement des obligations (à l'exception toutefois des primes de remboursement attachés aux emprunts émis avant le 1er janvier 1992, ou démembrés qui sont exonérées d'impôts sur le revenu si le montant de la prime n'excède pas 5% de la valeur nominale des titres).

- **Le prélèvement libératoire**

Définition et principe

Il s'agit d'un prélèvement effectué par l'intermédiaire teneur de compte ou par l'organisme gestionnaire. Après le prélèvement, et comme son nom l'indique, les revenus ne font l'objet d'aucune autre taxation. Le prélèvement opéré directement par l'organisme gestionnaire du compte-titres évite en effet au contribuable d'avoir à ajouter les revenus de ses titres à son revenu imposable

Le montant du prélèvement libératoire

Il est de 25% qui se décomposent en un taux de base de 15%, le prélèvement social de 2% institué par la loi de financement de la Sécurité sociale qui a fusionné deux anciens prélèvements (l'un de 1% au titre du prélèvement social au profit de la CNAV et l'autre également de1% au titre de la CNAF), la CSG de 7,5% et la CRDS de 0,5%.

Les démarches à accomplir par le contribuable.

Le prélèvement se fait sur option du contribuable. Il choisit entre cette formule et l'intégration de ses revenus dans son revenu imposable. Les démarches à accomplir pour opter pour le prélèvement libératoire sont très simples : il suffit de le mentionner à son intermédiaire avant la perception des revenus concernés.

Les titres concernés

Toutes les obligations, mais aussi les autres types d'emprunts négociables non indexées, les TCN (BT, CD, BIFS), les parts de fonds communs de créances, les Bons du Trésor ou bons de caisse dont le bénéficiaire est connu et émis à compter du 1er janvier 1995.
D'autres créances bénéficient également de ce taux : il s'agit des intérêts des comptes courants associés versés à compter du 1er janvier 1995, et des intérêts de créances diverses, cautionnements, dépôts. Idem pour les bons de capitalisation ou les contrats d'assurance-vie souscrits à compter du 1er janvier 1990 et dont la durée de vie est comprise entre 4 ans et 8 ans.

Les contribuables concernés

Les redevables qui sont dans une tranche marginale supérieure ou égale à 24% ont intérêt à opter pour le prélèvement libératoire. En effet, s'il ne le font pas, ils seront contraints d'ajouter les revenus obligataires à leurs autres revenus et à payer un impôt marginal (de la tranche marginale plus les 10% de prélèvements sociaux) supérieur au prélèvement libératoire.

Un cas particulier : le prélèvement à 45% ou à 60%

Par exception, un taux de 45% frappe les bons du trésor ou les bons de caisse dont le bénéficiaire est connu, émis entre le 1er janvier 1990 et le 31 décembre 1994 ainsi que les bons de capitalisation ou contrats d'assurance-vie souscrits à compter du 1er janvier 1990 de moins de 4 ans.

Par exception, un taux de 60% (instauré par la loi de finances 99) frappe les bons du trésor ou bons de caisse dont le bénéficiaire n'est pas connu ainsi que les bons ou contrats de capitalisation dont le bénéficiaire souhaite garder l'anonymat.

- **L'impôt progressif sur le revenu**

Les personnes dont la tranche marginale d'imposition reste strictement inférieure à 24% (c'est la seconde tranche) ont en principe intérêt à déclarer les revenus définis plus haut à leurs revenus. Attention toutefois, elles paieront l'IR à la tranche marginale plus 10% de prélèvements sociaux.

Les frais déductibles

Sont déductibles les frais exposés lors de l'acquisition ou de la conservation des revenus de capitaux mobiliers imposables, c'est à dire les frais de garde des titres et les primes d'assurance liés aux valeurs mobilières (hors risque de dépréciation de la valeur des titres).

Seuls les frais liés à des revenus imposables à l'IR au taux progressif peuvent être déductibles, ce qui signifie qu'en cas d'option pour le prélèvement libératoire, aucun frais n'est déductible.

La fiscalité sur les plus-values d'obligations

Comme pour les actions, les obligations font l'objet d'une taxation sur les plus-values à la cession. Mais il faut distinguer la plus-value du remboursement de l'indemnisation.

Définition d'une cession.

Les cessions à titre onéreux comprennent : les opérations de Bourse, les opérations sur les SICAV et FCP ainsi que toute cession de gré à gré :

ventes, apports en société ou échanges.

Calcul de la plus-value dégagée par opérations

En général le calcul des plus-values est réalisé par l'intermédiaire financier sur l'IFU : l'imprimé fiscal unique. La plus-value est égale à la différence entre le prix de cession des titres diminué des frais et taxes acquittés à la vente, et le prix d'acquisition augmenté des frais et taxes.

Le seuil de cession.

La règle : le seuil des 50 000 F.

Depuis le 1er janvier 2 000, le seuil de cession a été uniformisé à 50 000 F pour toutes les valeurs mobilières (y compris les SICAV monétaires et obligataires dites de capitalisation). Si un contribuable a vendu pour moins de 50 000 F de valeurs dans l'année (même des SICAV monétaires), il ne paiera aucune plus-value. S'il vend pour plus de 50 000 F, sa plus-value nette (en faisant la somme algébrique des plus-values sur toutes les valeurs) sera imposable selon les règles exposées plus bas.

Une exception : la survenance d'un événement exceptionnel. Le législateur a prévu le cas des contribuables qui dépassent le seuil de cession de manière exceptionnelle. Il s'agit du licenciement du contribuable ou de son conjoint, de son départ à la retraite, de la survenance d'une invalidité, du décès du contribuable, du divorce ou de « tout événement affectant la situation personnelle, familiale et professionnelle du contribuable). Attention toutefois, comme toujours en matière fiscale, cet avantage est d'interprétation stricte. La CAA Lyon du 22 septembre 1999 dans l'affaire Reynaud a refusé de donner raison au contribuable qui avait attendu plus de deux ans après sa retraite pour vendre ses titres.

Au cas où l'événement exceptionnel est réalisé, on ne prend pas en compte les cessions annuelles mais la moyenne des cessions de l'année et des deux années précédentes.

Exemple : M. DUPONT part en retraite en 1999 et vend pour 120 000 F de SICAV obligataires. Il n'a effectué aucune vente en 1998 et en 1997. La moyenne de ses cessions sur les années 1997, 1998 et 1999 étant de 40 000 F, il ne sera pas imposé sur ses plus-values de cessions.

Le taux d'imposition

Le taux d'imposition dépend du type d'opération. On distingue les opérations réalisées à titre occasionnelle, habituelle ou professionnelle.

La distinction entre opération occasionnelle, habituelle et professionnelle.

Si la loi du 5 juillet 1978 est à l'origine de l'imposition au taux forfaitaire des plus-values boursières occasionnelles, il faut remonter à un décret du 20 juillet 1934 pour trouver l'origine de l'imposition à l'IR des PV (Plus-Values) boursières habituelles des particuliers.

Mais la jurisprudence et la doctrine administrative sont una-nimes à reconnaître le caractère « tout à fait exceptionnel » de la notion d'opérations de Bourse habituelles. En tout état de cause, il ne peut s'agir que d'opérations qui dépassent la simple gestion d'un portefeuille (instruction du 9 mars 1983). Il s'agit bien sûr d'une question de fait. Pour simplifier, disons que le juge prend en compte non seulement le nombre des opérations, leur échelonnement entre achats et ventes, leurs conditions de réalisation, la diversité des titres sur lesquelles elles portent, mais aussi la durée de détention des titres et surtout l'importance du patrimoine du redevable. Le Conseil d'Etat a ainsi jugé, dans son arrêt du 6 novembre 1991, reprenant à son compte l'argumentation du Commissaire du Gouvernement Madame Hagelsteen, qu'un contribuable qui avait réalisé 67 opérations d'achats et 36 opérations de ventes sur une période de 2 ans n'avait pas agi de manière habituelle, ce qui a considérablement ralenti les ardeurs des services fiscaux à manier la menace de la notion d'opération habituelle. Dans la pratique, le caractère habituel des opérations est très rarement appliqué et ne concerne que des personnes qui n'auraient quasiment pas d'autres sources de revenus que les plus-values qu'ils réalisent.

Les opérations effectuées à titre professionnel concernent les redevables qui sont inscrits comme professionnel.

Les différentes types d'imposition.

Les opérations occasionnelles sont imposées au taux de 16% (plus 10%). Il faut bien comprendre que l'imposition frappe parfois une plus-value purement nominale.

Exemple : Un particulier achète en 1980 pour 100 000 francs d'obligations convertibles, il les revend en 1999 pour 300 000 francs, il paiera l'IR au taux de 16% sur 200 000 francs (il faut rajouter 10% de prélèvements sociaux) alors que les 100 000 francs de 1980 correspondent en réalité à 211 000 francs (compte-tenu de l'inflation). La plus-value réelle hors inflation n'est dans cet exemple que de 89 000 francs.

Les opérations habituelles sont intégrées au barème de l'IR et sont imposables dans la catégorie des BNC. En cas de déficit, il est possible de l'imputer sur les plus-values de même nature pendant les 5 années suivantes.

Les opérations professionnelles sont imposables dans la catégorie des

BIC, les déficits étant imputables sur le revenu global du contribuable.

La fiscalité sur les marchés à terme et optionnels

Aussi bien les opérations effectuées sur le MATIF ou sur les autres marchés à terme dans le monde.

Les plus-values sont imposables, dès le premier franc, à hauteur de 26%. Les pertes ne peuvent être imputées que sur les gains réalisés au cours de la même année (par exemple sur des plus-values de cessions de valeurs mobilières) ou des cinq années suivantes (y compris les autres plus-values de valeurs mobilières).

La fiscalité du remboursement et des indemnisations

Le remboursement

Pour les titres émis entre le 1er juin 1985 et le 31 décembre 1991, la prime de remboursement n'est imposable à l'IR que lorsqu'elle excède 5% du nominal.

Pour les titres émis depuis le 1er janvier 1992, les primes de remboursement sont imposables quel que soit le montant perçu, lors du remboursement.

L'indemnisation

L'indemnisation des titres obligataires étrangers n'est pas imposable, conformément à l'article 292 b du CGI.

LA FISCALITE DES PERSONNES MORALES RESIDENTES EN FRANCE ET SOUMISES A L'IS.

La fiscalité des revenus

Les revenus des obligations sont des recettes comme les autres et entrent donc dans les recettes de la société.

La fiscalité des plus-values

On distingue le régime des plus-values à court terme du régime des plus-values à long terme.

Les plus-values à court terme

Le régime normal d'imposition des plus-values consiste actuellement à imposer ces dernières dans les conditions de droit commun.

Pour les plus-values réalisées en 1999, elles sont imposées au taux de 33,33% (taux normal de l'IS) auquel s'ajoute la majoration temporaire de 10%, soit un taux de 36,66% pour les entreprises dont le chiffre d'affaires hors taxes est inférieur à 50 MF et dont le capital, entièrement libéré, est détenu pour au moins 75% par des personnes physiques ou par une société satisfaisant elle-même à l'ensemble de ces conditions.

Elles sont imposés au taux normal de 33,33%, plus la majoration temporaire de 10%, plus une autre majoration temporaire de 10% pour les exercices clos en 1999, soit un taux effectif de 40% pour 1999 pour les sociétés dont le chiffre d'affaires est au moins égal à 50 MF, ou qui ne remplissent pas la condition tenant à la détention du capital définie ci-dessus.

Les plus-values à long terme

Il existe un régime spécial d'imposition lorsque les titres cédés ont été comptabilisés dans un compte de titres de participation ou un sous-compte spécial et ont été détenus plus de deux ans, la plus-value issue de le cession est éligible au taux réduit d'imposition des plus-values à long terme. Pour bénéficier de ce taux, les sociétés doivent avoir satisfait à l'obligation de dotation de la réserve spéciale des plus-values à long terme.

Ce taux est actuellement de 20,9% pour les entreprises dont le chiffre d'affaires est inférieur à 50 MF et dont le capital, entièrement libéré, est détenu pour au moins 75% par des personnes physiques ou par une société satisfaisant elle-même à l'ensemble de ces conditions. Il est de 22,8% en 1999 pour les entreprises dont le chiffre d'affaires est au moins égal à 50 MF, ou qui ne remplissent pas la condition tenant à la détention du capital.

LES ORGANISMES A BUT NON LUCRATIF

Les produits perçus sont exonérés d'impôts pour les emprunts d émis avant le 1er janvier 1987, et imposés au taux de 10% pour ceux émis après cette date.

Les plus-values de cession sont exonérées.

LA FISCALITE DES PERSONNES PHYSIQUES NON RESIDENTES

Dans le but d'encourager les non-résidents à placer leur épargne en France, leur fiscalité est particulièrement attractive.

La fiscalité des revenus de titres obligataires

Les non-résidents ne sont pas imposables sur les intérêts des obligations et autres produits de créances négociables, conformément aux dispositions de l'article 125-A III du CGI.

La fiscalité des plus-values de titres obligataires ou sur marché à terme.

Les plus-values réalisées par des non-résidents sont exonérées.

ANNEXE 2

Sigles et abréviations

ACG : Adhérent compensateur général
ACOSS : Agence centrale des organismes de sécurité sociale
ACI : Adhérent compensateur individuel
AFB : Association française des banques
AFEI : Association française des entreprises d'investissement
AMI : Agents des marchés interbancaires
ATB : Association des Trésoriers de banque
BALO : Bulletin d'annonces légales Obligatoires
BCE : Banque centrale européenne
BdF : Banque de France
BEI : Banque européenne d'investissement
BIFS : Bon des institutions financières spécialisées
BMTN : Bon à moyen terme négociable
BSF : Bon des sociétés financières
BT : Billet de trésorerie
BTAN : Bon à taux annuel normalisé
BTF : Bon du trésor à taux fixe et à intérêts précomptés
BTN : Bon du Trésor Négociable
CA : Chiffre d'affaires
CAC : Cotation assistée en continu
CADES : Caisse d'amortissement de la dette sociale
CATS : Certificates of accrual on Treasury Securities
CC : coupon couru
CCI : Certificat coopératifs d'investissement
CD : Certificat de dépôt
CDN : Certificat de dépôt négociable
CDC : Caisse des Dépots et Consignations
CECEI : Comité des établissements de crédit et des entreprises d'investissement
CEDEL : Centrale de livraison de valeurs mobilières.

CMF : conseil des marchés financiers
CNB : Caisse Nationale des Banques
CNE : Caisse nationale de l'énergie
CNI : Caisse nationale de l'industrie
CNO : Comité de normalisation obligataire
COB : Commission des opérations de bourse
CPM : Conseil de la politique monétaire
CRBF : Comité de la réglementation bancaire et financière
CRDS : Contribution au remboursement de la dette publique
CRI : Centrale des règlements interbancaires
CSG : Contribution sociale généralisée
CT : Court terme
CVT : Correspondant en valeurs du Trésor
DDOEF : Diverses dispositions d'ordre économique et financier.
ECU : European Currency Unit
EONIA : European overnight interest average
ESOPE : Emprunts à sensibilité opposée
EURIBOR : European interbank offered rate
FCC : Fonds commun de créances
FCIMT : Fonds commun d'intervention sur les marchés à terme
FCP : Fonds commun de placement
FCPE : Fonds commun de placement d'entreprise
FCPR : Fonds commun de placement à risque
FELIN : Fonds d'Etat libre d'intérêts nominaux
FIBOR : Francfort interbank offered rate
FRF : Franc français
FSR : Fonds de soutien des rentes
FRA : Forward rate agreement
FRN : Floating rate notes
IABD : International association of bonds dealers
IPC : Indice des prix à la consommation
IRPP : Impôt sur le revenu des personnes physiques
ISDA : International swap dealers association
IVT : Intermédiaire en valeurs du Trésor
LIBOR : London inter bank offered rate
LT : Long terme
LYONS : Liquid yield options notes
MATIF SA : Marché à terme international de France
MEDAF : Modèle d'évaluation des actifs financiers

MOF : multi-option financing facility
NCP : Négociateur pour compte propre
NEC : Négociateur courtier
NIP : Négociateur individuel de parquet
NSC : Nouveau système de cotation
OAT : Obligations assimilables du Trésor
OATi : Obligations assimilables du Trésor indexées sur l'inflation
OBS : Obligations à bons de souscription
OBSA : Obligations avec bons de souscriptions d'actions
OBSO : Obligations à bons de souscriptions d'obligations
OC : Obligations convertibles
OCBSA : Obligations convertibles à bons de souscriptions d'actions.
OCEANE : Obligations à option de conversion ou d'échanges en actions nouvelles ou existantes.
OCPCC : Obligations convertible à prime de conversion constante
OICV : Organisation international des commissions de valeurs mobilières
OLIF : Obligations à libération fractionnée
ONC : Offre non compétitive
OPA : Offre publique d'achat
OPE : Offre publique d'échange
OPO : Offre à prix ouvert
OPV : Offre publique de vente
OPCVM : Organisme de placement collectif en valeurs mobilières
ORA : Obligation remboursable en actions
ORABSA : Obligation remboursable en actions avec bons de souscription d'actions.
ORAT : Obligation renouvelable et assimilable du trésor
ORCI : Obligation remboursable en certificats d'investissement
OROC : Obligation à réinvestissement optionnel du coupon
ORT : Obligation renouvelable du Trésor
OSCAR : Obligation spéciale à coupon à réinvestir
OSDIBAR : Obligation subordonnées à durée indéterminée à bons de souscriptions d'actions rachetables.
OST : Opération sur titres
OTC : Over the Counter
: Ouvert à toutes cessions
OTFI : Obligation à taux flottant inversé
Pb : Points de base
PIBOR : Paris Inter Bank Offered Rate
PIC PIBOR: 1 mois capitalisé

PVD	: Pays en voie de développement
RCM	: Revenus des capitaux mobiliers
RELIT	: Règlement livraison des valeurs titres
RGV	: Relit Grande vitesse
SATURNE	: Système automatisé de traitement unifié des règlements de créances négociables
SBF	: Société des Bourses françaises
SCF	: Société de crédit foncier
SEBC	: Système européen de banques centrales
SFAF	: Société française des analystes financiers
SICAV	: Sociétés d'investissement à capital variable
SICOVAM	: Société interprofessionnelle pour la compensations des valeurs mobilières
SIT	: Système interbancaire de télétransmissions
STRIP	: Separate trading of registered interest and principal of securities
SVT	: Spécialistes en valeurs du trésor
T-bills	: Treasury bills
T-bonds	: Treasury bonds
TAG	: Taux annuel glissant
TAM	: Taux annuel du marché monétaire
TARGET	: Trans european automated real time gross settlement express transfert system
TBB	: Taux de base bancaire
TBF	: Transfert banque de France
TCN	: Titre de créances négociables
TDPL	: Titre donné en pension livrée
TEC	: Taux de l'échéance constante
TEMPE	: Taux
THB	: Taux hebdomadaire des bons du trésor à taux fixe à 13 semaines
THE	: Taux hebdomadaire des emprunts d'Etat
THO	: Taux hebdomadaire du marché obligataire
TIGERS	: Treasury investment growth receipts
TIOP	: Taux interbancaire offert à Paris
TMB	: Taux moyen mensuel des bons du Trésor
TME	: Taux moyen mensuel des emprunts d'Etat
TMM ou T4M	: Taux moyen mensuel du marché monétaire au jour le jour entre banques
TMO	: Taux moyen mensuel des obligations

TMOE	: Taux moyen mensuel des obligations à l'émission
TMP	: Taux moyen pondéré
TP	: Titre participatif
TPCCI	: Titre participatif convertible en certificat d'investissement
T4M	: Taux moyen mensuel du marché monétaire
TRA	: Taux révisable annuellement
TRB	: Taux révisable avec taux BTF
TRE	: Taux révisable par référence aux emprunts d'Etat
TRM	: Taux révisable semestriellement
TRO	: Taux révisable par référence au marché obligataire
TSC	: Titre subordonnée convertible
TSDI	: Ttitre subordonné à durée indéterminé
TSR	: Titre subordonné remboursable

ANNEXE 3

Lexique

Ce lexique est destiné à permettre au lecteur de disposer immédiatement de la signification des termes qui composent le monde obligataire et dont les définitions dans des dictionnaires généraux sont au mieux inutiles et au pire erronées. A titre d'exemple le swap est défini dans Le Robert comme « un accord de crédit réciproque » et dans le Larousse comme un « crédit croisé ». Le redoutable « Dictionnaire des termes officiels de la langue française », construit par le Conseil supérieur de la langue française et la délégation générale à la langue française banni tout simplement le mot pour imposer « échange financier » (ce qui déclenche à coup sûr l'hilarité des professionnels). Le cap devient un « taux plafond », le floor un « taux plancher », quant au collar (achat d'un cap et vente simultané d'un floor », le Conseil supérieur s'est révélé sagement incapable de le traduire.

Dernière remarque : les intervenants sur les marchés financiers emploient fréquemment les termes de la langue habituelle dans un sens hyberbolique. Ainsi le dollar flambe lorsqu'il gagne 1% dans une journée, les taux d'intérêt s'envolent lorsqu'ils passent en un mois de 4 à 4,3%, quant à l'apocalypse, on l'évoque immanquablement dès que la Bourse perd 5% dans une journée

A partir d'un sigle, on se reportera d'abord à la page des sigles au début du livre, puis on se reportera au glossaire avec le premier terme.

Les termes étrangers (essentiellement américains) sont en ***italique et en gras*** .

Les noms propres son en caractères **gras**.

Les autres termes sont en italique.

Les exemples sont en *italique*.

AAA : note maximale donnée à un émetteur irréprochable par l'agence de notation Standard & Poors.

Aaa : note maximale donnée à un émetteur irréprochable par l'agence de notation Moody's.

Abattement fiscal : part des revenus de valeurs mobilières qui bénéficie d'une exonération fiscale. Depuis 1996, les coupons obligataires ne donnent lieu à aucun abattement fiscal.

Action préférentielle : action (donc sans date de remboursement) sans droits de vote à laquelle est attaché un droit de conversion en action ordinaire mais qui verse un dividende fixe. *En cas de liquidation après les OC et avant les actions avec droits de vote.*

Actualisation : opération qui consiste à ramener à une même date des sommes qui concernent des périodes différentes, pour les comparer.
opération qui consiste à déterminer la valeur actuelle des flux financiers.
L'actualisation au 1° janvier 1998 d'une somme de 100 F à percevoir le 1° janvier 1999 à 3,36% l'an est de 96,75F.

Actuaire : personne chargée d'évaluer la valeur théorique des produits obligataires

Actuariat : technique de calcul destiné à valoriser les produits obligataires.

Actuariel :
1 réalisé par un actuaire.
Un calcul actuariel
2 relatif aux calculs obligataires
Le taux actuariel brut

Adhérent compensateur général : membre du MATIF qui effectue la compensation pour des tiers.

Adhérent compensateur individuel : membre du MATIF qui n'effectue que la compensation individuel.

Adjudication : procédure de placement des emprunts d'Etat.
Les adjudications de BTF ont lieu le 1° Jeudi ouvré du mois et organisé par la BdF.

Adjudication à la française : adjudication au prix moyen de soumission.

Adjudication à la hollandaise : type d'adjudication dans laquelle les titres sont attribués au prix demandé par le souscripteur.Adjudication à l'envers : adjudication de l'Etat par rachat d'obligations. Les soumissionnaires proposent des prix de vente

Adjudication à prix demandé : voir adjudication à la hollandaise

Admission : inscription des titres sur un marché boursier

Agence de notation : société dont l'objet est de décerner des notes censées traduire le risque d'un émetteur.
Deux grandes sociétés américaines dominent le marché de la notation : Standard & Poors et Moody's.

Agence de *rating* : voir agence de notation

Ajustement : calcul destiné à comparer une série de cours afin de tenir compte d'opérations en capital.

Aller et retour : méthode de spéculation qui consiste à acheter et vendre un même contrat dans une seule et même journée.

Allocation : répartition de titres au sein d'un syndicat de garantie entre les participants.

Allocation d'actifs : répartition d'un portefeuille entre différents types d'actifs.

Allotissement : attribution d'une part à un participant d'un syndicat bancaire

Alpha : surplus de performance dû au savoir faire d'un gérant par rapport à un indice ou à un taux.

Amortissement : extinction progressive d'une obligation à la suite d'un remboursement, in fine et amortissements par rachats ou tirages, remboursement par l'émetteur d'un emprunt

Amortissement anticipé : possibilité pour l'émetteur, prévue dans le contrat d'émission, de procéder au remboursement anticipé de tout ou partie des titres

Amortissement in fine : remboursement en totalité de l'emprunt à la fin

Amortissement par annuité décroissante : le montant que l'émetteur consacre à l'amortissement des titres diminue tous les ans.

Amortissement par annuités constante : le montant que l'émetteur consacre à l'amortissement des titres est identique tous les ans.

Amortissement par séries égales : sommes égales pour chaque année.

Analyse financière : méthode d'évaluation des actions par l'évaluation de la société.

Analyse graphique : méthode d'anticipation des cours par l'analyse des cours passés.

Anatocisme : pratique qui consiste à ajouter automatiquement les intérêts échus d'une dette au capital et qui deviennent alors productifs d'intérêts.

Annonces légales : informations rendues obligatoires par la loi.

Annualiser : ramener à une base annuelle

Annuités : somme fixes payables à intervalles de temps égaux,
sommes versées à un détenteur d'obligations en paiement des intérêts et en remboursement d'une fraction d'emprunt.

Annuités constantes : L'amortissement d 'un emprunt par annuités constantes signifie que l'émetteur verse chaque année une somme constante comprenant à la fois les intérêts et l'amortissement

Annuités variables : annuités d'un amortissement d'emprunt dans lequel la part des intérêts est décroissante.

Annulation de titres : preuve de la suppression d'un titre par apposition d'une griffe ou perforation

Antichrèse : garantie donnée par un débiteur à un créancier. Elle peut être constituée par un tiers pour le compte du débiteur.

Appel de marge : somme exigée par la chambre de compensation d'un marché à terme pour combler une perte potentielle et destinée à garantir la sécurité du marché.

Appel d'offre : technique utilisée par la Banque de France pour refinancer les banques. ces dernières indiquent leur demande d'argent et la Banque de France les sert ensuite en fonction de ses objectifs en matière de taux d'intérêt.

Appel public à l'épargne : sollicitation de l'épargne publique dans le cadre d'une émission.
La COB a pour mission de viser toute opération d'appel public à l'épargne.

Application : échange d'un bloc de titres en Bourse ou hors bourse entre deux clients (un acheteur et un vendeur) effectué par un même intermédiaire.

Arbitrage : opération sans risque destiné à profiter d'une imperfection du marché.
Un arbitrage peut consister à acheter une obligation convertible échangeable contre une action et à vendre simultanément l'action si elle cote plus chère, puis à procéder à la conversion de l'obligation.

Arbitragiste : personne qui effectue des arbitrages.

Arrérage : somme versée au titre des intérêts d'une rente

Assignat : titre gagé sur les biens nationaux (étymologiquement « assigné sur les biens du clergé ») émis par la Constituante en décembre 1789 et qui rapportait un intérêt de 5% par an. L'excès d'émission entraîna l'effondrement de leur valeur.

Assignation : opération qui se traduit pour le vendeur d'une option par l'obligation d'exécuter ses engagements en cas d'exercice de l'option par l'acheteur
Un vendeur de call sur le contrat notionnel 110 décembre est assigné : il est contraint de vendre un contrat notionnel échéance décembre à 110.

Assimilation : procédure d'émission d'obligations par rattachement d'une nouvelle émission à une tranche d'emprunt émise antérieurement. Ces titres sont alors fongibles au moment du règlement, c'est à dire parfaitement substituables aux titres originels.
Le but de l'assimilation est d'accroître la liquidité des lignes.

Association française des banques : association professionnelle des banques françaises non mutualistes.
Le Crédit agricole comme le Crédit Mutuel ne sont pas membres de l'AFB.

Association française des porteurs d'emprunts russes : principale association de défense des porteurs d'emprunts russes.

Assurance de portefeuille : technique d'immunisation d'un portefeuille qui consiste à vendre à terme l'équivalent des positions détenues en compte.
Un investisseur qui détiendrait 5 MF d'obligations à taux fixe à 10 ans pourrait mettre en place une assurance de portefeuille en achetant des puts sur le notionnel.

Assurance-vie : contrat d'assurance qui garantit aux bénéficiaires désignés par le contractant (y compris lui-même s'il le souhaite) un capital ou une rente à compter d'une certaine date fixée à la signature du contrat.
L'assurance-vie représente environ 3 000 milliards de francs d'encours en 1998, investi à plus de 90% dans des obligations.

Au pied du coupon : mode de cotation dans laquelle le coupon couru n'est pas pris en compte.
Dans une cotation au pied du coupon, tout se passe comme si le coupon avait été payé la veille du jour de cotation.

Avance sur titres : prêt garanti par un nantissement de valeurs mobilières.

Avis d'opéré : document émis par un intermédiaire financier, adressé au client, et l'informant de l'exécution d'un ordre de Bourse.

Avis d'immobilisation : blocage de titres au porteur en vue d'une participation aux délibérations d'une AG d'obligataires.

Avoir fiscal : crédit d'impôt sur le Trésor suite à la perception d'un dividende sur des actions françaises.

Baby bond : aux Etats-Unis, obligation de nominal inférieur à 1 000$

Back-office : ensemble des services chargés d'assurer le suivi des opérations de marché.

Backwardation : situation (inverse du contengo) dans laquelle les cours à terme sont plus bas que le cours au comptant.

Banqueroute : défaillance d'un emprunteur qui, sans nier la réalité de sa dette, s'avoue dans l'incapacité momentanée de la payer.

Banqueroute des 2/3° : dernière défaillance en date de l'Etat en France en 1797. Le directoire a annoncé qu'il ne remboursait pas plus du tiers de la dette publique (concrètement les porteurs d'obligations n'ont pas touché plus de 5% de la valeur de leurs titres).

Barème : clé de répartition des emprunts syndiqués entre les différents établissements placeurs.

Barre : voir emprunt Barre

Base : différence entre le cours à terme et le cours au comptant.
Si le cours au comptant est de 100 et que le cours à terme est de 101,50, la base est positive de 1,50.

Basculement : passage des francs à l'euro.

Bear : ours, animal symbole des marchés baissiers.

Bellwether : bélier qui dirige le troupeau. C'est le surnom donné à l'emprunt du Trésor de maturité 30 ans qui est la référence en matière de taux d'intérêt à long terme aux Etats-Unis.

Benchmark : indice de référence

Benchmarking : méthode de gestion qui consiste à tenter de suivre les performances d'un indice.

Big-bang : surnom donné au décloisonnement et à la libéralisation de la Bourse de londres en 1986.

Bill : titre à court terme émis sur le marché américian

Billet de trésorerie : titre émis par les entreprises.
Ces titres ont en général une durée de vie inférieure à 3 mois et un montant supérieur à 5 MF.

Bons à moyen terme négociables : titre de créance négociable à moyen terme ; Les BMTN ont un montant minimal de 1 MF et une durée de vie minimale d'un an.

Bons à taux annuels : Obligation d'une durée de deux à cinq ans

Bons anonymes : bon émis par l'Etat ou par un établissement financier, qui porte intérêt et dont le détenteur reste anonyme.
Compte tenu des taxes à payer par le détenteur pour préserver son anonymat au titre des intérêts (70% des intérêts avec les prélèvements sociaux) et de l'ISF (2% du capital par année), il n'y a plus aucun avantage à en souscrire.

Bons de caisse : bon à ordre au porteur, émis par un établissement financier et négociable.
Les bons de caisse sont émis pour une durée maximale de cinq ans.

Bons d'échange : valeurs mobilières émises à l'occasion d'une émission, qui ont leur vie propre, et qui donnent droit à un échange d'obligations

Bons de capitalisation : bons produisant des intérêts capitalisés et versés à l'échéance.

Bons de souscription : valeurs mobilières qui permettent à leur détenteur de souscrire une action (ou une obligation) de la société émettrice à un prix déterminé et pendant une durée déterminée.

Bons de souscription d'obligation : bons qui permettent d'acquérir une obligation nouvelle.

Bons du Trésor : valeurs mobilières émise par l'Etat via le Trésor public.

Bons du Trésor à annuité normalisée : bons du Trésor à moyen terme.

Book building : technique d'émission de titres dans laquelle le prix d'émission n'est pas fixé.

Book runner : voir teneur de livre.

Bought deal : achat de la totalité d'une obligation par un syndicat de prise ferme.

Bourse : marché secondaire des valeurs mobilières et des droits et contrats qui en dérivent.
La Bourse de Paris est, depuis novembre 1998, totalement délocalisée

Boursicoter : spéculer en Bourse sur de petits montants.

Brady : nom d'un ancien secrétaire d'Etat au Trésor donné à des euro-obligations en $ représentant des créances sur des pays en voie de développement.

Brongniart (1739- 1813) : architecte qui a conçu et commencé la construction du monument qui abritait la Bourse de Paris.

Bull : obligation ESOPE indexée et qui progresse avec cette indice.
Les principales bases d'indexation sont le Cac-40 ou le notionnel

Bulldog : obligation étrangère émise sur le marché anglais, en livres, par un non-résident

Bulletin d'annonces légales : bulletin officiel qui publie les informations obligatoires en provenance des sociétés.

Bund : emprunt de l'Etat fédéral allemand.

Bundesbank : banque centrale allemande.

Bunny bond : obligation dont le coupon en espèces donne droit à une obligation identique à la première

Caisse d'amortissement de la dette sociale : caisse publique destinée à porter la dette des organismes de sécurité sociale.
La CADES est un emprunteur prestigieux sur les marchés obligataires.

Caisse des dépôts et consignations : établissement financier public contrôlé par le Parlement.

Caisse de Refinancement Hypothécaire : organisme professionnel émetteur destiné à permettre aux banques de se refinancer pour prêts immobiliers.

Caisse nationale de l'énergie : obligation indexée sur le chiffre d'affaires de l'EDF, créé en 1945 pour une durée de 50 ans et échangée contre les actions des sociétés d'électricité nationalisées et fondues dans l'EDF.

Calendrier des adjudications du Trésor : calendrier publié par le Trésor, fixant les dates des adjudications.

Call : option d'achat

Call émetteur : clause de remboursement anticipé. Droit accordé par le contrat d'émission à émetteur de rembourser tout ou partie des obligations convertibles en circulation dans certaines conditions prévues au contrat.

Capitalisation des intérêts : méthode de calcul dans laquelle les intérêts sont eux-mêmes productifs d'intérêts.

Capitalisation obligataire : montant total de l'encours des obligations sur un marché donné. Le terme est une extension de la notion de capitalisation boursière.

Centrale de livraison de valeurs mobilières : organisme de compensation international basé à Luxembourg.

Centrale des règlements interbancaires : plate-forme d'échanges des virements interbancaires de gros montants.

Certificat OAT : certificat négociable résultant du démembrement d'une OAT et représentant une échéance d'intérêt ou l'échéance en capital.

Certificates of Accrual on Treasury Securities : démembrement de valeurs du Trésor américain par la société Salomon Brothers

Certificats coopératifs d'investissement : certificats émis par le crédit agricole. *La caisse régionale du Crédit agricole Alpes-Provence en a émis 750 000 titres à 402 F*

Certificats de dépôt négociables: titres émis par les banques, d'un montant minimum de 1 million de francs, à taux fixe.
Comme les autres titres de créances négociables, la durée des certificats de dépôts est comprise entre 10 jours et 7 ans.

Certificats d'investissement : actions sans droits de vote.

Chambre de compensation : société chargée d'assurer la compensation entre les achats et les ventes sur un marché organisé.
La Chambre de compensation s'interpose entre l'acheteur et le vendeur.

Chambre de justice : justice d'exception sous l'Ancien Régime destiné à confondre les créanciers trop importants du Roi. On en dénombre 14 sous l'ancien Régime (8 au XVI°, 5 au XVII°) et une au XVIII° après la mort de Louis XIV). En général, ce type de démarches raréfiait le crédit, entraînait quelques pendaisons et réjouissait beaucoup le petit peuple qui manquait parfois l'occasion de s'amuser.

Chartiste : méthode qui prétend prédire les cours futurs par l'analyse des cours passés.

Chef de filat : fonction du chef de file.

Chef de file : leader d'un syndicat.

City : place financière londonienne.

Clause de remboursement anticipé : clause prévue dans le contrat d'émission qui autorise l'émetteur à rembourser par anticipation pendant une période prédéfinie.
On distingue deux types de clauses de remboursement anticipé : soit au gré de l'émetteur, soit au gré du détenteur.

Clause *pari passu* : dans un contrat d'émissions d'obligations, clause *pari passu* donne aux porteurs l'assurance qu'ils bénéficieront des mêmes garanties que celles que la société émettrice pourrait être amenée à consentir ultérieurement au profit d'autres créanciers.

Clause de rachat : clause permettant à l'émetteur de racheter ses titres en bourse.

Co-chef de file : entité qui assure la responsabilité conjointe d'un syndicat.

Collatéral : actif déposé en garantie d'une opération financière.

Colle : reliquat d'obligations qui n'a pas trouvé preneur

Commercial paper : titres à court terme émis aux Etats-Unis par des sociétés privées.

Commission d'émission : rémunération des établissements placeurs d'emprunts.

Commission de direction : rémunération qui revient au chef de file d'une émission

Commission de garantie : rémunération additionnelle que perçoit un établissement financier qui garantit à l'émetteur qu'il placera un emprunt sur le marché.

Commission de placement : rémunération versée à tout établissement qui place des titres à l'émission auprès de sa clientèle

Commission des opérations de Bourse : autorité administrative chargée de veiller à la protection de l'épargne publique.
Surnommé « le gendarme de la Bourse ».

Comité de normalisation obligataire : comité chargé de simplifier les méthodes de calcul des taux d'intérêt et de diffuser des recommandations techniques et des études.

Comité de la réglementation bancaire et financière : fixe des règles générales aux établissements de crédit et aux entreprises d'investissement. Présidé par le ministre de l'Economie.

Comité des émissions : comité, supprimé à compter du 1er octobre 1998, qui était chargé d'assurer la gestion des émissions d'obligation sur le marché primaire.

Commercial paper : papier commercial, équivalent des billets de trésorerie chez les anglo-saxons.

Compensation : opérations de gestion des flux de titres après l'exécution des ordres

Competitive building : technique d'émission par appel d'offres auprès de la communauté bancaire. C'est la banque qui propose le prix le plus élevé pour l'émetteur qui remporte la contrat de placement.

Comptant : marché sur lequel les transactions se règlent le jour même.

Complément de prélèvement libératoire : différence entre la retenue à la source sur le coupon lorsqu'il existe (10% du coupon habituellement) et le prélèvement obligatoire (25%)

Consolidation : technique qui consiste pour un émetteur à réorganiser sa dette.

Contango : situation d'un marché à terme où le cours au comptant est inférieur au cours à terme. Encore appelé forwardation.
Le contango est la situation la plus fréquente sur les marchés à terme.

Contrat à terme : contrat dont le dénouement s'effectue dans le futur et non pas au comptant.

Contrat d'assurance-vie : voir assurance-vie.

Contrepartie :
1 cocontractant ou personne qui effectue la transaction.
2 animateur de marché chargé d'assurer la liquidité d'un marché.

Conversion : possibilité pour un émetteur de proposer un nouvel emprunt en remplacement de l'emprunt en cours
opération par laquelle une obligation est échangée contre un autre actif (action par exemple)

Convertibilité : caractère d'une obligation qui peut se transformer en un autre actif.

Convexité : mesure de la variation de la sensibilité d'une obligation.

Cooke : voir ratio Cooke

Corner : opération spéculative ou résultat d'une opération spéculative qui consiste à acheter à terme plus de titres qu'il n'en existe sur le marché au comptant pour obliger les vendeurs à découvert à racheter les titres à un prix prohibitif.
Parfois considéré comme le chef d'oeuvre de la spéculation.

Corps du titre : le titre sans la feuille de coupons.

Cotation au pied du coupon : mode de cotation qui ne prend pas en compte les intérêts courus.
Les obligations sont habituellement cotées au pied du coupon à PARIS.

Cotation en pourcentage : mode de cotation en pourcentage de la valeur nominal du titre et non pas en francs par titre.
Les obligations sont habituellement cotées en pourcentage et les obligations convertibles en francs.

Cote officielle : cote publiée par la SBF et indiquant les cours de Bourse du jour sur les marchés organisés par la SBF.

Coupon : rémunération versée par un titre de nature obligataire.
Avant la dématérialisation, les coupons devaient être découpés et présentés à l'établissement centralisateur pour recevoir les sommes dues.

Coupon attaché : expression qui désigne la jouissance que doit comporter un titre lors de sa présentation pour une opération d régularisation,...

Coupon couru : fraction du coupon acquise depuis la dernière échéance d'intérêt.
Le coupon couru est un calcul *prorata temporis* des intérêts depuis le dernier détachement.

Coupon détaché : état d'un titre obligataire après le versement du coupon.

Coupon-pass : procédé par lequel la banque centrale américaine achète des titres du Trésor.

Coupon zéro : caractère d'une obligation qui ne verse aucun coupon pendant sa durée de vie. Le capital et les intérêts sont payés en une seule fois à l'échéance.

Coupure : titre obligataire pouvant représenter une obligation ou un multiple de l'obligation de base.
La notion avait une importance à l'époque des titres matérialisés, un titre pouvant valoir 5 ou 10 fois une obligation simple.

Courbe des taux : courbe représentant à un instant donné les taux d'intérêt des emprunts d'Etat en fonction de la durée de vie du titre.

Cours : prix déterminé par l'offre et la demande.

Cours ajusté : cours après rectification du à une modification de capital

Cours de clôture : dernier cours coté d'une journée de Bourse.

Cours de compensation : cours fixé par l'organisme de gestion d'un marché à terme destiné à permettre les appels de marge.

Cours d'ouverture : premier cours coté d'une journée de Bourse.

Courtage : commission versée aux intermédiaires financiers qui assurent la transmission et l'exécution des ordres en Bourse.

Courtier : intermédiaire financier qui ne prend pas position pour son propre compte, mais qui assure le lien entre l'offre et la demande.

Couverture : intervention sur les marchés destinée à se protéger contre une évolution défavorable des cours d'un actif.
La vente de contrats notionnel est, pour un détenteur d'obligations à taux fixe, une opération de couverture.

Crédit d'impôt : avance faite au Trésor sur l'impôt qui sera payé par l'obligataire.

Criée : mode de cotation publique des valeurs mobilières dans lequel les courtiers expriment à haute voix leurs intérêts.
C'était « l'expression bruyante et traditionnelle du point d'équilibre entre l'offre et la demande « selon Vasseur.

Cristallisation : méthode de calcul des coupons d'obligation à taux variable. On remplace un indice de référence un jour d'absence de cotation par le dernier indice connu.

Cushion : obligation remboursable avant l'échéance au gré du porteur ou de l'émetteur.

Date d'amortissement anticipé : date à partir de laquelle l'émetteur peut déclencher l'amortissement des titres émis.

Date d'échéance : date à laquelle le principal d'une obligation doit être remboursé.

Date d'émission : date du lancement effectif de l'emprunt, qui est la date de publication légale au BALO. A cette date est calculé le taux actuariel.

Date de détachement : date à laquelle le coupon est payé.

Date de jouissance : date à partir de laquelle les intérêts courent.

Date de règlement : date à laquelle les obligations sont payées (2 semaines après l'émission).

Debt equity swap : échange de dettes contre des actifs des actions.

Debt for bond swap : échange de créances obligataires contre des obligations nouvelles.
En général une banque privée accepte d'échanger par le biais d'un *debt for bond swap* une créance (décotée) sur un Etat défaillant contre des nouvelles obligations émises par cet Etat .

Défaut : situation dans laquelle se trouve un débiteur qui n'a pas honoré une des ses obligations contractuelles à savoir le paiement des intérêts ou du capital.

Défaillance : voir défaut.

Délai de place : délai de régularisation des transactions entre intermédiaires financiers.

Delta : dans le cas d'une obligation convertible, accroissement du cours de l'obligation pour une progression d'un euro de l'action directrice.

Dématérialisation : phénomène de dématérialisation des titres papiers et de transformation en une simple inscription en compte. En France la dématérialisation date du 3 novembre 1984.

Démembrement : séparation des flux d'intérêt et du capital d'une obligation.

Dentiste Belge : figure imaginaire de l'euromarché, apparue dans les années soixante, censée symboliser l'investisseur moyen qui achète, au Luxembourg, à l'émission et sans déclarer les revenus au fisc belge des euro-obligations.

Dépositaire : établissement financier chargé d'assurer la gestion des titres. *Avant la dématérialisation, le dépositaire était chargé de garder les titres-papiers.*

Déposit : montant que verse celui qui initie une nouvelle position sur un marché à terme à titre de garantie.

Décloisonnement : processus de levée des frontières entre les différents segments du marché de l'argent.

Déréglementation : processus de levée des réglementations sur un marché.

Dérivé de crédit : nouvel instrument financier créé en 1992 qui permet de spéculer sur la dégradation du crédit d'un émetteur.

Désintermédiation : processus qui permet aux investisseurs et aux émetteurs de se retrouver directement sur un marché sans passer par le circuit habituel des banques.
En 1998, on estime qu'environ 50% des besoins de financement de l'économie se font sans passer par le circuit bancaire.

Détachement : date de versement du coupon.

Dette à court terme : en général dette à moins d'un an.

Dette à moyen terme : dette dont la durée de vie est comprise entre 1 et 5 ans.

Dette à long terme : dette à plus de 5 ans.

Dette junior : dette dont le remboursement ne vient qu'en second rang après le remboursement de la dette senior.

Dette senior : partie de la dette la plus sûre d'un émetteur.

Dette perpétuelle : dette qui ne comporte pas de date de remboursement.
Pratiquement, l'émetteur qui souhaite éteindre sa dette la rachète en Bourse progressivement ou par le biais d'offre de rachat.

Dette publique : encours de la dette de l'Etat (au sens strict) ou de l'Etat, des collectivités locales et des organismes de sécurité sociale (au sens de Maastricht).

Dette remboursable : Dette qui a une date d'échéance.
Contraire de dette perpétuelle.

Dette subordonnée : en cas de liquidation, dette remboursable après la dette senior et les intérêts.

Dette viagère : dette due à un créancier jusqu'à son décès.

Dette viagère de l'Etat : montant des pensions que l'Etat doit verser.

Différé d'amortissement : période pendant laquelle aucun amortissement n'est effectué

Différentiel de taux : différence de taux d'intérêts, exprimée en points de base entre les taux auxquels empruntent deux entités sur la même durée.
En avril 99, le différentiel de taux à 10 ans entre la France et l'Allemagne était de 10 points de base en faveur de l'Allemagne qui empruntait donc un peu moins cher.

Dilution : réduction du bénéfice ou du dividende par action du fait de la création de nouvelles actions.
L'émission d'obligations convertibles à échéance rapprochée peut avoir un effet dilutif non négligeable.

Domiciliation : désignation par un émetteur des établissements qui effectueront pour son compte diverses opérations.

Droits d'entrée : frais prélevés à l'achat de parts d'OPCVM.

Droits de sortie : frais prélevés à la vente de parts d'OPCVM.

Droits de garde : frais prélevés par l'établissement dépositaire pour la conservation des titres d'un client.

Duration : durée de vie moyenne pondérée d'un portefeuille obligataire.

E-bonds : obligations émises via l'Internet.

Ecart de taux : voir différentiel de taux.

Ecart protégé : technique qui fixe, pendant les quelques heures qui suivent le lancement d'une émission obligataire, l'écart (*spread)* de l'emprunt par rapport à une OAT de référence. Si le taux de cette OAT a progressé (dans des limites fixées à l'avance), celui de l'emprunt est majoré d'autant : l'émetteur accepte donc, dans des limites contractuellement déterminées, de subir les risques de taux.
Pour la première fois pour EDF, le 20 septembre 1989, le syndicat

bancaire et l'émetteur fixent le taux en référence avec l'OAT 8,125% Mai 1999 + 44pb. EDF garantit au syndicat une protection à la hausse pendant 48H. diminution limitée à 7pb.

Ecart-type : racine carrée de la variance.

Echange : procédure de consolidation qui consiste à échanger des obligations anciennes contre des nouvelles.

Echéance : date de remboursement contractuel d'une obligation.

Echelle de notation : grille qui donne la solvabilité d'un émetteur selon une agence de notation.

Echelon de cotation : pas minimum de cotation.
Les OAT se traitent en points de base, soit de 105,62 à 105,63%.

Effet de levier : variation en % d'un instrument par rapport à la variation en % d'un actif ou une somme déposée en garantie
Pour un deposit de 20 000 F l'effet de levier d'un contrat notionnel de 500 000 F est de 25 fois.

Effet d'éviction : éviction des émetteurs privés par l'Etat (qui est la signature la plus sûre) qui absorbe la quasi totalité de l'épargne disponible sur le marché obligataire

Elliott (1871-1948) : inventeur d'une théorie selon laquelle l'évolution des cours de Bourse suivent des vagues haussières et baissières selon un canevas délimité.

Emetteur : toute entité qui émet des valeurs mobilières.

Emission : opération de vente des obligations à leur création par un émetteur.

Emprunt à fenêtres : emprunt remboursable avant l'échéance au gré du porteur ou de l'émetteur.

Emprunt à sensibilité opposée : émis à partir de 1985, emprunt qui comporte deux tranches, l'une versant un intérêt et indexé en partie sur la hausse d'un indice de référence (tranche bull) et l'autre versant un intérêt et indexé en partie sur la baisse d'un indice de référence (tranche bear).

Emprunt Balladur : emprunt émis par le gouvernement Balladur en juillet 1993 et de durée de vie de 4 ans.

Emprunt Barre : emprunt émis par le gouvernement Barre en 1977 et indexé sur l'Ecu.

Emprunt étranger : emprunt émis dans la monnaie du pays d'émission par un émetteur qui n'y est pas domicilié.
Les emprunts bulldogs, samourais ou yankees sont des emprunts étrangers.

Emprunt Giscard : emprunt 4,5% 1973 indexé sur l'or et émis par l'Etat à l'époque où M. Giscard était ministre de l'Economie.
Aubaine pour les spéculateurs et gouffre financier pour les finances publiques.

Emprunt indexé : obligation dont le capital et les intérêts sont fonction d'un indice de référence (devise, cours d'une matière première comme l'or, indice boursier...).
Le Pinay 4,5% lié au Napoléon, l'emprunt Giscard 7%, indexé sur le lingot d'or.

Emprunt international : emprunt émis en dehors du pays d'origine.
Les emprunts internationaux sont de deux types : des emprunts étrangers ou des euro-obligations.

Emprunt Chinois : emprunt émis par la République chinoise au début du siècle et non remboursé entre 1933 et 1949.
Les emprunts Chinois sont toujours cotés à Paris où ils font l'objet de cotations pour le moins épisodiques.

Emprunt notionnel : emprunt fictif qui sert de support au contrat à terme notionnel.

Emprunts obligataires : dettes contractées à moyen ou long terme.

Emprunts obligataires avec option monétaire : emprunt qui permet au détenteur d'opter pour une monnaie de remboursement différente de la monnaie d'émission.
Ces emprunts permettent de protéger le porteur contre le risque de dévaluation de la monnaie d'emprunt.

Emprunts prorogeables : emprunts avec une clause permettant au porteur de proroger leur durée.

Emprunts Russes : emprunt émis par la Russie tsariste et purement et simplement annulé par les soviets en Janvier 1918. Serpent de mer de la finance du XX°.
Les emprunts russes ont fait l'objet d'un accord franco-russe les 26 novembre 1996 et 27 mai 1997 en vue d'une indemnisation partielle qui n'efface toutefois pas les créances privées vis à vis de l'Etat Russe.

Emprunts structurés : emprunts sur mesure versant le plus souvent un coupon fixe les premières années puis un coupon variable indexé sur le TEC 10 et destiné à des investisseurs avertis comme les compagnies d'assurance.

Encadrement du crédit : mécanisme fixé par les pouvoirs publics avant décembre 1986 (date de sa suppression) et qui limitait le volume de crédit à la disposition de chaque banque.

Encours : montant de la dette non remboursé

Estampillage : mode de consolidation par proposition aux porteurs d'obligations de modification de certaines caractéristiques de l'obligation.

Euribor : voir Tibeur.

Euro : monnaie unique de 11 pays européens à compter du 1° janvier 1999.

Eurobond : obligation émise sur un marché autre que celui de la devise d'émission et que les établissements placeurs vendent sur différents marchés nationaux.

Euroclear : organisme de clearing international créé en 1972 à Bruxelles, qui assure la compensation, la conservation et le paiement des coupons de titres internationaux.

Euro devise : devise détenue par un non-résident du pays émetteur.

Euro monnaie : voir euro-devise.

Euromarché : marchés des euro-devises.

Euro-obligation : obligation émise sur l'euromarché.

Euro overnight index average : moyenne pondérée de toutes les transactions au jour de le jour par un panel de banques pour se prêter de l'argent sur une durée minimum d'un mois.
Aussi appelé taux européen moyen pondéré (ou TEMPE), L'EONIA remplace l'ancien TMP.

Ex-coupon : à partir du jour où le coupon est détaché.
Facial : montant nominal d'une obligation.

Facteur de concordance : parité d'échange entre une OAT du gisement est le notionnel. Il permet de fixer le cours exact de livraison de l'OAT pour qu'il corresponde à la valeur théorique du notionnel.

Fed : Reserve federal, banque centrale américaine.

Fédération bancaire européenne : participe à l'élaboration du TIBEUR.

Fenêtres : possibilité offerte, pendant un laps de temps prédéterminé, à l'émetteur ou au détenteur d'une obligation d'utiliser un droit inscrit dans le contrat d'émission.

Fixage : mode de cotation par confrontation des offres à un moment précis dans la journée .
La cotation par fixage s'oppose à la cotation en continu qui permet la cotation sur une plage horaire prédéterminée.

Floating rate note : euro-obligation à taux variable.

Float bond : obligation négociée sans les intérêts courus.

Fly to quality : fuite vers la qualité due à une incertitude sur la solidité d'un émetteur ou d'un système.
Mouvement constaté en période de forte chute des actions, les investisseurs ont alors tendance à se retourner vers les actifs les plus surs que sont les obligations.

Fonds commun de créances : fonds regroupant des créances cédées par des établissements financiers.
Les Fonds communs de créances font l'objet d'une cotation en Bourse.

Fonds commun d'intervention sur les marchés à terme : fonds bénéficiant d'une dérogation légale et permettant à son gérant d'intervenir, dans un cadre bien défini, sur les marchés à terme.

Fonds commun de placement : copropriété de valeurs mobilières et de sommes placées à court terme ou à vue, non dotée de la personnalité morale.
Les FCP doivent être dotés d'un minimum de 2,5 MF en France.

Fonds dédiés : fonds créés pour un seul investisseur ou pour un cercle restreint d'investisseurs.

Fonds d'Etat libres d'intérêt nominal (FELIN) : fractionnement d'une tranche d'OAT en différents titres négociables séparément.
Les Felins n'ont pas survécu à une fiscalité peu attrayante.

Fonds de soutien des rentes : fonds créé en 1937 destiné à intervenir sur le marché secondaire de la dette. Il a connu une nouvelle jeunesse en 1986. Géré par un comité de direction comprenant le gouverneur de la Banque de France, le directeur général de la Caisse des dépôts et le directeur du Trésor pour intervenir sur tous titres publics directement ou par l'intermédiaire de contrats dérivés.

Fonds fermés : fonds qui ont un nombre de parts fixes dès leur création.

Fonds garantis : fonds garantissant au porteur de parts une somme minimum ou une rémunération minimale.
Pour assurer la rémunération contractuelle, les fonds sont placés dans des actifs sans risque comme les OAT.

Fonds monétaire : fonds commun placé exclusivement en produits monétaires et dont la performance suit le taux du marché monétaire.

Fonds monétaire dynamique : fonds monétaire qui consacre une petite part de leurs actifs à des achats d'actions dans le but de surperformer le marché monétaire.

Fonds de rachat : fonds destiné à racheter ses titres en bourse si le cours baisse par l'émetteur.

Fongibilité : caractéristique de titres qui peuvent être remplacé indifféremment.

Forme des valeurs mobilières : caractéristiques des valeurs mobilières. On distingue par exemple les titres au porteur des titres nominatifs.

Front office : service chargé de réaliser les transactions dans une salle de marchés.

Garant : institution qui garantit le paiement d'une dette en cas de défaillance d'un emprunteur.

Garantie de cours : garantie donnée par une société initiatrice d'une offre publique d'achat simplifiée et qui permet aux détenteurs de titres de les vendre à un cours fixé par la société pendant une quinzaine de jours.

Garantie de bonne fin : garantie donnée par les sociétés de Bourse d'assurer la bonne fin des transactions effectuées sur le marché.

Gisement : ensemble des titres livrables à l'échéance des contrats à terme sur le MATIF.
Le gisement du notionnel est constitué de titres de la dette publique de différents pays européens.

Golden boy : jeune intervenant sur les marchés financiers dont la rémunération dépasse les normes en vigueur ailleurs.
(péj) : tout individu plus jeune que vous et qui gagne plus que vous en s'amusant sur les marchés financiers.

Grand livre de la dette publique : terme mythique définissant l'ensemble des dettes contractées par un Etat.
L'étymologie provient du 24 août 1793, date de sa création officielle par la Convention.

Gré à gré : marché non organisé, sans tutelle.

Greenshoe : possibilité pour un émetteur d'augmenter le montant d'une émission pour satisfaire la demande.

Hedge fund : fonds qui prend des positions très risquées sur les marchés financiers.

Horodatage : obligation faite aux intermédiaires depuis le 25 juillet1990 de disposer d'un dispositif permettant de vérifier l'heure de passation des ordres des clients.

Hors Cote : compartiment de la Bourse de Paris, sans contraintes, disparu en juillet 1998.

Immunisation : méthode de gestion destinée à protéger un portefeuille contre les fluctuations de cours.

Impôt de bourse : impôts sur les transactions, sans objet pour le marché obligataire.

Indexation : clause précisant que les coupons ou le remboursement du capital d'une valeur mobilière est liée à l'évolution d'un indice.

Indice boursier : indice représentatif d'une place boursière ou d'un compartiment de cette place.
L'indice CAC-40 est l'indice représentatif de la place de Paris, l'indice du SM est représentatif du Second marché.

Indice CNO : indice représentatif du marché obligataire en France.

In fine : relatif à un emprunt obligataire dont le capital est remboursé dans sa totalité à l'échéance.

Inflation : voir Larousse 1906 sur « pathologie enflure (peu usité) ».
Hausse des prix des biens de consommation
Hausse des prix des biens et des actifs

Insensibilité : caractère d'une obligation dont le cours ne réagit pas à une variation des taux.
Les OAT TEC sont totalement insensibles.

Intérêt négatif : situation du marché des taux dans laquelle les banques perçoivent des intérêts pour conserver l'argent de leur client.
Situation rarissime, apparue en Suisse en 1981 face à l'afflux de devises étrangéres.

Intérêts : sommes représentant l'argent prêté.

Intérêts postcomptés : intérêts payés au souscripteur à terme échu.

Intermédiaires en valeurs du Trésor (TVT) : grossiste en valeurs du Trésor, dont le statut , moins contraignant que celui des SVT, date de 1998.

International swaps dealers association : association professionnelle des spécialistes des swaps.
Importante force de proposition pour contrat type ou pour évaluer le développement du marchés des swaps.

Investisseurs institutionnels : investisseurs qui gèrent des sommes très importantes.

Investisseurs qualifiés : notion créée par la loi du 2 juillet 1998 qui regroupe les personnes morales qui maîtrisent bien le fonctionnement des marchés financiers.

Jouissance : date à partir de laquelle peuvent s'exercer les droits des obligataires.

Jours calendaires : premier et dernier compris

Jours francs : à l'exclusion du premier et du dernier

Jumbo : surnom d'un emprunt euro-obligataire supérieur à 1 milliard de franc (ou $).

Junior : voir dette junior.

Junk bond : littéralement « obligation pourrie », obligations à haut rendement émises par des sociétés dont le *rating* est très faible.

Law : (prononcer Lasse) : financier écossais (1621-1729) à l'origine de l'instauration en France du premier papier monnaie. Le système s'est effondré en juillet 1720.

LECA : voir rapport LECA

Ligne : ensemble des obligations ayant les mêmes caractéristiques et cotées sous un même code.

London inter bank offered rate : taux de l'argent sur le marché interbancaire sur la place de Londres.

Limit-down : baisse maximale autorisée avant la suspension des cotations sur

un marché à terme
Exemple : sur le MATIF, en cas de limit-down, le contrat notionnel est suspendu pendant 15 mn.

Limit-up : hausse maximale autorisée avant suspension provisoire des cotations

Liquid Yield Options Notes : marque commerciale déposée par Merill lynch, désignant une obligation coupon zéro convertible en actions.
Fait partie de la ménagerie de l'innovation financière des années 90;

Livraison : transfert des titres du vendeur à l'acheteur.
Les livraisons s'effectuent en J+3 par Relit, J étant le jour de transaction.

Mandats territoriaux : billets émis en remplacement des assignats .
Ils ont connu le même sort mais dans un laps de temps beaucoup plus court.

Marché à terme international de France : marché géré par MATIF SA sur lequel s'échangent les contrats à terme et d'options sur les produits de taux.

Marché de gré à gré : marché non réglementé où les transactions s'effectuent librement entre les contreparties sans aucune garantie de bonne fin.

Marché dirigé par les ordres : marché dans laquelle les ordres sont centralisés et qui évolue directement en fonction de l'offre et de la demande.

Marché dirigé par les prix : marché dans lequel les cours sont fixés par des teneurs de marché qui modifient leurs fourchettes acheteur-vendeur en fonction de l'offre et de la demande.
Marché domestique : marché intérieur.
Depuis le 1er janvier 1999, le marché domestique est le marché de l'euro.

Marché efficient : marché qui prend en compte toutes les informations disponibles.

Marché international : marché non domestique.
Marché gris : marché informel ou les obligations s'échangent entre leur émission et leur cotation en Bourse.
Le marché gris a une durée éphémère habituellement de quelques jours.

Marché monétaire : marché sur lequel s'échange l'argent (prêt-emprunt) à court terme (du jour le jour à 1 an).

Marché primaire : marché des titres à l'émission soit par syndication, soit par adjudication

Marché secondaire : marché des titres d'occasion.

Marge ou ***spread*** :
1 Ecart de rendement entre un emprunt à taux variable et fixe.
2 Niveau de risque.

Market-maker : voir teneur de marché.

Masse des obligataires : ensemble des détenteurs d'obligations d'un même emprunt dotés de la personnalité morale.

Matador : obligation étrangère en Espagne en pesetas par un non-résident

Maturité ; durée de vie résiduelle d'une obligation

Mayday : signal de détresse dans la marine ou dans l'aéronautique.
1er mai 1975, jour de l'abolition du système des commissions fixes aux Etats-unis. L'étymologie de l'expression renseigne utilement sur l'état de confiance des intermédiaires américains dans les jours qui ont précédé le 1er mai 1975. Ils n'en sont cependant pas morts.

Middle office :1 service chargé de faire le lien entre le front office et le back office.
2 Euphémisme financier pour back office

Modèle d'évaluation des actifs financiers : modèle théorique qui permet d'évaluer tous les actifs financiers.

Moodys : Une des deux grandes agences de notation américaines.
Moratoire : délai demandé par un emprunteur pour rembourser ses dettes

Multi option financing facility (MOFF) : facilités de crédit proposées par un établissement financier ou par un pool d'établissements financiers et destinés à permettre à une entreprise de se financer sur des durées et dans des devises variées.

Municipal bonds : obligations émises, aux Etats-Unis, par les municipalités pour financer leurs investissements, ce qui est beaucoup plus développé qu'en France.

Nantissement : contrat par lequel un débiteur remet un bien à son créancier pour le garantir de sa dette.

Négociateur courtier : membre du MATIF qui n'effectue que des négociations et pas de compensations.

Non-résident . personne physique ou morale qui n'est pas soumise à l'impôt

direct dans un pays.
En France, les non-résidents ne paient pas d'impôt sur les plus-values.

Notation : note attribuée à un émetteur par une agence de rating

Notionnel : emprunt d'Etat fictif d'un nominal de 500 000 F, d'une durée de 7 à 10 ans et versant un intérêt de 5,5%, support de contrat à terme sur le MATIF.

Nue-propriété : droit de propriété restreint , limité à la disposition d'un bien sans droit sur l'usage ou la jouissance.
La nue-propriété d'une obligation ne permet pas de bénéficier des coupons, mais seulement du remboursement.

Obligataire : propriétaire d'obligations

Obligation : valeur mobilière négociable représentative d'une créance sur une personne morale (Etat, collectivité publique ou société).

Obligation assimilable du Trésor (OAT) : emprunt de la République française émis le premier jeudi du mois et assimilable à une souche antérieure, ce qui augmente d'autant son encours.
Le mécanisme des OAT permettent d'accroître la liquidité des obligations d'Etat.

Obligation assimilable du Trésor indexée sur l'inflation (OATi) : OAT apparus en septembre 1998 dont les coupons et le nominal sont indexés sur l'indice des prix à la consommation hors tabac.

Obligations à bons d'échange : obligations auxquelles sont attachées des bons qui permettent d'obtenir de nouvelles obligations.

Obligation à bons de souscription d'actions (OBSA) : obligation à laquelle est attachée, à l'émission, un bon de souscription d'actions qui sera détaché avant la première cotation et qui sera coté dans la rubrique « bons de souscription d'actions ».
Ces obligations permettent à l'émetteur de lever des fonds à un taux moindre qu'une obligation classique.

Obligation à bons de souscription d'obligations (OBSO) : obligation à laquelle est attachée, à l'émission, un bon de souscription d'obligations qui sera détaché avant la première cotation et qui sera coté dans la rubrique « bons de souscriptions d'obligations ».

Obligations à fenêtres : obligations permettant à leur détenteur de demander le remboursement anticipé sur certaines fenêtres (périodes prédéterminées).

Obligations à hauts rendements : obligations émises par des émetteurs au crédit discutable qui sont obligés d'offrir des rendements plus élevés que la moyenne pour attirer les investisseur. Voir ***Junks bonds.***

Obligations à option de conversion ou d'échange en actions nouvelles ou existantes : obligations convertibles au gré du porteur, mais soit en actions nouvelles soit en actions anciennes selon le souhait de l'émetteur.

Obligation à taux fixe : obligation dont le taux d'intérêt ne varie pas sur toute la période de l'emprunt.

Obligation à taux flottant : obligation à taux révisable dont le montant des intérêts n'est pas connu à l'avance (période de référence ne s'achevant que juste avant le détachement de coupon).

Obligation à taux révisable : obligation dont le taux est révisé, à certaines dates prévues dans le contrat, en fonction d'un taux de marché.

Obligation à taux variable : obligation dont le taux varie au cours de sa durée de vie et dont le coupon varie.

Obligation à warrant : obligation assortie d'un warrant.

Obligation à zéro-coupon : obligation qui ne détache aucun coupon pendant toute sa durée.

Obligation convertible à bons de souscription d'actions : obligation convertible assortie d'un bon de souscription d'actions.

Obligation convertible à prime de conversion croissante : obligation convertible mais qui nécessite une hausse de l'action chaque année pour être convertible par le porteur.

Obligation foncière : obligation gagée sur des crédits immobiliers ou des crédits aux collectivités locales.

Obligation échangeable :

1 obligation qui permet au porteur ou à émetteur d'échanger un taux variable contre un taux fixe ou inversement selon les clauses du contrat d'émission.

2 obligation échangeable contre des titres différents des actions de la sociétés émettrice. Exemple :

Obligation hypothécaire : voir obligation foncière

Obligation indemnitaire: Caisse nationale des banques (81-82), Caisse Nationale de l'Industrie, CNB-Suez, CNB-Paribas

Obligation indexée : obligation dont le montant du remboursement est fonction d'un indice.

Obligation la moins chère à livrer : à l'échéance d'un contrat à terme obligataire, le vendeur qui reste en position doit livrer une obligation. Il va donc choisir parmi les différents titres du gisement, celle qui est la moins chère à livrer.

Obligation multi-devises : obligation remboursable dans la devise de son choix.

Obligation municipale : obligation émise par une municipalité.
Fréquente aux Etats-Unis.

Obligation perpétuelle : obligation sans date d'échéance.

Obligation pourrie : voir ***Junk bonds***

Obligation remboursable en actions (ORA) : obligation remboursée exclusivement en actions.
A la différence d'une obligation convertible, le détenteur n'a pas le choix.

Obligation remboursable en actions avec bon de souscription d'actions : ORA avec bons de souscriptions d'actions.

Obligation remboursable en certificat d'investissement : obligation remboursable uniquement en certificat d'investissement.

Obligation renouvelable du Trésor : titres de capitalisation à court terme du Trésor créés en 1982 et remboursés totalement en 1992.

Obligation spéciale à coupon à réinvestir : obligation offrant au détenteur la possibilité de réinvestir le montant du coupon dans des obligations de même type que la première.

Obligation subordonnée à durée indéterminée à bons de souscription d'actions rachetables : obligations dont le remboursement n'est pas prioritaire en cas de faillite de l'émetteur, assortie d'un bon de souscription d'actions de la société émettrice et rachetables par la société dans des conditions prévues par le contrat.
Le nec plus ultra de la sophistication obligataire...à ce jour.

Offre compétitive : offre qui s'inscrit dans le cadre des adjudications du Trésor.

Offre non compétitive : offre qui ne s'inscrit pas dans le cadre des adjudications du Trésor et qui est réservée aux SVT.

Organisme de placement collectif en valeurs mobilières (OPCVM) : organisme

dont l'objet exclusif est le placement collectif en valeurs mobilières des capitaux recueillis auprès du public, dont le fonctionnement est soumis au principe de la répartition des risques et dont les parts sont, à la demande du souscripteur, rachetées ou remboursées directement ou indirectement à la charge des organismes.
On distingue en France deux grands types d'OPCVM : les SICAV et les FCP.

Organisme de placement collectif en valeurs mobilières à compartiments : FCP ou SICAV constitués de plusieurs supports d'investissement.
Organisme de placement collectif en valeurs mobilières maîtres nourriciers : OPCVM qui détiennent 100% dans un autre fonds.

Pair : 100% du nominal inscrit sur le titre représentant la somme empruntée par l'émetteur. Une obligation est émise au pair quand son prix d'émission est égal à sa valeur nominale. De même elle sera remboursée au pair quand le prix de remboursement est égal à sa valeur nominale.

Parité de conversion : nombre d'actions obtenues par conversion d'une obligation convertible.

Pension livrée : opération par laquelle le cédant remet ses titres en pleine propriété au cessionnaire. Les deux parties s'engagent irrévocablement, le cédant à reprendre ses titres et le second à les lui rétrocéder.

Pentification : accroissement de l'écart entre les taux courts et les taux longs en faveur de ces derniers, ce qui se traduit par une pente plus grande à la lecture de la courbe des taux.

Petit porteur : toute personne physique qui dispose d'un petit portefeuille.
Concrètement toute personne dont le portefeuille titres est inférieur à 300 000 F.

Pfandbrief : obligation foncière allemande.
Paris interbank offered rate : taux de l'argent interbancaire offert à PARIS
Le PIBOR - 3 mois est le taux de l'argent interbancaire offert sur une durée de 3 mois.
A disparu le 1er janvier 2000 pour laisser la place à l'EURIBOR

PINAY : voir rente PINAY

Pivotement : Modification de la pente de la courbe des taux.

Place : nom donné à l'ensemble des intervenants d'un marché
La place parisienne, la place londonienne.

Placement :
1. vente d'obligation,
2. investissement.

Placement privé : placement parmi un public réduit sans appel publique à l'épargne.

Point de base : deux chiffres après la virgule
Une obligation se traite 25 points de base au dessus d'une autre si elle rapporte 5,25% contre 5%.

Portefeuille : ensemble de titres détenus sur un même compte chez un intermédiaire agréé.

Porteur : détenteur de valeurs mobilières.

Position ouverte : nombre de contrats non débouclés sur un marché à terme un jour donné.

Préférence pour la liquidité : théorie explicative de la formation des taux d'intérêt selon laquelle les agents économiques préfèrent détenir des actifs liquides.

Prélèvement libératoire : taxation qui permet au redevable de ne pas intégrer ses revenus dans sa déclaration.
Le prélèvement libératoire sur les revenus de produits obligataires est de 25%.

Prêt de titres : opération qui consiste à prêter des titres contre rémunération.
Ces opérations se font de gré à gré.

Prescription : encore appelé délai de reprise, laps de temps après lequel le fisc ne peut plus redresser un redevable.
Pour les revenus d'obligation la prescription est triennale.
Primary dealer : grossiste en valeurs du Trésor.
L'équivalent américain des spécialistes en valeurs du Trésor.

Prime de remboursement : différence entre le prix d'émission d'une obligation et son prix de remboursement.
On distingue parfois la prime de remboursement externe et la prime de remboursement interne qui est la différence entre le prix de remboursement et le pair.

Principal :valeur faciale d'une obligation.

Prix d'émission : prix auquel une obligation est émise.
Parfois l'émetteur propose un prix à l'émission qui est inférieur au nominal.

Prix de remboursement : prix auquel une obligation doit être remboursée.

Prime de risque : surcoût de taux d'intérêt que doit verser un émetteur par rapport à l'émetteur le plus sûr (l'Etat) S'exprime en points de base.
Le prime de risque d'une grande banque privée peut être de 60 points de base pour une obligations de 5 ans.

Provisions : Pour les compagnies d'assurance, primes affectées au règlement des sinistres survenus

Quantité minimale garantie : quantité de titres minimal d'un bloc de titres.

Radiation : suppression de la cotation d'une valeur sur un marché.

Rapport LECA : rapport rédigé en 1968 par une commission présidée par M. LECA à l'origine de la modernisation du marché obligataire dans les années 70.

Rating : cote d'un émetteur donné par une agence de notation.

Ratio Cooke : ratio de solvabilité des banques : 8% de Fonds propres/actif total pondéré

Ratio de conversion : voir parité de conversion.

Réassignation : remboursement d'un emprunt d'Etat après constatation de la défaillance de l'Etat.

Redénomination : opération qui a consisté, lors du passage à l'euro le 1° janvier 1999, à ramener le nominal de toutes les obligations à autant d'obligations de 1 euro .

Rééchelonnement de la dette : étalement d'une dette dans le temps suite à une négociation entre l'émetteur et les créanciers.

Relation de Fisher : formule établie par l'économiste FISHER (1867-1947) selon laquelle le taux d'intérêt nominal se décompose en un taux d'inflation et un taux d'intérêt réel.

Relibeller : passer de la monnaie nationale en euros.
Un emprunt relibellé ne voit pas ses caractéristiques changer , à la différence d'un emprunt qui a fait l'objet d'une redénomination.

RELIT : système de règlement livraison assurant la livraison des titres achetés entre intermédiaires admis à la compensation en J+3 pour les transactions effectuées au comptant, et dans les cinq jours suivant la liquidation générale pour les transactions effectuées sur le Règlement Mensuel (RM).

RELIT grande vitesse : dernière version de RELIT qui permet de régler les transactions sur titres à compter du 9 février 1998 sur les OAT en assurant une interface entre la Banque de France et la SICOVAM.

Remboursement : paiement complet par l'émetteur d'une obligation.

Remboursement anticipé : remboursement d'une obligation, prévu par le contrat d'émission, et antérieur à la date normale d'échéance.

Remembrer : effectuer l'opération inverse du démenbrement

Réméré : contrat de vente de titres, régi par les articles 1659 à 1673 du code civil, et qui comporte une clause de rachat au seul bénéfice du vendeur. La durée d'un réméré ne peut excéder 5 ans.

Rendement : ratio entre le montant du coupon et le nominal d'une obligation ou son cours.

Rente : (Vieux) emprunt obligataire.

Rente perpétuelle : emprunt obligataire sans date de remboursement.

Rente PINAY : emprunt émis par M. PINAY en 1952.

Rente viagère : versée pendant toute la durée de vie du souscripteur.

Rentes sur l'hôtel de ville : premières obligations émises en France au début du XVI°.

Repurchase agreement (ou repo) : contrat qui permet à un emprunteur de déposer un titre en pension auprès du prêteur pendant une durée courte.

Réserves libres : réserves des compagnies d'assurance destinées à garantir la solidité financière de la société.
Les réserves libres sont souvent investies sur le marché obligataire.

Retenue à la source : jusqu'en 1986, les intérêts étaient soumis à une retenue à la source de 10%. puis récupérés sous forme de crédit d'impôt. Depuis le 1er janvier 1997, il n'y a plus de retenue à la source, ni de crédit d'impôt sur les obligations.

Revenu de capitaux mobiliers : type de revenus des intérêts des titres de créances négociables et des obligations et des dividendes d'actions.

Risque de contrepartie : risque que la contrepartie refuse d'honorer ses engagements ou soit dans l'incapacité de le faire.

Risque de crédit : exprimé en points de base, il mesure l'écart entre le rendement actuariel, toutes choses égales par ailleurs, entre une obligation d'Etat (les plus sûres des obligations) et une obligation émise par un autre émetteur. Risque de voir le rating d'un émetteur diminuer pendant la durée de vie d'un actif obligataire.

Risque de défaut : risque de voir l'émetteur faire défaut sur sa dette.

Risque pays : risque de défaillance d'un pays.

Risque de taux : risque qu'une variation des taux ne fasse baisser le cours des actifs obligataires.

Risque politique : risque lié à l'incertitude politique dans un pays.

Risque souverain : risque de défaillance d'un Etat.

Risque systémique : risque de voir le système financier s'effondrer.
Sales ou salemen : Vendeurs de titres financiers.

Samourai bond : obligation étrangère émise au Japon en yens par un non-résident.

Scoring : méthode de notation d'un emprunteur.

Scripophilie : art de collectionner les titres anciens.

Sécuriser : donner à une obligation une garantie supplémentaire.

Senior : voir dette senior.
Sensibilité : variation du cours d'une obligation pour une variation de 100 points de base des taux d'intérêt.
La sensibilité des obligations à 10 ans est de l'ordre de 7, ce qui signifie qu'une hausse de 100 points de base du taux à long terme entraîne une baisse du cours de l'obligation de 7%.

Separate trading of registered interest and principal of securities : marque déposée relative au démembrement d'une obligation en autant de titres qu'il y a de flux d'intérêt.

Service de la dette : montant des intérêts que l'Etat doit verser chaque année pour le paiement de sa dette.

Shogun : emprunt émis au Japon par un émetteur non-résident dans une autre devise que le yen.

Signature : qualité de l'entité qui émet une obligation.

Slip : marque apposée sur une valeur mobilière étrangère indicative du pays où elle circule.

Société de Bourse : personne morale qui a le monopole des transactions en Bourse.

Société des bourses françaises : société qui gère la Bourse de Paris.

Société de crédit foncier : société dont la création est possible à partir de fin 1998. Loge des crédits immobiliers ou des crédits aux collectivités locales. Ces sociétés refinancent ces prêts par des obligations privilégiées pour rehausser la notation et obtenir un refinancement bon marché grâce à ce super-privilège.

Société d'investissement à capital variable (SICAV) : société anonyme ayant pour objet la gestion d'un portefeuille de valeurs mobilières minimum de 50 MF en France dont 85% de valeurs mobilières cotées et 5% au plus d'autres OPCVM.

Société interprofessionnelle de compensation des valeurs mobilières : basée à Marne la Vallée, la SICOVAM est chargé d'assurer la compensation de titres contre espèces entre ses adhérents.

Solvabilité : capacité d'une entité à faire face à ces échéances.

Souche : ligne d'obligations sur laquelle viennent se greffer des nouvelles obligations aux caractéristiques identiques.

Souscripteurs : acheteurs de valeurs mobilières à l'émission.
Souverain : relatif à un Etat.
La dette souveraine est l'ensemble des dettes des Etats.

Soumission : participation à une adjudication de valeurs du Trésor.

Spécialistes en valeur du Trésor : grossiste en valeurs du Trésor seuls autorisés à acheter les OAT à l'émission.

Spéculation : activité qui a pour objectif de rechercher la plus-value.

Spread : écart entre la rémunération de deux obligations

Squeeze : sur un marché à terme, situation dans laquelle les vendeurs éprouvent de grande difficulté à trouver les titres à livrer aux acheteurs. Le squeeze est moins grave que le corner.
Le squeeze est souvent le fait d'un gisement trop réduit par rapport aux positions à terme. La dernière situation de squeeze a concerné, en 1999, le marché à terme des obligations allemandes, victime de son succès.

Standard & Poor's : une des deux grandes agences de notation américaines.

Strip :
1 stratégie sur plusieurs échéances, comme l'achat d'un contrat sur le MATIF et la vente d'un contrat similaire sur une autre échéance ;
2 démembrement.

Stripping : voir démembrement.

Supranational : relatif à un organisme qui a des compétences transnationales.

Sursouscription : situation dans laquelle le demande de titres est supérieure à l'offre pour une émission.
Situation extrêmement fréquente.

Suspension de cotation : décision de l'organisme de marché d'interrompre les cotations dans l'attente d'une information susceptible d'affecter le cours du titre.

Suzuki : ménagère japonaise qui gère l'argent du ménage. Figure emblématique comme la veuve de **Carpentras**.

Syndicat de direction : ensemble des établissements qui dirigent une émission.

Syndicat de placement : groupe de banques et d'établissements financiers qui sont chargés de placer une émission de valeurs mobilières. Le syndicat de placement peut garantir ou non la totalité du placement, s'il le garantit, moyennant une commission dite de placement, l'émetteur est certain de lever la somme contractuellement prévue.

Syndicat de prise ferme : syndicat qui assure à l'émetteur l'achat de la totalité des emprunts qu'il a émis.

Syndication réunion de plusieurs personnes (morales ou physiques) pour réaliser une opération financière.

Syndication d'émission: pool bancaire, dirigé par un chef de file, qui s'engage à une prise ferme de l'emprunt émis en échange d'une commission payée par l'émetteur.

Synonyme : obligation qui peut être livrée en lieu et place d'une autre.

Système automatisé de traitement unifié des règlements de créances négociables : système permettant la transmission des opérations sur les titres de créance négociables.

Système européen de banques centrales : ensemble constitué par la banque centrale européenne et les banques nationales des pays membres de l'Euro.

Swap : échange de flux financiers entre deux entités distinctes.
Le premier swap date de 1962 entre la FED et la Banque de France. Le plus connu est le swap IBM/banque mondiale de 1981.

Taux actuariel brut : taux représentant les flux futurs (intérêts et capital) d'une obligation.

Tableau d'amortissement : échéancier synthétisant le nombre d'obligations qu'un émetteur s'engage à racheter chaque année et le jour de l'échéance ainsi que le montant des annuités ainsi définies.

Taux annuel du marché monétaire : taux de rendement d'un placement mensuel à T4M, renouvelé chaque fin de mois pendant les 12 derniers mois, à intérêts composés, mensuellement pendant un an et postcompés. Le calcul est effectué en prenant le nombre de jours exact de chaque mois et une année de 360 jours.

Taux d'intérêt : taux de rémunération de l'argent prêté.

Taux d'intérêt hebdomadaire des bons du Trésor : Taux de rendement actuariel des bons du Trésor à 13 semaines constaté lors de leur adjudication et publié par la CDC.

Taux d'intérêt sans risque : taux que rapporte une obligation d'un émetteur considéré sans risque (en général l'Etat).

Taux de remploi : voir valeur acquise
Taux de rendement actuariel : voir taux actuariel brut

Taux d'usure : taux au dessus duquel il est interdit par la loi de prêter sous peine de poursuite pénales. Le taux de l'usure sur 10 ans est fixé au taux moyen du crédit sur le trimestre précédent augmenté d'un tiers.

Taux interbancaire offert en euros : taux pratiqué sur le marché interbancaire, déterminé par la BCE à partir d'un échantillon de 57 banques.

Taux moyen mensuel des bons du Trésor : moyenne arithmétique des taux de rendements moyens mensuels des BTF à 13 semaines constatés au cours de l'année précédant la date de détachement du coupon, publiée par la CDC.

Taux moyen mensuel des emprunts d'Etat : moyenne arithmétique des taux de rendement moyens mensuels des emprunts d'Etat à taux fixe d'échéance supérieure à 7 ans sur l'année précédent le détachement du coupon, publiée par la CDC.

Taux moyen mensuel du marché monétaire : moyenne arithmétique des TMP du mois civil , pour les jours fermés, on retient le TMP du jour ouvré précédent.

Taux moyen pondéré : moyenne pondérée par les volumes des taux des opérations des prêts sur le marché au jour le jour réalisés par un échantillon représentatif d'établissements de crédit et d'agents des marchés interbancaires. Remplacé depuis le 1° janvier 1999 par l'EONIA.

Taux plafond : limite de taux dans le cas d'un emprunt à taux variable.

Taux plancher : limite de taux dans le cas d'un placement à taux variable.
Taux révisable annuellement : taux réajusté chaque année en fonction du TME

Taux révisable avec les BTF : taux réajusté chaque trimestre en fonction du TMB.

Taux variable : taux versé par une obligation qui verse un coupon non pas fixe mais en fonction de la situation des taux d'intérêt à la date de détachement.

Telerate : société de diffusion de données boursières.

Telsat : ligne spécialisée qui permet aux SVT de communiquer leurs soumissions à la Banque de France.

Teneur de livre : établissement chargé d'enregistrer les demandes lors d'une émission. Banque ou établissement financier chargé d'assurer la gestion d'une émission obligataire.

Teneur de marché : intervenant sur les marchés qui propose une fourchette de cours acheteur-vendeur.

TEMPE : calculé par BCE relevé de cotations en fin de journée à partir d'un panel et publié en J+1.

Théorie de l'habitat préféré : théorie de Modigliani et Sutch (1067) selon laquelle les agents économiques ont des habitats préférés en matière de durée de prêts et d'emprunts. cette théorie veut expliquer la différence des niveaux de taux d'intérêt à court et à long terme.

Théorie monétaire : théorie étudiant l'influence de la quantité de monnaie dans l'économie.

Théorie quantitative de la monnaie : théorie selon laquelle toute augmentation de la quantité de monnaie disponible dans une économie donnée entraîne une hausse des prix.

Titre de créance négociable (TCN) : titre représentatif d'un droit de créance sur la personne morale émettrice, transmissible par inscription en compte ou par tradition, à l'exclusion des effets de commerce et des bons de caisse.

Titre nominatif : titre établi au nom d'un ayant-droit.

Titre participatif : valeur mobilière dite hybride entre les actions et les obligations car sans droit de vote et qui procure un coupon calculé en partie sur un taux d'intérêt et en partie sur un indice lié aux performances de la société émettrice.

Titre subordonnée à durée indéterminée (TSDI) : titre perpétuel et dont l'indemnisation est subordonnée au paiement de tous les autres créanciers.

Titre subordonnée remboursable: titre proche des TSDI mais remboursable.

Titrisation : opération qui consiste à émettre des titres en contrepartie de créances. En France, un établissement financier peut ainsi céder une partie de ces actifs à une société d'investissement, en l'occurrence un FCC qui émettra des parts;

Tombées : Obligations arrivant au remboursement.

Tombstone : avis résumant les caractéristiques d'une opération et publié après l'opération à titre publicitaire.

Trader : intervenant qui prend des positions pour le compte de l'établissement financier qui l'emploie.
Tout intervenant professionnel sur un marché

Trading : toute opération d'un établissement financier pour compte propre.

Translation : Sur la courbe des taux, hausse (ou baisse) générale de l'ensemble des taux.

Treasury bond : obligations de l'Etat fédéral américain de plus de 10 ans.

Tresaury bill : obligations de l'Etat fédéral américain de moins d'1 an.

Treasury Investment Growth Receipts : produit créé sur le modéle des STRIPS (Separate Trading of Registered Interest and Principal of Securities), du démembrement d'obligation.

Trésor : direction chargée de gérer, au ministère de l'Economie, la trésorerie de l'Etat.

Trêve des confiseurs : période comprise entre Noël et le jour de l'an. Rarement propice à une grande activité compte-tenu des priorités des intervenants.

TRICOT : nom du président de la commission chargée de proposer un rapport sur la modernisation des marchés obligataires en 1984.

Trigger clause : voir clause de remboursement anticipé

Usages : ensemble des règles qui régissent les opérations entre intervenants sur un marché financier.
Encore appelé usages de place.

Usufruit : droit d'usage qui confère à son détenteur la possibilité d'utiliser la chose et d'en percevoir les fruits. Droit réel temporaire de jouir des revenus de biens.
L'usufruit d'une obligation classique est le droit de toucher tous les ans les coupons versés.

Usure : taux d'intérêt maximal fixé par la loi. Il dépend du type de prêt. Il ne peut être supérieur à 30% de la moyenne des prêts de sa catégorie.

Usurier : personnage peu recommandable qui profite de la détresse humaine pour prêter à des taux prohibitifs.

Valeur acquise : somme à l'échéance des flux financiers générés par une obligation, en supposant que les annuités sont immédiatement réinvesties à un taux déterminé appelé taux de remploi.

Valeur mobilière : titres émis par une personne morale, publique ou privée, transmissible par inscription en compte ou par tradition, qui confère des droits identiques à chacun des titres et qui donne accès, directement ou indirectement à une quotité de capital de la personne morale émettrice ou à un droit de créance général sur son patrimoine ».

Valeur nominale : valeur inscrite sur le titre, c'est le montant qui porte intérêt.

Veuve de Carpentras : personnage mythique de la Bourse de Paris, figure emblématique des petits porteurs français. Vague lien de famille avec une certaine tante Agathe qui sévit Outre-manche.

Vif : titre non dématérialisé

Volatilité : propension qu'a le cours d'un actif à fluctuer.

Warrant : valeur mobilière permettant de spéculer sur l'évolution d'un actif sous-jacent qui peut être une obligation, un taux d'intérêt ou un écart de taux.

War rant sur obligation : Warrant dont la valeur support est une obligation.

Yankee bond : obligations étrangères en $ émises aux EU par des non-résidents.

Yearling : valeur mobilière de durée de vie d'un an émise par une collectivité locale anglaise.

Zéro-coupons : voir obligations zéro-coupons

Zinzin : investisseurs institutionnel. Pour certains auteurs, l'étymologie du terme proviendrait d'une méthode de gestion peu rationnelle de ces agents.

ANNEXE 4

Les sites internet utiles

Tous les jours des nouveaux sites internet se créent (et disparaissent), surtout autour des marchés boursiers (très souvent les produits actions, beaucoup moins les obligations).
On trouvera ci-après une liste des sites utiles à jour au premier semestre 2 000.

LES SITES FRANCAIS

Les sites officiels

banque-France.fr : le site de la Banque de France propose en ligne de nombreuses informations et statistiques, ainsi que ces études.

bourse-de-paris.fr : le site officiel de la Bourse de Paris

cob.fr : la commission des opérations de Bourse fournit de nombreuses informations sur la réglementation boursière, les OPCVM et son bulletin mensuel en ligne (certaines informations sont payantes).

cmf.fr : le site du Conseil des marchés financiers publie son règlement et d'autres informations sur ses décisions.

francetresor.gouv.fr : tout ce qu'il faut savoir sur la dette publique, son encours, sa gestion et les différents types de titres émis par l'Etat.

matif.fr : les caractéristiques des contrats à terme (et contrats d'options) sur les produits de taux (euronotionnel, contrat Euribor3 mois,...).

monep.fr : les caractéristiques des contrats d'options ainsi que des informations sur les volumes et des pricers d'options.

paris-europlace.com : l'association chargée de développer la place financière parisienne.

sicovam.fr : le site du dépositaire de titres français.

Les sites qui proposent les cours et les conseils

aafin.com : site de l'association des financiers indépendants.

actbourse.com : une salle des marchés pour particuliers.

bourse-novice.com : le webzine vétéran de la bourse pour les novices...

boursier.com : site de conseils financiers.

boursorama : site d'initiation à la Bourse avec l'évolution des cours de bourse dans le monde (avec un décalage de 20 mn). Nombreux forums de discussions, source de divertissements.

Cerclefinance.com : site de conseils.

club-bourse :

directfinance.com

edubourse.com : site pédagogique pour débutants.

Finance.fr.yahoo.com : de nombreuses informations financières et boursières.

finance-net.com : site de conseils.

fininfo.fr : le fournisseur d'informations financières.

firstinvest.com : site de conseils.
fr-invest.com : site très complet qui donne, outre les cours de Bourse, des informations et des conseils. Nombreuses rubriques de la fiscalité à l'économie.

fow.com : un site sur les futures et les options.

moneyguide.fr.msn.com : les conseils de microsoft en matière boursière.

multimania.com : site d'accès à des sites de conseils.

nomade.fr : site d'accès

qualitysteam.fr : un site qui en recense de très nombreux.

ramibourse.com : des conseils

rapport-annu.com : les rapports annuels des grandes entreprises françaises gartuitement et rapidement.

wakatepe.com/colibri : site d'analyses financières.

Les sites des journaux et des magazines

afp-direct.com : toutes les informations, mais le site est payant.

agefi.com : le site du quotidien financier est payant

agenceoptionfinnace.com : le site de l'hebdomadaire des financiers Option finance.

gestiondefortune : excellent site très complet et possibilité de télécharger les "fiches techniques" du mensuel de la gestion de fortune.

investir.fr : beaucoup d'informations payantes sur ce site. Des fiches pour débutants gratuitement consultables.

journaldesfinances.fr : le site de l'hebdomadaire financier.

latribune.fr : seul site de journal qui donne accès gratuitement à ses archives

lavf.com : le site de la Vie financière.

lesechos.fr : le site du quotidien de l'Economie.

lemonde.fr : le vénérable quotidien se met à la nouvelle économie.

leparisien.fr :

lerevenu.com : un site très complet.

mieuxvivre.fr : le site du mensuel de votre argent

LES SITES ETRANGERS

Les places boursières

amex.com : American stock exchange

bolsamadrid.es : le site de la Bourse madrilène.

boston.com : le site du Boston stock Exchange.

cboe.com : Chicago Board of Options exchange.

chicagostockex.com :

cme.com : le Chicago Mercantile Exchange

eurexchange.com :

euronm.com : le réseau de nouveaux marchés européens.

liffe.com : le London international financial future exchange, marché à terme londonien

nasd.com : le site du NASDAQ est très complet.

Nymex.com : New York Mercantile Exchange

nyse.com : le site du New york stock exchange

phlx.com : le site du Philadelphia stock exchange.

Les sites officiels

Bis.org : le site de la BRI

commodity Futures Trading Commission

fedworld.gov : le site de la Federal reserve bank US, avec des liens vers le Board of Governors of the Federal Reserce System et les 12 banques de réserve régionales aux EU à savoir , Federal Reserve Bank of Atlanta (idem pour Boston, Chicago, Cleveland, Dallas, Kansas city, Minneapolis, New York, Philadelphia, Richmond, St Louis,

San Francisco...).

financenet.gov : site d'informations financières gouvernementales américaines.

iosco.org : le site de l'organisation international des commissions de valeurs.

publicdebt.treas.gov : site officiel du Trésor US.

savingsbonds.gov : un site pour acheter des obligations américaines en ligne.

sec.gov EC : la Security and Exchange Commission se définit comme the investor's advocate.

ANNEXE 5

Bibliographie

- A history of the Eurobond market, Ian M Ker, Euromoney publications
- Analyse et dynamique du marché des capitaux, Pierre PRISSERT, la revue banque
- Analyse financière et gestion de valeurs mobilières, Felix Rosenfeld et Michel Piermay, DUNOD
- Comment j'ai gagné un milliard à la bourse, 1961, Colbert, Nicolas DARVAS
  Comprendre la bourse, André Kovacs, Hommes et techniques
- Dictionnaire technique de le bourse et des marchés financiers, Jeanne France de Villeneuve, SOFICOM
- Gestion obligataire intrenationale, Hubert de la Bruslerie, Economica VU
- Guide Pratique de la Bourse, Eric PICHET, SEFI
- Histoire de la monnaie, René SEDILLOT, Bordas VU
- L'aventure de l'argent, Juliard 1973, KOSOLANY
- La Bourse, ses abus, ses mystères, Eugène de Mirecourt
- La Bourse et les signes du siècle, Eugène de MIRECOURT
- La Bourse, mécanismes et financement des entreprises, Bernard Belletante, Presses Universitaires de Lyon
- La gestion obligataire, Christian Bito, Dalloz
- La prodigieuse histoire de la Bourse, 1949, Colling, Payot
- Le Guide ESKA des capitaux, Didier Marteau & Consorts, ESKA
- Le marché obligataire français, Bernard Oudet, ESKA
- Le nouvel age des marchés français, François Bacot et consorts, Les Djinns VU
- Les Français à la corbeille, Philippe SASSIER et François de WITT, Robert Laffond
- Les marchés de capitaux, Guy Tchibozo, Litec VU
- Les marchés de capitaux en France, Daniel Arnould, Armand Colin
- Les marchés financiers internationaux, Christian Bito et Patrice Fontaine, PUF
- Les nouveaux instruments financiers, Eric Delattre, PUF VU
- Les nouveaux instruments financiers, J.P gourlaouen, Vuibert
- Les taux d'intérêt, Catherine Lubochinsky, Dalloz
- Les taux d'intérêt, Florin Aftalion et Patrice Poncet, Que sais-je?, Puf
- Les taux d'intérêt, Gourlaouen, Rassi et Mercier, ESKA
- Les titres financiers, Equilibre du marché et méthodes d'évaluation, bernard,

Blaise Allaz, PUF

- Marchés de capitaux et techniques financières, Robert Ferrandier, Vincenht Koen, Economica
- Marchés financiers, gestion de portefeuille et des risques, bertrand Jacquillat, Bruno Solnik, Dunod
- Nouveaux instruments financiers, BEFEC, editions Francis Lefebvre
- Obligations et titres divers, Francis LE BIHAN, EYROLLES
- Si la Bourse m'était contée, Julliard, 1960, KOSTOLANY
- Techniques financières internationales, Yves Simon, Economica
- The Eurobond market, George DOSOO, Woodhead-faulkner

Cet ouvrage a été imprimé
sur presse Cameron
par **Bussière Camedan Imprimeries**
à Saint-Amand-Montrond (Cher)
en septembre 2000

N° d'impression : 003819/1.
Dépôt légal : septembre 2000.

Imprimé en France